学科核心素养
视角下的课堂教学探究

李春梅　吕国强　主编

天津社会科学院出版社

图书在版编目（ＣＩＰ）数据

学科核心素养视角下的课堂教学探究 / 李春梅，吕
国强主编. -- 天津：天津社会科学院出版社，2021.7
ISBN 978-7-5563-0744-9

Ⅰ．①学… Ⅱ．①李… ②吕… Ⅲ．①课堂教学－教
学研究－中学 Ⅳ．①G632.421

中国版本图书馆 CIP 数据核字 (2021) 第 135895 号

学科核心素养视角下的课堂教学探究
XUEKE HEXIN SUYANG SHIJIAOXIA DE KETANG JIAOXUE TANJIU

————————————————————————————————

出版发行：天津社会科学院出版社
地　　址：天津市南开区迎水道 7 号
邮　　编：300191
电话/传真：（022）23360165（总编室）
　　　　　　（022）23075303（发行科）
网　　址：www.tass-tj.org.cn
印　　刷：英格拉姆印刷(固安)有限公司

————————————————————————————————

开　　本：787×1092　毫米　　　1/16
印　　张：24
字　　数：390 千字
版　　次：2021 年 7 月第 1 版　　2021 年 7 月第 1 次印刷
定　　价：68.00 元

————————————————————————————————

编委会

主　编：李春梅　吕国强

编　委：(按姓氏笔画排列)

康宁　项琨　郭英　田力　张媛

序 言

为全面贯彻党的教育方针,落实立德树人根本任务,践行"允公允能,日新月异"的南开校训,庆祝全国部分大学附中教学协作体成立三十周年,培养德智体美劳全面发展的社会主义建设者和接班人,提升学校教师的业务能力和科研水平,在"新课标,新教材,新高考"新一轮改革实践中,南开大学附属中学教科研处基于新课标理念,新教材内容,培养学生学科核心素养,践行新高考改革,将学校相关课堂教学活动设计编辑整理成《学科核心素养视角下的课堂教学探究》一书。

2016 年 9 月,《中国学生发展核心素养》总体框架正式发布。2016 年底,基于学科和核心素养的高中新课程标准修订稿开始征求意见。2017 年,作为全国第二批高考改革试点省市,天津市教委先后出台了有关高中课程设置与实施、课程建设、学生"选课与走班"、学生发展指导、学业水平合格性考试等文件,教材仍然使用现行教材。2019 年 9 月,天津市普通高中使用新教材,"核心素养"正式进入课堂教学。

本书基于学科核心素养,探究课堂教学怎样从"三维目标"走向"核心素养",课堂教学培养学生核心素养的实施方法和途径,教学观念、教学方式转化的方法,两年新课改成功和失败的经验教训。本书分三个篇章,分别是以文科类课堂教学活动设计为主的允公博雅篇,以理科类课堂教学活动设计为主的允能智慧篇,以综合实践课程和校本课程为主的特色课程篇。

从"三维目标"走向"核心素养",学校课程体系需要变革与创新,需要重新构建基于核心素养的新课程体系,营造基于核心素养发展的课堂教学氛围,建立基于核心素养发展的学生综合素质评价指标。重新构建基于核心素养发展的学校课程包括:基础课程(必修88学分)、拓展课程(选修一+选修二:允公博雅课程、允能智慧课程)、发展课程(生涯规划、职业技能、大学先修)。公能课程和发展课程合计56学分,高中开设的校本课程和学科选修课程的比例为4:3(合计14学分)。学校重新搭建"公能特色课程"架构,针对学校原来的校本课程分类,重新构建基于核心素养下的六大类校本课程体系,即天下为公类(社会责任、国家认同、国际理解)、尚美健体类(审美情趣、健康素养)、传统文化类(社会主义核心价值观、中华传统文化)、科学探究类(科学精神、科学素养、学会学习)、生活技能类(适应社会技能、生活管理、生涯规划),沟通合作类。从"三维目标"走向"核心素养",教师观念的转变是关键。2017年8月,学校对教师进行了相关培训,使教师从学习领会新课标学科核心素养进行理念转变。2019年9月,基于核心素养的新教材实施,教师们从章节教学设计到在课堂落实新教材学科核心素养,付出了艰辛的劳动和付出,收获颇丰。

立德树人是教育的根本任务,学科教学是立德树人的主要途径。我们要充分挖掘学科知识蕴含的思想道德教育资源,把社会主义核心价值观、立德树人等德育渗透融合在课堂教学中,培根铸魂,启智润心。教育育人的根本目标要回归社会,回归生活。学校教师们要认真学习学科核心素养,明确各个章节的育人目标任务,把核心素养与各个学段、各个章节结合起来。

"核心素养"主要构成的必备品格和关键能力,实际上是对"三维目标"的提炼和整合;知识、技能、过程和方法为能力,情感、态度、价值观为品格。"三维目标"侧重于学科角度,缺乏对人的发展内涵的关注。"核心素养"体现以人为本的教育思想,其来自"三维目标",又高于"三维目标"。"三维目标"是"核心素养"形成的路径和具体体现,不是教学的终极目标,品格和能力才是。从"三维目标"走向"核心素养",是学科教育高度、深度和内涵的提升,是学科教育对人的真正回归,这意味着我们必须对学科的课堂教育模式和学习方式以及评价方式进行根本的变革。可喜的是,本书收录的论文对二者关系均有正确的理解。

教学目标要着眼于学生的发展需求,是动态、个性化的。教学最终要看教学效果,其呈现方式不是应该做什么,而是通过教学,学生能做成什么,实现一种什么样的发展。本书中的许多论文深入挖掘学科蕴含的特有的文化价值与精神意义,实现"核心素养"落地生根。教师由"授之以鱼"的关注点转向"授之以渔"的探索与学习过程,在课堂教学中及时发现问题,成为课堂的指导者与引导者。一些课堂教学活动案例倡导学生主动学习、自主学习、合作学习、探究性学习,注重自主学习,终身学习的能力,激发和培养学生的学习主体性,一些课堂教学活动案例进行了评价方面的探索。本书中的一些论文为特色课程,在目前教育部没有统一的校本课标和教材的情况下,在基于学校办学特色,以人为本(生本、师本)的基础上,依据核心素养的九个方面,老师们创造性地设计了基于核心素养的校本课程案例,这些案例和做法具有重要的现实意义。这些特色课程的开发在很大程度对激发学生的个性特点、培养学生的核心素养以及提升学生的社会责任等方面大有裨益。

学校教师在落实学科核心素养上进行了一些探索,积累了一些宝贵经验,希望能够为同仁提供一定的借鉴和参考。由于时间仓促,书中难免有疏漏之处,还望同行斧正!

南开大学附属中学教科室　郭英

2021 年春

目　录

第二章　允能智慧篇

第三章　特色课程篇

南开大学附属中学"一轴两翼,特色发展"课程体系

郭 英 田 力

南开大学附属中学有雄厚的办学基础和课程发展优势,学校建构了"一轴两翼,特色发展"的公能课程体系,凸显"基础—创新—发展"的课程特色,旨在实现"公能文化引领,主动发展突出,创新元素丰富,校本特色鲜明,育人环境优化"的学校课程目标。学校将"以人为本,和谐发展,为学生主动发展奠基"作为办学理念,创办了国内领先、国际一流的全国知名附中。学校以主动发展为特色育人模式,目的是通过创造适合每一个学生发展的课程,培养具有主动发展意识能力和健全人格的高素质人才,让每一个学生走向成功。

学校构建了基于核心素养发展的三级课程体系,包括基础课程、拓展课程(选修:允公博雅课程、允能智慧课程)、发展课程(生涯规划、职业技能、综合实践)。学校重新搭建课程架构,针对学校原来的五大类课程分类,重新构建核心素养下的六大类特色课程体系:人文素养类、科学素养类、艺术审美类、身心健康类、综合实践类、学科拓展类。

一、课程定位

课程主题:"一轴两翼,特色发展"的公能课程体系。

一轴:以"周恩来总理为人生楷模"为主线,立大公宏志,访天工能人,求和谐发展,为中华崛起而读书。两翼,指"公"和"能","公"是爱国爱民、无私无我,是爱国爱群之公德。"能"是才干技能、实干苦干,是服务社会之能力。

学校以爱国爱群、服务社会、日新月异、自强不息为特征的"公能"文化为背景,开展学生发展指导,增强学生主动发展的动力,促进学生主动发展,培养公能兼修的人才。

办学宗旨:创办适合每一个学生发展的教育,让每一个学生成功。

育人目标:培养"公能"兼修,具有主动发展意识和能力的高素质人才。

二、课程分析

(一)课程发展优势

南开大学附属中学始建于 1954 年,1978 年被认定为市级重点中学,2007 年 7 月,经天津市政府和教育部调整,原南开大学附属中学整建制合并天津市第四十三中学并更名为南开大学附属中学。南开大学附属中学是教育部直属高校附中,是南开系列学校之一,天津市首批示范高中校。党和国家领导人江泽民、李鹏、李岚清、曾庆红,教育部原部长陈至立等先后到学校视察、调研、指导工作。多年来学校为国家培养了四万余名优秀毕业生,遍及海内外,在各个行业中成绩卓越。学校连续被区政府授予"教育质量优秀校"铜匾;获得"高考成绩突出贡献校"奖、"高考社会贡献校"称号,获得全国德育科研工作先进实验学校、全国心理教育工作先进集体、全国"五一"巾帼标兵岗(高中化学组)、天津市教育系统中小学德育工作先进集体、天津市师德建设先进单位、天津市中小学阳光体育运动先进学校等荣誉称号。

学校占地面积 8.5 万余平方米,总建筑面积 6.4 万平方米,有 10 座主体建筑和通用技术教室、3D 打印教室、数控雕刻教室、机器人探究教室、生物数字化探究教室、天文教室、陶艺教室、心理指导中心、创客实验工坊、非物质文化遗产工坊、应急体验中心等一流的教育、教学、体育、科技办学设施。学校现有学生 2583 人,教职工 312 人,形成了一支"德高、业精、风正、纪严"的教师队伍。学校坐落于天津市南开高教文化区,临科技一条街,历史、文化、人文、创新元素荟萃,学校秉承"爱国、敬业、创新、乐群"的百年南开精神,遵循和实践"允公允能,日新月异"的校训,以改革和创新精神为指导,坚持"以人为本、和谐育人,为学生主动发展奠基"的办学理念,将南开"公能"文化与时代要求、学校实际相结合,在"公能引领,主动发展"育人模式的基础上,确立了"一轴两翼,特色发展"的公能课程体系。

2007年天津市新课改实施以来,学校做了大量基础性卓有成效的工作。

制定校本课程实施方案、校本课题研究方案:明确分工;指定专人进行日常管理工作,建立课程、课题管理制度,如课程开发制度、校本课程评价表、课程课题管理制度及相关的激励制度。保证课程开发课题研究经费落实,课程资源设施到位。

建立了学生选课指导和制度:班主任及其他教师实行导师制,三年基本不变。导师的任务是指导学生合理选择课程,分配学分,为学生建立选课档案。学校成立学生选课指导中心,负责对学生的选课指导。学校编制《学生选课指导手册》,内容包括课程简介、课程名称及代码、课程内容简介、课程学分数、主要面向学生对象、选课条件以及开课教师介绍等。

形成新的班级管理和走班制度:教学班成立班委会,任课教师协助班委会开展工作,加强了任课教师与行政班班主任的联系,便于及时向他们反映情况和表现,处理各种偶发案件。同时注意加强对学生社团组织的引导和教育。教科研处与年级组相互协调,共同做好学生的思想教育、常规管理和学业成绩管理等工作,团委和学生会也要充分发挥群众性强的优势。

学校请专家辅导教师学习校本课程理论:提高教师和管理人员的理论修养,特别是确立科学的课程观和课程管理观,制定管理法规,促进管理反馈的技能。学校请王敏勤、邢真、康万栋、陈雨婷等专家辅导教师学习校本课程理论,做好理论准备。提高教师和管理人员的理论修养,特别是确立科学的课程观和课程管理观。制定管理法规,促进管理反馈的技能,使教师形成科学的课程意识、合作意识,掌握课程开发技术,调查统计,分析的技能。

课改效果正在形成:课改以来,学校新的课堂文化、教研文化、管理文化正在慢慢形成,教师群体中内隐的价值判断和行为规则正在发生变化,民主、平等、合作、对话、探索、创新的学校文化初见苗头,这些发展和变化为学校的发展注入了新的活力,同时也促进学校教育教学质量的不断提高。一批校本课程开发与管理成果涌现:如优秀课程、优秀管理方法和经验等,培养了学生自主学习的习惯,树立了自主学习的信心;培养了学生善于发现问题、解决问题的能力;使学生养成了自主、合作、探究的学习习惯;促使学生形成了健全的人格;陶冶了情操。

学校编写了几十本校本讲义,储备一百多个校本师资人才库,为校本课程老师搭建了数个课程平台,花费百万元购买设备,完善课程资源,初步形成了学分管理和评价制度,通过云校园平台,实现全年级手机选课。学校尊重学生自主选择,注重其个性发展,课程发生了六大变化:课程类型从最初的艺术体育类向六大类扩展;每学期课程数量从十余个增加到六十多个;选课排课从手工操作变成手机云校园;自编校本讲义从零发展到几十本;课程师资一百多个;课程专用教室场地十几个;课程教师由本校发展到向社区及大学外聘。

(二)需要解决的问题

就课程设置而言,学校原有课程的安排存有部分缺陷。例如,五大类设置过去设置没有着眼于学生核心素养的培养,人文素养与身心健康类、基础性课程课时偏多,而学科拓展型课程与研究型课程课时偏少,学校意识到这些课程课时的减少,不利于学生综合素质的全面培育以及身心健康的全面发展。

就课程管理而言,过程化管理有待在方法上精细化。如,学校课程管理简单、课程目标难以落实、课程管理人员相对短缺、部门协助课程责任不清、教学规章制度的宣传很难深入人心、依法治校执行受到一定制约、课程实施中的全程监管和精细落实很难完全实现。

就课程评价而言,市、区、校基于核心素养的课程评价相对滞后,绩效评价的科学性亟待实证完善。例如,绩效评价如何将较为公平的过程量化统计和教学质量统计相结合?学校重视教研组、备课组在课程建设中的作用,但对教研组、备课组的课程开发成效尚未形成科学的评价系统。

就课程保障而言,校舍的功能布局需重新盘整厘定。随着学校课程日益丰富,个别活动场地紧张,制约课程发展;随着生源扩招选课走班个别场地不足,管乐队排练场地、室内篮球场地、舞蹈教室、社团活动专用场地等一些既提高学校知名度又深受学生喜爱活动场地紧张,影响课程实施开展,而科技类课程场地相对宽裕,如何对活动时间与空间进行优化配置日益成为学校课程发展的一大困扰。

一专多能的师资不足,部分老师对课程改革形势认识不足,工作存在惰性,理念没有转变过来,许多学生喜欢又有设备支持的课程无法开设。这就要求学校将"一轴两翼,特色发展"理念渗透学校的师资课程、教学、管理和环境,以办学特色课程文化引领学校的发展不足。

学校课程的云校园平台亟需完善。新一轮的高考改革要满足学生的选课走班以及课堂高效性的需求,要处理大量的数据,要变革教学管理方式,实现学校的精细化管理,必须借助信息化手段。学校应建立智能选课平台,课堂应用管理平台,将各类分析数据、专家指导、教师建议、师生互动、学生评价等放在这个平台里供学生选课参考;为方便走班管理,学校应建立课程管理系统和智能分班系统、数据分析处理系统等。

表 1　南开大学附属中学 SWOT 分析表

因素	优势 (Strengths)	劣势 (Weaknesses)	机会 (Opportunities)	威胁 (Threats)
地理位置	位于环渤海发达地区,周边资源丰富;地处天津市南开文教区和电子商铺区,紧邻天津地铁6号地铁站,拥有众多公交等交通、公共设施,配套齐全	学校周边存在大量商业区、居民区和医院等,人口庞杂,素质不一,流动性强,环境嘈杂	百年南开的历史积淀,公能文化的育人环境,科技南开的创新定位,生态环境的持续发展改善	学校周边为鞍山西道科贸一条街,交通人流状况较乱,尤其是上下班高峰期间,存在安全隐患
学校硬件	设施设备条件好;国家教委对学校教育投资逐步加大,设施更新能力强	学校活动场地面积不足(尤其是天气不好时);部分教师的教育信息技术升级意识与操作能力亟待再提高	学校课程信息化管理平台的中心设计与建设;云校园的建设完善	室内体育运动场地和艺术活动、社团活动的空间急需扩大

（续表）

因素	优势（Strengths）	劣势（Weaknesses）	机会（Opportunities）	威胁（Threats）
教师资源	师资队伍整体中年教师多,有经验;教师队伍的学历层次比较高(2位正高级,中高级职称教师比较多);有全国知名师范大学毕业的教师	师资队伍梯队建设中缺少高位教师的引领,尤其是特级教师;教师的科研意识相对薄弱;中老年教师比例大,青年教师比例小	中老年教师有经验,有积累,专业能力强;青年教师拜老教师、师徒结对子,成长快	教育综合改革带来师资的结构性短缺,如外语、语文、化学、体育、劳技教师等;部分中老年教师产生职业倦怠
学生状况	主动发展办学特色、独特的校园公能文化、办学成绩、学校知名度吸引了较好的生源	生源的多样化、复杂化带来学生的学习能力和发展诉求不平衡性加大	学生的个性、特长趋向鲜明。	多元文化和价值观的冲击
家长配合	家长重视教育,关注子女学习;家长对学校工作较配合,愿意为学校提供各种课程资源	家长层次不一,对学校教育理念、课程特色的理解和支持程度不同	学校有效的组织方式使得家校沟通方便;家长的学历层次不断提高	/
地方资源	学校依托南开大学的丰厚资源;科技南开的优势;百年南开的文化积淀	过多的参观、检查、承办会议等等干扰课程计划的实施	所在地区高校集中,为学校拓展类课程资源提供便利;学校周边较为成熟的社会资源能够为课程开发提供多种可能	地方资源与学校课程发展需求的有效对接

三、课程亮点

课程理念:以人为本,和谐育人,为学生主动发展奠基。学校坚持以人为本的理念,唤醒、激励、发展师生的主体意识,使全体师生学会主动认知,学会主动做事,学会主动与人共处,学会主动发展;充分发扬团结进取、共同进步的团队精神,传承和谐发展文化。

课程文化:

办学理念:以人为本,和谐发展,为学生主动发展奠基。

办学愿景:创办国内领先、国际一流的全国知名附中。

学校特色:主动发展的育人模式。

培养目标:培养具有主动发展意识能力和健全人格的高素质人才。

核心价值观:创造适合每一个学生发展的教育,让每一个学生成功。

学校的文化氛围:培养充满大气、洋气、雅气和灵气的公能文化品位。

学校精神:爱国 敬业 创新 乐群。

校训:允公允能,日新月异。

校风:追求卓越,体验成功。

教风:德高、业精、风正、纪严。

学风:勤学有恒,多思好问。

工作方针:育人为本,注重素质,强化基础,发展能力。

学校以"公能"文化为引领,建设和谐发展校园;营造促进每个人主动发展的学校文化,注重能力的生成和发展,关注素质的培养和提升,为保证每一个人的主动发展奠定必要的外部环境与条件基础。为此学校营造和谐主动发展的课程环境,弘扬百年南开精神,从培育"公能"文化的高度出发,进一步完善校园设施,把南开精神、办学理念、校风校训等文化特质巧妙地蕴含在校园环境、教育设施和人文景观中,主要表现在以下六个方面:

雕塑文化:学校主楼前设置周恩来总理的雕像,告诫学生要"为中华之崛起而读书";实验楼二楼大厅展现南开发展历程中的八位杰出学者;教学楼群间有南开学校的缔造者张伯苓先生的塑像,鼓舞学生传承南开精神,努力成才。

钟石文化:校钟、校训石、校风石启迪学生主动学习,立志成才。

墙壁文化:楼内专题设计,不同楼层具有不同的主题内容,教室门口的班级名片,教室内的班级文化,各功能教室布置墙壁,激励学生们多思好问,勤学有恒。

办公文化:整体构筑环境宽敞、设施完备、布局人性化的教师综合办公室,配以"快乐一家人"为主题的内饰文化,体现了学校管理的"人本"理念,陶冶着教师群体的职业情操,促进了教师个人的身心健康,激发了团队的开拓进取。

楼宇文化:精心进行学校楼宇文化的建设,以南开杰出人物命名校园内建筑、道路,弘扬南开校友的光辉业绩,增加学校的教育内涵。

文化长廊:学校以"恩来""伯苓"为主线命名,营造"主题式教育"长廊,宣讲南开精神,介绍南开大学的杰出人才、南开大学和南开大学附属中学的校史,以此形成促进学生主动发展的育人环境。

四、课程特色

学校"公能特色课程"体系的特色为基础、创新、发展。

基础特色体现在基础类课程的学习,其包括公能文化基础,社会主义核心价值观,传统文化基础,尊重生命、关爱健康(身体健康、心理健康与应急救护)。

创新特色体现在科技创新项目、面向未来的课程目标、校本研修模式创新、课程体系不断优化完善、社团活动方式。

发展特色体现在学生主动发展及评价、主动发展教学模式、学生生涯和职业规划、教师专业化发展、课程资源的规划管理和硬件建设。

五、课程体系

(一)课程架构图

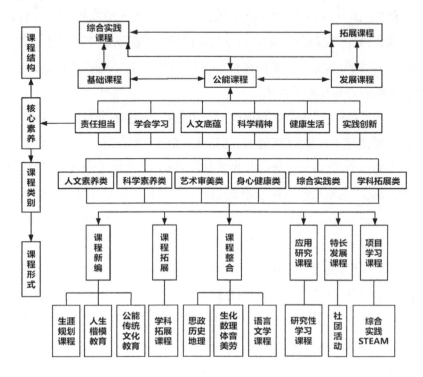

图1 南开大学附属中学课程框架图

(二)课程目标

课程建设目标:公能文化引领,主动发展突出,创新元素丰富,校本特色鲜明,育人环境优化。

公能文化引领——爱国爱群、服务社会、日新月异、自强不息的"公能"文化。

主动发展突出——学生的主体地位得到尊重,把发展的主动权还给学生;教师按照不同目标层次自我发展,建设"德高、业精、风正、纪严"的教师队伍。

创新元素丰富——课程建设致力于设计创新、环境创新、教学创新、学习创新、管理创新,课程建设能适应教育改革的趋势与未来社会发展的需要。

校本特色鲜明——在以"以人为本,和谐育人,为学生主动发展奠基"的办学理念引领下,形成"公能引领,主动发展"为办学特色的新课程体系,使学生成才,使教师成功。

优化育人环境——形成"公能引领,主动发展"育人模式和主动发展的课堂教学模式,完善教学管理制度,将学校建设成为内涵厚重、特色突出、市内领先、全国知名的大学附中。学校课程最终目标是培养"公能"兼修,具有主动发展意识和能力的高素质人才。

学生培养目标:为每个学生提供适合的教育,促进每个学生主动地、富有个性地发展,培养他们的实践能力、创新精神和社会责任感。学校特别是着重奠定学生的三个基础:一是身心和谐发展的基础,二是能主动发展、继续学习的基础,三是能规划自己人生发展的基础。学校以"爱国、敬业、创新、乐群"的百年南开精神为魂,培养"公能"兼修,具有主动发展意识和能力的高素质人才,形成"勤学有恒 多思好问"的学风。

教师发展目标:力争做到每一位教师按照合格教师、骨干教师和名师的目标层次制定自我发展规划。学校依托南开大学优势资源,实施文、理两大学科领域教师业务提升工程,鼓励教师跨学科深造,鼓励教师开设拓展课,指导学生选课、生涯辅导,适应一专多能、一职多岗的要求。

六、课程实施

(一)开设建议

学生高中三年要求至少修读 144 个学分,其中必修课程为 88 个学分,选择性必修课程为 42 学分,校本课程为 14 个学分。如需适当调整课堂教学时间,应保证科目教学时间总量不变。学校既要开齐开好国家课程,又要严格控制高一年级并开科目数量,注意时间安排与课程之间、年级之间的均衡性和学习的可持续性。

学校校本选修课程的 14 个学分中,除国家提供的必修拓展选修课程外,学校要求学生在其他科目学习获得相应学分。其中,每门课程的学分按每 18 课时 1 个学分认定。但自主开发的选修课程,从实际出发,选修课时分 9 课时、18 课时两种形式，分别对应 0.5 个学分、1 个学分。选修 9 课时课程的学生，每学期须同时修习 2 门，合计为 1 学分。

（二）实施保障

1. 组织保障

学校成立特色课程领导小组和推动小组，厘清思路、明确分工、责任到人。重点发挥年级组、学科组的职能，提升中层团队的管理能力和办事效率，充分调动各级各类先进教师发挥引领作用。积极宣传学校课程改革方案，号召教师为学校发展建言献策，形成"决策—执行—监督"的良性运行机制。校长是第一责任人，教务教科研是直接管理者，学科教师是课程的开发编写者，学校各级骨干教师是课程编写的主要承担者。由教科研、教务处确定课程的设置，负责管理、组织与考核。凡教师承担的校本课程计入工作量，作为考核、评先和晋级的重要条件，并为实验教师提供学习、进修的机会，总务处为课程的实施提供必要的物质准备。

2. 队伍保障

学校聘请专家对学校全体教师开展课程专题教育，增强危机意识，提高教师专业化发展水平。引导各学科组积极开展专题研究，尽快制定各自的分层教学方案。调整学科组人员结构，实现首席（指导）教师对学科组建设的指导机制和对青年教师"导培"模式。对关键岗位人员、贡献突出人员，给予必要的政策倾斜。

3. 制度保障

在深入推动学校落实课程改革设计的过程中，将调整、修订现有规章制度，理顺管理环节，简化管理程序，实施扁平化项目式的管理，完善评价体系，适当调整分配制度，坚持多元评价，使各项工作落到实处，保证各项改革措施的具体落实。

4. 资源保障

注重校外课程资源开发和利用，建立家、校、社区互动的创新教育资源的共享机制；探索整合大学创新教育资源，为创新人才培养的横向交流和纵向衔接、拓宽学生视野、提升综合能力提供保障。科技系列创新实验室建设。结合学校的办学理念和发展目标,顺应高考改革新政,整合资源,互利共享,着力打造有利于科技创新素养培育的系列实验室(场),使学生公能兼修、审美体验、实践能力和创新精神的培育制度化、常态化和主动发展。建设完善好机器人、智能机器人、创客中心、3D打印、数控雕刻机、微卫星项目等专用教室,更新生物实验室、数学探究实验室、天文台,完善电钢琴、生涯规划发展中心、第二心理教室等;完善国学社、书法社、文学社、烘焙社、民乐吹奏社场地设施,完成电声乐队、陶艺、学生社团项目设备的添置。

(三)课程评价

1.构建学校基于核心素养下的综合素质评价体系

核心素养评价是基于学生发展核心素养的一种评价,与综合素质评价相比,核心素养评价将评价的重点从原来的关注学生综合素质的形成,转向关注需要学生形成的必备品格和关键能力。"综合素质"强调的是促进学生全面发展,反映的是对学校教育的内容要求,而"核心素养"强调的则是学生适应社会和个人未来发展必备的品格和关键能力,反映的是对学校教育的功能要求,原有的"综合素质"的概念已经不能适应我国基础教育的发展要求,学生评价问题解决方案也不同。南开大学附属中学的"综合素质评价"按照"道德品质、公民素养、学习能力、交流与合作、运动与健康、审美与表现"六个方面进行,建立了四十个二级指标,采用六能雷达图进行体现。学校依据中国教育学会推出的《中国学生发展核心素养(征求意见稿)》提出核心素养评价体系——九大素养、二十五个基本要点、七十个关键表现。九大核心素养分别是:社会责任、国家认同、国际理解;身心健康、学会学习、实践创新;人文底蕴、科学精神、审美情趣。九大素养再细分为二十五个基本要点,最终细化到七十个关键表现,据此学校重新确定核心素养为"知识与技能、学习品质、公民素养、道德品质、个人生活"五个方面评价,再细分几十个基本要点和关键表现。

核心素养指标有的很难通过分数量化,评价主体和信度、效度问题等均会对其产生影响。故应将核心素养转化成可观察的外显表现,开发相应的测量工具,通过情感态度调查问卷、表现性评价、纸笔测试题目和档案袋评价等综合评价。

2. 构建核心素养发展的课堂评价体系

当前,课堂教学评价指标、评价理念滞后于现代教学观,评价指标设计多体现教师的教,体现了教师应具备的行为和特征,对以学生发展为本的学生评价少,学生被动地接收,缺乏探索、创新、思考的能力,在核心素养背景下课堂教学评价理念应从"以教论教"向"以学论教"转变。新的指标将淡化传统的对教师教的评,注重对学生学的评和核心素养的评价,即课堂学生的行为表现和主动参与。基于核心素养的课程评价还是一个世界性难题,核心素养并不指向某一特定学科,而是学生的综合素养,是学生在学科教育过程中获得的共性素养,具备学科融合性。国际上重视的语言素养、信息素养、数学素养、问题解决、社会合作、创新意识等素养,绝非通过某单一学科的学习就能获得,它融合了各学科赋予人素质发展的综合要求,体现了不同学科教育的共同价值。虽然核心素养的培养贯穿整个教学和课前、课后等,但其核心和导向在课堂。据此,学校建构核心素养发展的课堂评价体系,在此基础上,各学科建构学科评价指标。高中现行课标中有三十六种核心素养,频率高的依次是学习素养、科学素养、语言素养、实践素养、艺术与审美、问题解决能力、信息技术素养、沟通交流、人文素养、主动探究、创新与创造力、健康素养、数学素养等,结合现实和专家调查结果,学校建构了自己的课堂评价指标。

表 2 南开大学附属中学课堂评价标准(试行)

一级指标	学会学习	公民意识	创新与创造力	探究与实践	沟通与合作
二级指标	学习目标、学习内容、学习方法、习惯、能力、动机、自我管理	国家认同、社会责任、国际意识、多元文化、法律与规则	创新精神、创新能力、批判精神、批判能力	问题解决、探究精神、实践能力	沟通交流、合作能力、道德品质
评价	定性描述为主,设计问卷调查,进行描述结果统计;定量测评为辅,多次、多元评价。				

3. 操作上做好三个层面评价

生评:在指导思想上:要突出评价的发展性功能和激励性功能,重视对学生学习潜能的评价,立足于促进学生的学习和充分发展,为学生的主动发展创造有利的支撑环境。在评价的主体上:调动学生主动参与评价的积极性,改变评价主体的单一性,实现评价主体的多元化;建立由学生、家长、社会、学校和教师等共同参与的评价机制。在评价的方法上:形成性评价,实行多次评价和随时性评价、"档案袋"式评价等方式,突出过程性;定量和定性相结合的评价,不仅关注学生的分数,更要看学生学习的动机、行为习惯、意志品质等;个人内差异评价和差异性评价。

师评:教师教学评价:教师从教必须有计划、有进度、有教案、有考勤的评价记录;教师应按学校整体教学计划的要求,达到规定的课时与教学目标;教师应保存学生的作品、资料及在活动、竞赛中取得的成绩资料。教务处通过听课、查阅活动记录、调查访问等形式,每学期对教师考核,并记入业务档案。对教师教学过程的评定主要包括:教学的准备、教学方式、教学态度等方面的评价。学校通过听课、查阅资料、问卷、座谈等形式,对教师进行考核,并归入业务档案。主要是四看:一看学生选择该科的人数;二看学生实际接受的效果;三看领导与教师听课后的反映;四看学生问卷、座谈的结果。

校评:建立较为规范的自觉自律的内部评价与改进机制。课程开发主要是由学校自主进行的,课程的评价更多地依靠学校进行自觉自律的自我评价,通过对学生、学生家长和教师的问卷调查及必要的专家指导,不断反思课程开发过程中出现的各种问题,如课程规划方案在课程定位、学生学业负担、教师工作量等方面是否符合国家课程计划以及相关的政策,是否有利于推进素质教育,课程目标是否科学、合理、有效,课程结构和门类是否合理,是否有利学习方式的改变或实现学习方式的多样化,课程评价的方法是否多元,是否体现实用性、可行性、适切性、准确性,等等,及时进行自我批评、自我激励、自我改进,保证课程开发的健康顺利运行。

4.建设学科课程群和跨学科课程基地

学校逐步让学生自主选择课程,自主决定专业和今后的职业方向,最终实现学生的能力形成和加速发展。如学校化学课程群提供学生选择性地学习,加速了学生特长的形成和能力提高,积蓄学生自主发展所需的潜能。在化学课程学习中选择适合自己发展的化学选修课,有利于高效地使自己的特长智能得以强化,实现学生能力、素养和学习力的不断提升。课程学习要达到学生能力发展,需要必修课程的横向扩大(知识拓展)、纵向加深(强化兴趣特长)、能力提升(提高职业技能和职业意识)、知识应用(通过社会实践把学到的化学知识应用到解决实际问题中)。

表3　南开大学附属中学学校化学课程群

必修 (高一开设, 包括五个主题)	知识拓展 选修一 (高二开设, 包括三个模块)	职业技能 (校本课程,包括 三门校本课程)	兴趣特长 (校本课程,包括 三门校本课程)	社会实践 (校本课程, 包括四个主题)
化学科学与实验探究、常见的无机物及其应用、物质结构基础及化学反应规律、简单的有机化合物及其应用、化学与社会发展	有机化学基础模块、物质结构与性质模块、化学反应原理模块	实验化学(高一、高二均可开设,涉及内容可以略有不同)、手持技术与传感器使用(高二开设)、化学与社会中的化学与技术部分(高二开设)	化学与社会中的化学与生活部分(高一、高二均可开设,涉及内容可以略有不同)、化学发展史(高二开设)、诺贝尔化学奖对我们的启迪(高一、高二均可开设)	化学与社会(高一、高二均可开设)、城市垃圾分类与处理、食品添加剂调研、环保与水污染调研、金属回收与贵重金属提炼研究

七、课程反思

一是改革学生管理制度。在课程管理过程中积极引导学生自主参与,并逐步建立常规管理机制、自主监督机制、综合素质评价机制、表彰激励机制等。培养学生课程鉴赏和评价能力,能客观地评价课程。

二是课程显性资源和隐性资源的整合。隐性资源如环境、制度、文化、观念、习惯。改革学校管理制度,为课程发展保驾护航。完善学校各项管理制度,逐步形成科学完善的评价体系;营造公平公正的和谐氛围,形成激励主动发展、特色发展的良好机制,坚持多元评价,促进师生全面、个性化发展。

三是适应核心素养下的教师课程观,增强教师的课程开发意识,提高课程开发、管理、评价、教材编写、成果应用能力。

四是课程的短、中、长期规划。如学校 2019—2021 三年课程规划中提出,建立学校层面课程群和学科层面课程群。每年、每学期也要有课程规划。

五是做好学校教科室、学科组、特色课程教师三级管理:在校长指导下,教科室负责设计、规划学校特色课程,梳理搭建起学校整体架构,布置学科组任务和分工,学科组梳理本学科特色课程,规划学科任务,搭建本学科课程群,特色课程教师实施开发课程,编写教材讲义,完成上课、全面特色育人的任务,以及期末成果汇总、经验总结等工作。

第一章
允公博雅篇

于语言建构中完成文化理解与传承

——以"成语的前世今生"探究总结课教学为例

葛　燕

一、学科核心素养

语言建构与运用:了解成语的基础知识并学会正确使用成语。

思维发展与提升:通过资料的收集与整理,形成系统的成语知识的体系,学会探究的方法。

审美鉴赏与创造:提升对成语的文化理解。能够在实际运用中举一反三、正确使用成语。

文化传承与理解:能够在日常生活中,正确使用成语,提升个人素养。体会成语文化的博大精深,宣传并传承成语文化。

教学重点:利用各种资源收集整理相关成语信息,进行合理筛选与整合,并通过课上汇报,展示、讲解相关知识。

教学难点:通过课前、课中、课后的合作探究活动对知识进行细化,使每个学生都参与到课堂学习中来,并能够在今后的生活中自觉使用并传承成语文化。

二、教学内容分析

作为中华文化的活化石,成语是中国语言的瑰宝。多年以来,成语的考核方式并不固定,出现在选择辨析、语用题等多种题型中,当然,作为语言积累的呈现方式,成语也体现在学生日常的会话与写作中。在部编版的高一语文新教材中,笔者将上册教材的第八单元——"词语积累与词语解释"和下册教材中的第四单元——"信息时代的语文生活"这两个活动课程单元结合起来,用探究合作学习的方法,帮助学生进行成语的积累。

高一的学生在以往的语言基础知识积累中或多或少会涉及成语的相关内容,但对其源流与演变基本没有深入探究或者系统学习,特别是对于合作探究、研究性学习的活动,他们的经验也不是很多。所以,通过这两个内容的结合,教师力争帮助学生提高学习成语的兴趣,掌握新的高效的学习方法,从而落实具体的成语学习目标。

三、教学活动设计

(一)活动内容与实施

本堂课的教学过程有别于一般的新授课或者复习指导课,而是基于合作探究后的汇报课,课前的准备和课后的延伸都是更为重要且具有纵深、延续性的活动,能够让学生在课堂以外的语文学习更具有系统性和科学性。

1. 课前探究

(1)了解背景,明确内容。

(2)分工协作,落实任务。

本课题实行组长负责制,进行阶段部署(时间段内的任务)。全班同学分为五组,每组八个人。各组成员协调合作,在组内进行任务分工(包括收集资料、整理、分析资料、保管资料、撰写报告、展示成果等工作)。

(3)广泛搜集,筛选鉴别。

(4)归纳整理,形成报告。

2. 课堂汇报

(1)教师导入:生活中错用成语的现象。

(2)课前热身:高考真题。

(3)教师引入教学重、难点介绍。

(4)明确本次合作学习的步骤。

(5)各组展示PPT,同时进行讲解。

第一组——名人轶事凝成语,传统美德耀中华。

第二组——华夏锦绸织历史，服饰文化蕴成语。

第三组——徜徉名家名篇，追溯成语滥觞。

第四组——舌尖上的成语，穿越中的美食。

第五组——呦呦 Check it out！我们一起译成语！

(6)各小组制作有关成语使用的公益海报展示。

3. 作业布置(跟踪探究)

(1)各组完成探究报告，完善海报。

(2)完成软件"趣味成语"测评。给自己打分。

(3)个人自选一个成语的探究方向，制定一个长期探究以及积累计划。

参考题目：成语中的物理、《三国演义》中的成语、成语与歇后语、《论语》中的成语。

(二)活动设计意图

1. 课前探究

本部分分成四个步骤，主要是落实学生的学习方法的实践和习惯培养，已达到"授之以渔"的内化目标，提高学生自主学习的能力。作为本节课的课前准备过程，学生利用两周的时间进行材料的搜集和筛选，教师实时关注并指导他们的探究过程，帮助大家缩小、细化并最终确定研究内容，提供纸质以及网络的资源作为参考，对搜集资料的筛选和整合，并最终形成报告内容，制作展示汇报的课件。

2. 课堂汇报

此部分内容作为本节课的知识呈现以及反馈过程，是前期准备工作的总结，也是后期完善以及延伸过程的过渡。

首先，教师的导入，列举了几个人们日常生活中有意或者无意用错成语的情况。如果说默默无"蚊"和"筷"炙人口等成语是出于广告的谐音效应，而在中国足协的官方微博中将"差强人意"误用为"不令人满意"，则显得非常不专业。可见，主观、客观上的成语误用，需要鉴别分析纠正。

接下来，教师选取了高考真题中关于成语的相关选择题进行练兵。不追求全面，而是以点带面地了解几种误用成语的情况，使学生初步掌握成语误用的种类、原因,以此进一步调动学生的学习积极性。

3. 教师引入教学重、难点介绍

教学重点:强调此次研学的方法是利用各种资源收集整理相关成语信息,进行合理筛选与整合,并通过课上汇报,展示、讲解相关知识。强调学生学习的主动性,过程的可操作性。

教学难点:通过课前、课中、课后的合作探究活动对知识进行细化,使每个学生都参与到课堂学习中来,在感受成语文化的博大精深的同时,能够主动地正确理解并运用成语,使这一文化得到传承与弘扬。

4. 明确本次合作学习的步骤

(1)了解背景,明确内容。

(2)分工协作、落实职责。

(3)广泛搜集、筛选鉴别。

(4)归纳整理、形成报告。

(5)交流展示、补充完善。

(6)延伸拓展、丰富内涵。

5. 各组展示 PPT,同时进行讲解

作为本节课的主干内容,几个小组分别从不同维度阐释了成语的含义、演变、应用,跨越古今,纵横表里,特别是深究成语演变的过程中,强化了中华文化的传承与创新。

6. 各小组制作的有关成语使用的公益海报展示

本环节重在落实本次研究性学习的成果化问题。学生就本组的汇报内容,在课前构思并完成相关主题的工艺海报,已达到宣传成语文化的作用。而此时的展示介绍,则是每一组同学对研学核心内容的总结与归纳。

7. 作业布置(跟踪探究)

本环节重在延伸本次研学活动的内涵与外延,拓展或者深入成语研究的主题与方法,使成语的学习得到更为多层面的延续。

(三)活动实际效果

1. 课前探究

在实施过程中,学生在原来合作探究的基础上有了很大的技术性进步,在各司其职的前提下,能够对成语的产生以及应用有了更深入的理解,形成了知识在量上的积累。

2. 课堂汇报

教师导语部分利用生活中的实例激发学生的学习兴趣,并强化了正确理解成语和使用的重要性。这也是强化维护文化传统的一个很重要的环节。

高考真题演练,学生基本能够顺利完成题目,当然,由于尚未进行成语的系统复习,知识的条理性还不足,这样客观上也激发了他们进一步系统研究与学习的积极性。

3. 教师引入教学重、难点介绍

在上课以前落实本节课的学习重点和难点有利于学生树立过程意识,自觉内化所学知识。

4. 明确本次合作学习的步骤

通过教师的系统引导,发挥学生的自主性,提高学习能力,将知识的掌握方法内化,以此带动其他知识的学习。

5. 各组展示PPT,同时进行讲解

各组的汇报展示从不同层面激发了其他组同学的学习兴趣,因为切入点较为新颖独特,既有日常生活中雅俗共赏的成语,也有一些具有典故历史的成语,同学们在重新认识一些成语的同时,感受到了与之相关的中华文化内涵。特别是最后一组,在中英互译的互动问答中,学生初步了解了一些翻译方法,在比对翻译后的效果后,更是对中西文化的差异有了更为直观的感受。

6. 各小组制作的有关成语使用的公益海报展示

每个小组精心绘制的海报集中体现了该组的核心研究内容。绘制的过程既是归纳总结的过程,也是主题升华的过程,几个小组都涉及成语在当下的正确使用与传承问题。

7. 作业布置(跟踪探究)

作为本次研学的延伸,跟踪探究旨在培养学生自主探究、合作学习的能力,同学们在成语的学习上,有更为多角度、多层面的认识。

四、讨论与反思

本节课基于新教材大背景、大任务、大情境的要求,把提升学生的核心素养作为根本出发点,作为一节有关成语源流知识的合作探究后的汇报展示课,完成教学目标的同时,强化学习的过程和方法。比如,在探究前,教师指导学生分组并落实探究、合作的方法和过程;在探究时,强调搜集资料方法和线上线下文献材料的合理使用;探究的后续完善、补充和选题的延伸。

本节课旨在充分调动学生的积极性,在小组分工合作时,同学们各司其职,并最终完成汇报展示,达到了语言实践、运用的目的。当然,在一节课的时间里,毕竟不能实现全员参与,汇报时也有不完美之处,这就需要大家在今后的合作探究中,轮换岗位职责,多方面锻炼各自的能力,使语文学习真正内化为学生的一种意识和能力。

继承弘扬家乡文化　提高乐学善学能力

——以"家乡文化调查"活动为例

霍玉洁

一、学科核心素养

文化是人存在的根和魂。中国文化源远流长,底蕴深厚。中国文化中的重要组成部分就是家乡文化。因此,在高中阶段开展家乡文化调查,有助于学生了解家乡文化现状,从而发掘其内在价值,继承弘扬优秀的家乡文化。不仅如此,开展家乡文化调查还可以培养学生的自主发展能力,尤其是乐学善学能力。通过家乡文化调查,收集资料,撰写调查报告,可以培养学生积极的学习态度和浓厚的学习兴趣,引导学生自主学习。

二、教学内容分析

家乡文化不仅是中国文化的重要组成部分,更是个体精神生活的重要载体。高中学生学习用恰当的形式关注和参与家乡文化生活,学会剖析文化现象背后的精神内涵,有助于增强认识社会和阐释自己见解的能力,这也是学好语文的重要内容之一。学生通过网上查询资料、实地调查、访谈等灵活多样的形式,锻炼自己的各种技能,直观感受家乡文化风俗的魅力,了解家乡的文化名人与文化建筑等,进而增强文化认同感与民族自豪感。这正是语文学科核心素养的鲜明体现。

在 2020 年新高考语文考试大纲中,明确要求考查学生的六大能力,其中理解、分析综合、鉴赏评价和表达应用四大能力在家乡文化调查的过程中均得以充分体现,其在教材中和高考中的重要地位可见一斑。

三、教学活动设计

(一) 活动内容与实施

1. 活动目的

教师选取天津历史上独具特色的文化人物、文化建筑和饮食文化等,指导学生分组进行调查,记录家乡的人和物,深入分析其精神内涵与社会价值。

2. 活动形式

以学习小组为调查活动的主体,采用查阅资料、实地调查并访谈、小组合作探究等灵活多样的形式。

3. 活动步骤

第一步:同学分组讨论,列举最能代表自己家乡特色的文化人物、文化建筑以及民俗,梳理其发展历史,阐释其蕴含的精神,分析其现今意义。

天津是中国历史文化名城,在中国近代历史上具有重要地位。作为北方最早的开放城市,天津地处首都门户和濒临渤海的优越位置,成为中国汲取世界近代文明最理想的窗口。东西方文明在这里碰撞交融,形成了天津城市历史文化的独特魅力。

天津文化包含甚广,开展家乡文化调查可以选取不同的主题,学生们可以畅所欲言,这充分调动了学生自主学习的积极性,有助于培养学生的乐学能力。

第二步:每组选出最具代表性的文化人物、文化建筑及民俗,确定小组调查的对象。

经过讨论,教师将班内学生分成六个学习小组,分别针对天津的文化人物(梁启超、张伯苓、曹禺),文化建筑(石家大院、梁启超故居)、民俗文化("泥人张")、招牌文化(桂发祥麻花、狗不理包子等)、天津方言等进行实地调查和资料汇总。在调查的过程中,教师要指导学生尽可能多地占有素材,不求全面,但要深入调查。如这一主题的历史渊源、区域特点、发展现状、存在问题、等等。这样可以培养学生在以乐学为基础的善学能力。

第三步:小组分工合作,多渠道收集相关的文献资料,为调查打好基础。

第四步：小组分工合作，进行实地调查，录制小视频、拍摄图片并做好调查记录。

学习小组的成员利用两个周末进行实地调查，来到了位于天津市西青区的石家大院，河北区的梁启超故居、曹禺故居，走访了南开大学和南开中学，采访了制作茶汤的手工老人，拍摄了有关"泥人张"的照片和视频，品尝了天津麻花、"蛤蟆吐蜜"等特色美食。在调查过程中，学生们充分调动了自己听、说、读、写、记各项技能，增强了文化认同感与身为天津学子的自豪感。

学生利用周末时间将拍摄的视频、照片及相关调查记录整理归纳，制作成本组汇报用的 PPT，并利用晨会时间在班内交流。

第五步：整理归纳调查记录，每组学生根据掌握的所有素材，完成调查报告的撰写工作。

调查报告是针对某一问题进行深入调研，将调查的情况、认识和结论用文字表达出来的一种应用文体。

调查报告的写作要求：

材料真实。调查报告中涉及的材料必须是绝对真实的，包括材料中的时间、地点、人物、事件，等等，均不可以虚构夸张，因为它不同于小说或散文等其他文学作品。材料真实是调查报告最基本的特点。

对象典型。调查报告反映的对象形式多样，本次调查主要针对天津的文化人物、文化建筑、语言特色等，指导学生写成调查报告。在取材时务必注意典型性，去除不相关的芜杂内容。调查报告的内容准确集中，才真正具有现实意义和指导作用。

叙议结合。调查报告主要是介绍事实，应运用叙述的方法把事情的起因、发展和结果交代清楚，所以要运用材料叙述来说明问题。作者可以进行一些议论，来表达自己对事物的见解，揭示事物的本质意义。但是此类议论要恰到好处、点到即可，不能喧宾夺主。

针对性强。调查报告的对象具有典型性，因此它应有强烈的针对性。学生必须有针对性地进行调查研究，对搜集的素材认真细致地分析总结，从而理解家乡文化生活现状中存在的亟须解决的问题。例如对家乡文化的漠视乃至忽视,对天津方言的保护力度不足等,最好提出切实可行的解决方法,从我做起。

本次的调查活动意在了解家乡文化生活现状,因此在调查报告的体例安排上,教师指导学生以表格的样式呈现,表格包括标题、摘要、目录、调查背景与目标、调查步骤与方法、调查内容与分析、结论、建议、参考资料等。呈现的形式要简明扼要,重点突出。

第六步:利用一节完整的课时,学生互相交流 PPT 和调查报告,汇报本组的调查结果。

根据交流的内容,教师加以补充和指导,比如天津的文化人物和文化建筑可以进行整合,对相关文化名人故居的调查可以帮助学生理解文化名人在天津进行的一系列革命、教育或文化活动,有助于加强直观印象,进而上升到理论的层面。即天津独特的地理位置和兼容并包的地域文化成为孕育相关文化的丰厚的土壤。

对天津招牌文化的研究不可只停留在表面,教师可以结合天津运河文化的发展,指导学生理解诸如杨村糕干、狗不理包子的快餐式特点。在研究天津方言方面,教师可指导学生通过雅俗共赏的相声去理解天津方言的独特魅力。

而在天津的教育领域,尤其是在南开教育体系中,张伯苓无疑是灵魂人物。教师指导学生在对张伯苓的研究中一定要重点体会其公能校训蕴含的爱国情怀。代戊戌变法的领袖和文学革命运动的倡导者梁启超,中国新文化运动的开拓者之一的曹禺,教师则要结合二者在天津期间的革命运动或文学创作活动,指导学生调查天津这座城市在他们的革命和文学历程中起到的至关重要的影响,进而理解天津是近代革命的启蒙地,也是激发作者创作激情的摇篮。

(二)活动设计意图

思维发展与提升:了解家乡的传统文化以及家乡人民的文化生活现状;掌握基本的调查流程和调查方法;思考家乡社会发展进程中传统习俗所产生的影响,提高学生的思辨能力。

审美鉴赏与创造:传承本土优秀传统文化习俗,培养学生热爱家乡、热爱祖国的思想情感。

文化传承与理解体会:传承并弘扬家乡的优秀文化,提高乐学善学能力。

(三)活动实际效果

在家乡文化调查进行的两周时间内,六个学习小组中的每一个学生分工明确,分别进行实地调查、拍摄照片和小视频、网上搜集素材、资料汇总、完成调查报告和制作PPT,每组还推举出一名学生汇报调查情况。在此过程中,学生深入了解了天津这座城市的文化特色,从不同的视角重新审视这座城市在历史发展中的重要地位,理解了不同文化名人与天津的深厚渊源,加强了文化认同,做到了独立自主学习,培养了乐学善学能力。最后,这节汇报课以南开区的区级展示课的形式呈现出来,获得了教研员以及与会老师的好评。

四、讨论与反思

在进行家乡文化调查之初,笔者比较担心学生是否具备相应的行动能力,尤其是高中阶段的学生对天津文化是否足够了解,是否可以深入分析搜集的素材等一系列问题。但随着调查的进行,笔者发现学生既可以团体协作,也可以独立学习,既可以整合素材,也可以加工视频,完全具备自主学习的基本技能。

不过教师始终要起到引领的作用,高瞻远瞩、把握调查研究的方向不偏离,既不能变成"地方美食品鉴",也不能变成"天津一日游"。调查研究应立足新教材中的设计意图,即"参与家乡文化调查是语文学习向课外的延伸,也是青年学生继承传承家乡文化的责任所在",指导学生从确定调查选题,到访谈的基本方法,再到PPT内容的精彩与精粹并重,最后要形成系统而简洁的调查报告,这才是这一调查活动的完整过程。

拓展作文素材 深挖内涵 促进学生思维发展与提升
——以任务驱动型作文指导为例

李旭慎

一、学科核心素养

立德树人是教育的根本目的,语文核心素养明确了在这一目标下必须承担的责任。其主要内容包括四个方面:语言建构与应用、思维发展与提升、审美鉴赏与创造、文化传承与理解。

学生的核心素养不是孤立存在的,也不是这四项内容的简单组合,而是学生存乎于内、显乎其外的价值观念和必备品格。核心素养的四个方面,有机统一才能体现语文核心素养的真正价值。

语言构建与应用是语文学科的独到之处,是构建其他三个核心素养的前提和基础。有人说,语文学习的效果要通过作文体现出来,因为作文是将学生思想外化为语言的过程,既反映了他们语言文字应用的水平,也体现了学生思维发展的轨迹,更包含着学生的审美创造。

我们生活在一个用声音和文字记录的世界,语言文字的运用发生在生活的各个方面,学生在真实的语言情境中,通过感知鲜活的语言材料,体会流淌在文字间的思想,同时积累语言素材,加深对祖国语言文字的欣赏与热爱,发展思维能力,提升思维品质,培养高尚的审美情趣。

二、教学内容分析

高考作文历来为社会关注,近年来,作文的命题越来越让学生有话可说。高考作文之所以备受关注,是因为它承载了对学生语言运用能力和思维水平的考查。文体结构,学生通过不断练习,已经不是写作的障碍了,关键是素材的选择。学生在习作中,总是围绕着一些耳熟能详的古人事迹展开议论,引用的素材范围较窄,思想深度不够。

2020 年天津卷高考作文的核心词是"中国面孔",联系当下生活,学生很容易想到抗"疫"英雄、伟大的科学家、感动中国的人物等。这些事例虽然符合题意,但是涉猎范围比较狭窄,事例挖掘深度不够。

2020 年是非同寻常的一年,七十年前,中国人民志愿军雄赳赳、气昂昂地跨过鸭绿江,抗美援朝,中国共产党和人民军队奏响了一曲曲可歌可泣的战歌,锻造出伟大的抗美援朝精神。这种精神永远是中国人民的宝贵财富。如果将这一素材运用到作文中,将提升作文的思想内涵,使之成为有深度的文章。

三、教学活动设计

(一)活动内容与实施

1. 活动一:解读作文题目要求

(1)朗读题目,思考这道题的核心词。

(2)讨论"中国面孔"的内涵。

(3)寻找自己心目中的"中国面孔"。

2. 活动二:扩展素材,深挖抗美援朝的精神内涵

(1)展示抗美援朝情景的照片,给学生提供思维的情景氛围。

(2)通过对不同的文学样式的分析,理解抗美援朝精神的内涵,思考英雄们是如何展现中国面孔的。

(3)联想心中的抗美援朝英雄。

(4)思考英雄们是如何展现中国面孔的。

(5)解读伟大抗美援朝精神内涵。

附材料:

《中国人民志愿军战歌》,视频——参加过抗美援朝战争的老兵朗诵《谁是最可爱的人》,叶剑英的《抗美援朝诗三首》。

3. 活动三:课堂练笔

(1)以"中国面孔"为主题词,以抗美援朝胜利七十周年为素材,写一个作文片段。

(2)学生分享习作。

(二)活动设计意图

1. 提供丰富的阅读材料,加深学生对素材内涵的理解

学生认识的世界是立体的、丰富的,展现世界的材料也是多姿多彩的,学生思维的发展与提升需要从不同的材料中获取营养。不同的文学样式,不同的媒体形式,用不同的表现手法描述同一事件的不同角度,能够提升学生对于事件的认识。思维与语言发展同步,思维品质的发展与语言建构及应用有直接关系,因此在本节课中,教师为学生提供了多种描写抗美援朝的材料,比如《中国人民志愿军战歌》、视频《谁是最可爱的人》、叶剑英的《抗美援朝诗三首》等,为学生从不同侧面展现真实的场景,并通过问题引领学生准确掌握语言材料的内涵,加深学生对作文素材的理解深度。

2. 创设真实语言环境,深挖材料思想内涵

这节课以 2020 年天津高考作文题为载体,力求为学生创设真实的语言运用情景。2020 年是抗美援朝出国作战七十周年,这是一个提升学生思维认识的很好的契机。于是,笔者以伟大的抗美援朝精神与学生人格发展的关系为设计出发点,引导学生通过回忆抗美援朝的英雄事迹,深入挖掘伟大抗美援朝精神的内涵,让学生铭记抗美援朝战争的艰辛历程和伟大胜利,并用文字表达对这种伟大抗美援朝精神理解,拓展作文的素材广度,并发挥语文课程的育人功能。

3. 遵循学生思维的发展规律,巧妙安排问题梯度

学生思维的发展与提升是循序渐进的过程,教师发挥的引领作用不容忽视,有价值的问题可以为学生提供思维成长的"脚手架"。在本节课中,设计问题由表及里,由浅入深,由人推己,以抗美援朝英雄们的事迹拓展作文素材,使学生学会深挖素材内涵,在提高学生语言文字运用能力的同时,促进他们思维品质的提升。

4.讨论与练笔并重,注重学生的自主性和参与性

拓展作文素材,深挖内涵,进而提升学生思维、提高语言运用能力是本节课的目标。学生的自主参与是表达自己独特感受的重要起点。抗美援朝是学生知道的历史,但对其中展现的伟大抗美援朝精神的理解却流于表面,毕竟学生和那个特殊的时代有距离。因此教师需要设计合理的问题,引导学生在小组内分享见解,这样有利于学生从同龄人那里获取思维的灵感。与此同时,学生获得了更多的参与语文实践活动的机会。课堂的练笔给学生提供了将思想转化为语言的机会,能够让学生获得成就感。

(三)活动实际效果

1.语言建构与运用

学生结合自己对伟大抗美援朝精神的理解,以"中国面孔"为题目,写一个议论片段,并与同学交流写作体会,提高学生梳理和整合的能力。

2.思维发展与提升

教师为学生创设真实的学习情境,使他们以合作探究的方式,体会抗美援朝作战中,战士们的伟大精神内涵以及对当代人的影响。

3.审美鉴赏与创造

通过对抗美援朝战争中英雄事迹的回忆,深挖伟大抗美援朝精神内涵,练习用这种精神诠释"中国面孔"。

4.文化传承与理解

体会、理解并学习伟大抗美援朝精神,将这种精神内化到实际行动中。

四、讨论与反思

(一)立德树人,以伟大的抗美援朝精神为课程切入点

本课的教学中,问题的切入点是最成功的。2020年是抗美援朝出国作战七十周年,英雄们的事迹鼓舞了一代代的青年,他们是最美的"中国面孔"。笔者在课上带领学生深入挖掘伟大抗美援朝精神的内涵,有助于提升他们的认识水平,提高其思想境界,实现语文的育人功能。

(二)问题引领,逐步深入,给学生提供思维提升的阶梯

学生讨论,是将课堂还给学生的具体体现,也是语文核心素养中的"思维的发展与提升"的要求。学生们在对"中国面孔"的理解时,起初只会想到古代和当代的耳熟能详的人物,例如:苏武、李白、苏轼等,思路打不开,素材范围窄。给出抗美援朝战争的相关材料后,学生的思维被激发起来了,大家纷纷回忆起朝鲜战场上动人的一幕幕,对抗美援朝精神有了逐步的了解。在此基础上,归纳伟大的抗美援朝精神,"中国面孔"就是一位位有着抗美援朝精神的勇士。用这些事例作为文章论据,便深化了文章的内涵,而我们的预设目标——思维的发展与提升也得到了贯彻。

(三)从感受美到学会创造美

学会鉴赏是感受美的途径,学会创造美是更高层次的要求。当学生对伟大抗美援朝精神的内涵有了深入的理解后,笔者便引导学生用笔来创造美。因此,课堂的练笔和课后的习作练习是真正提升学生能力的方式,是学生学以致用的最好检验。

整堂课的设计体现了教师的引领作用,教师给学生的只是方法,提供给学生的只是一个深似一个的问题,而不是代替他们生成所谓的标准答案。教学过程从学生熟知的"中国面孔"出发,最终实现学生提升阅读写作能力的目标。各个环节中都体现着语文核心素养的要求。写作中有语言建构与应用,讨论中有思维发展与提升,伟大抗美援朝精神分析中有审美鉴赏与创造、文化传承与理解。如果学生能通过本节课,将拓展作文素材、深挖思想内涵作为提升习作水平的一个有效方法并付诸实践,那么本节课的作用就达到了。

"践"微知著

——高中语文文学短评写作初探

刘　青

一、学科核心素养

文学短评写作是 2019 年部编版高中语文教材(必修上)第三单元的单元写作任务。文学短评写作教学实践了高中语文核心素养中语言的构建与应用、审美的鉴赏与创造、思维的发展与提升的全部内容,是培养学生具备高中语文学科核心素养教学中非常重要的一环。

二、教学内容分析

文学短评的写作教学是对高中语文核心素养的综合培养,也是近几年天津高考的常见题型。文学短评的写作教学首先要明确体裁,即区别文学短评与读后感,其次是归纳总结文学短评的写作方法,最后是文学短评的写作实践。语文核心素养的学习与运用贯穿在全部的教学过程中。

三、教学活动设计

(一)活动内容与实施

1.活动一:明特征——文学短评与读后感的区别(思维的发展与提升)

【教师提问】

文学短评就是读后感吗?

【同学回答,教师总结】

文学短评是一种精短的、以作家、作品等作为评论对象的议论性文章。它融议论性、文学性于一体,是理、情、文的统一。

读后感是读者在仔细阅读原文的基础上,选取感受最深的某些方面,联系自己的生活或社会实际述说感想或感受。读后感属于引申性的议论文。而文学短评是评论作家创作的得失,分析作品的思想内容、艺术特色等,篇幅相对短小的文学评论类文章。

【教师提问】

阅读下面一段文字,判断它是读后感还是文学短评。

浔阳江头,乐天以一曲琵琶,唱尽天下沦落之情。此曲亦撩拨了我的心绪,让我期待未来某时也能相逢一知己,清风朗月,畅诉衷情,感受灵犀暖意。

【教师点拨】

这段文字从诗歌的"同是天涯沦落人"的情感出发,勾起读者自己的孤独寂寞之情,于是有感而发。因此,这段文字自然是读后感。如果有同学以"浅析《琵琶行》中的音乐描写"为题,那么从文章的内容上看就符合文学短评的要求。

2. 活动二:析方法——作品研读与写作方法

【教师提问】

文学短评的写作要求文章观点鲜明、结构清晰、语言流畅,兼具议论性与文学性。认真研读并分析文学作品是撰写文学短评的前提和基础,之后便是提笔写作的过程。那么写出优秀的文学短评具体要掌握哪些方法呢?

【教师点拨】

(1)渠清如许有源头,用心精至自无疑——研读原作(审美的鉴赏与创造)。

写文学短评之前,需要认真研读写作对象,即选定的文学作品。我们要先置身作品之中,读懂作品;然后又要跳到作品之外,评价作品。只有入乎其内,才能对作品的思想内容、艺术特色有深入的理解;只有出乎其外,才能对评论对象有高一个层次的认识,从而形成自己的见解。否则只能是空空而论,泛泛而谈,更有甚者会误解作品原意。

【教师提问】

你觉得下面关于《芣苢》的文学短评写得如何?

芣　苢

采采芣苢,薄言采之。采采芣苢,薄言有之。
采采芣苢,薄言掇之。采采芣苢,薄言捋之。
采采芣苢,薄言袺之。采采芣苢,薄言襭之。

本诗是《诗经》中的一首劳动欢歌。全诗三个小节,重章叠唱,仅仅通过几个动词的改变就生动、形象地描写了古代劳动人民兴高采烈地在田野里采摘芣苢的过程和场面。整首诗充满了劳动的欢欣,洋溢着劳动的热情,表现了人物的欢快情绪和赞美劳动的主题。同时,芣苢也可以作为贤士的象征,采摘芣苢也表达了作者对贤才的渴望。

【同学分析,教师点拨】

我们通过仔细阅读原诗发现,本诗表达的主题只有对劳动的赞美和热爱,对贤才的渴望属于无稽之谈。因此,这篇文学短评就出现了误解原诗的问题。这个例子告诉我们,在写好文学短评之前,我们先要正确的理解文学原作。

【教师提问】

怎样做到对作品的理解既入乎其内,又出乎其外呢?

【教师点拨】

写作文学短评之前应该精读作品。精读一般采取"总体—部分—总体"的步骤。"总体"就是通读作品,理清文章的思路和结构层次。"部分"就是对作品中重要的词语、句子、段落进行认真揣摩、品味、分析。最后是再次通读全文,全面总结艺术特色,概括文章的内容和主旨,同时力争有独到的发现和较深刻的理解。

(2)潦原浸天三千水,潜心专注饮一瓢——善于聚焦(审美的鉴赏与创造,思维的发展与提升)。

【教师点拨】

优秀的文学作品能够打动我们,引发我们思考的点往往很多。文学短评受字数所限,不可能做到从内容概括到艺术手法再到思想感情,无一不谈且面面俱到。文学短评的写作只能集中于某一个侧面,善于聚焦,从"小"处切入,方可有"大"的作为。

【教师提问】

请你根据"善于聚焦"的原则拟出一个文学短评写作的角度。

【举例】

浅析《涉江采芙蓉》中由"逻辑悖论"带来的审美价值,李白《梦游天姥吟留别》中的意象鉴赏,特朗斯特罗姆的《树和天空》多元主题分析等。

【同学回答,教师点拨】

文学短评的写作就是要从小的角度切入,分析某个方面对深化作品主题的作用。如果面面俱到,很容易失之浮泛。具体的写作角度可以从作品的思想内容和作者的观点态度出发,分析作品的形象,揭示形象的社会价值和典型意义,也可以分析作品的修辞、艺术手法,如比喻、拟人、象征、对比、双关、以小见大、先抑后扬、借景抒情等,还可以分析作品的构思技巧,比如写作思路、结构方式、选材特点等,也可以分析作品的语言,包括句式特点、选词特色、语言风格等。

总之,写文学短评一定选择作品内容或者作品形式的某一个特点进行评论,定题要小而巧,做到突破一"点",兼顾全部。

(3)空中琴声缘何起,指头琴上两相依——叙议结合(语言的构建与应用)。

【教师提问】

什么是文学短评里的叙议结合?

【同学回答,教师点拨】

写文学短评要采用叙议结合的方式。"叙"是根据评论的角度用自己的话有针对性地概述、引用作品内容,"叙"要精当,为"议"提供依据;"议"是分析和评价,分析作品思想内容、语言特点、艺术特色等,评价其优劣得失。"评"要从"叙"出,叙议结合。如果说"叙"是为了解决"是这样"的问题,那么"议"就是解决"为什么是这样""这样好不好"的问题。以《评<念奴娇·赤壁怀古>中周瑜形象》这篇文学短评为例,"叙"是评论者对诗中周郎形象的描写与事迹介绍,"议"则是联系自己的阅读与生活经验评论苏东坡为何如此描写,怎样描写的以及借此表达的思想情感。只有叙议有机融合,才能将见解表达清楚,有理有据,令人信服。

【举例】

浅析《树和天空》中的语言运用

这是诺贝尔文学奖获得者特朗斯特罗姆的一首代表作。本诗的一个鲜明的特点就是诗人对常规语言的颠覆和日常经验的转换。诗歌开头诉说的不是"我们"在雨中行走或停步,而是树"匆匆走过我们身边",后来又"停下脚步";树还有"汲取雨中的生命"的"急事",它的姿态却是"挺拔地静闪"。诗人通过这种语言运用的"颠覆",让读者大吃一惊,不仅引起了读者的阅读兴趣,还引导我们用新的眼光重新审视原本已经习以为常的事物,从而获得对世界的新鲜的感受。

【教师点拨】

这篇文学短评,角度清晰,从原文选取相关诗句,叙议结合,结构合理,是一篇规范的文学短评。

(4)天下文章非天成,皆有妙手善写之——结构清晰(语言的构建与应用)。

【教师提问】

文学短评也需要结构清晰吗?

【同学回答,教师点拨】

　　高中学生写文学短评，虽然篇幅短小，但也必须观点鲜明、结构完整、层次清晰。所谓结构完整，就是标题最好可以点明短评的对象及角度。例如，"《林黛玉进贾府》中的虚与实""也无风雨也无晴——评《定风波》中苏轼的人生态度"，这两个题目既点明了写作的对象又明确了写作的角度，使读者可以一目了然短评的内容。要开好头，必须简明扼要的亮出观点。接着就要根据内容的特征或写作的角度，安排好正文的结构，最后加个简单的结尾。

　　下面三种结构可供参考：

　　总分总式：开头概括复述原文，引出论点；中间分析论证，夹叙夹议，根据需要还可以联系实际，适当引申发挥；结尾照应开头，进一步明确、深化论点。论点并列式：文学短文虽小，但中心明确。这一中心有时还可以"化整为零"，分化为几个分论点或具体的方面加以评述。比如人物形象的赏析，可以用这种模式从人物外貌、性格、品格、身份等不同角度赏析人物的具体特点。

　　论据并列式结构：这种结构开头简明概括全文观点，然后从作品中搜集论据，一一列举分析，最后简单结尾。

　　【举例】

点"金"之笔——浅析《你还在我身旁》写作手法

　　这是一首质朴动人的送给母亲的诗，年轻的诗人运用多种写作手法，将人们心中那份难以表达的温暖的母爱生动地表达出来。从"瀑布的水逆流而上"到"帮我把书包背上"，作者用回溯的写法，以"倒带"式的景象表达内心想重新回到母亲身旁的渴望。逆流而上的瀑布的水，从远处飘回的蒲公英种子，西升东落的太阳，诗歌用自然界的现象起兴，引起下文，再用退回枪膛的子弹，回到起跑线上的运动员，极具画面感的生活情景过渡。然后诗人精心运用"饭菜的香""卷子签好名字""帮我把书包背上"这些生动的细节描写，表现真挚的感情，亲切感人。诗歌结尾"你还在我身旁"单独成行，与上文的层层铺垫形成呼应，同时照应题目，突出了诗歌的主旨。写作手法犹如点"金"之笔，将一首言浅的小诗演绎得格外情深，成为一首现代诗的佳作。

【教师点拨】

这篇文学短评,观点明确,结构清晰,采用总分总的形式,分条赏析了写作对象的艺术特色,值得我们借鉴。

3.活动三:练习与总结

【课堂练习】

请为罗长城的《脊梁》写一篇文学短评,120字左右。

【教师总结】

文学短评的写作是读者与作品的智慧对话,表现了评赏者的文学鉴赏力以及思想的深度和眼界的宽度。中学生阅读古今中外不同体裁的优秀文学作品,在感受形象、品味语言、体验情感的过程中提升文学欣赏能力,并尝试撰写文学短评。学写文学短评的过程就是对高中语文核心素养全面培养的过程。

(二) 活动设计意图

1.于辨析文体中实现思维的发展与提升

2.于写作手法的学习中实现语言的构建与应用、审美的鉴赏与创造、思维的发展与提升

(三)活动实际效果

学生在掌握文学短评的基本写作方法的同时提高了文学的鉴赏和写作能力,实现了对高中语文核心素养的全面培养。

四、讨论与反思

文学短评写作是2019年部编版高中语文教材新添加的单元写作任务,是对高中语文核心素养的综合培养,体现了时代对高中学生应具备的能力的新要求。本文主要从四个角度阐述了文学短评的写作方法:研读原作、善于聚焦、叙议结合、结构清晰。其中,"善于聚焦"既是难点也是重点,它要求学生既能"抓小",又要学会"放大",是对学生文学鉴赏能力和写作能力的综合考查。本节课的不足之处在于学生完成课堂练习之后,还应有一个生生互评环节。这样能更完整和深入地落实课程目标。

善用思维导图 培养思维品质

——以 *Longji Rice Terraces* 一课为例

褚　榕

一、学科核心素养

学科核心素养是学科育人价值的集中体现,是学生通过学科学习而逐步形成的正确价值观念、必备品格和关键能力。英语学科核心素养主要包括语言能力、文化意识、思维品质和学习能力。

在日常课堂教学过程中,这四大核心素养相辅相成、贯穿渗透于一节课之中。然而,因课容量和学生学情水平的差异,教师在教学设计时,在顾及全面性的同时,往往会着力强化一至两种核心素养,以期突出教学重点,使学生学有所得。笔者在教授外研版英语必修一第六单元 *Longji Rice Terraces* 一课时,以思维导图为主线和抓手,着力突出培养了学生的"思维品质"这一核心素养。

思维品质指思维在逻辑性、批判性、创新性等方面所表现的能力和水平。思维品质体现英语学科核心素养的心智特征。思维品质的发展有助于提升学生分析和解决问题的能力,使其能够从跨文化视角观察和认识世界,对事物做出正确的价值判断。根据课程标准对"思维品质"目标的规定,结合这一课的教学内容,笔者要求学生在本课学习过程中,利用思维导图(流程图)帮助自己理解文本,了解龙脊梯田的建造背景、建造原因和运作原理,通过文本阅读提升英语思维,完善分析问题和解决问题的能力,在完成阅读任务的同时,学会关注文本结构与文化差异性,并通过视听活动积累语言素材,在语言输出训练中能积极整合所学知识,得体表达人类对改造自然的观点,有正确的价值观念,正确判断文章作者的观点和态度,辩证地理解人类生活与自然环境的关系,科学分析和评价不同地域人类生活的差异及原因,提高与自然和谐相处的自觉性,能够在深入理解文本的同时联系自身实际,最终实现知识与思维能力的迁移。

二、教学内容分析

本节课是高中英语第一册第六单元 At one with nature 的阅读部分。从单元名称就可以看出,本单元将继续学习人与自然的话题。与上一单元不同的是,第五单元重心在于人与动物的相互关系,而本单元则要重点学习人与自然环境的关系,尤其是人类如何因势利导,改善自然环境为我所用,但同时又不对自然造成破坏甚至反而是进行一种保护。学生通过深入思考人与自然环境复杂微妙的关系,体会人类的智慧,进一步树立人与自然和谐相处的理念。

本课的课文是一篇说明文,介绍了位于广西壮族自治区桂林市龙胜各族自治县的龙脊梯田,描绘了不同季节龙脊梯田所呈现出的美景,讲述了当地少数民族因地制宜建造梯田的原因,介绍了梯田的运作原理。通过学习,学生可以了解人类对自然的合理利用与改造,体会当地人民与自然的和谐相处,熟悉当地人的环保观念。文章第一段以对龙脊梯田四季美景的描写为引入,多样的形容词如 silver, bright green, gold 激起学生头脑中对于梯田的画面感和探索欲;第二段讲述了龙脊梯田的历史,给学生铺垫必要的背景知识,有助于对文章内容的理解;第三段以设问开始,解释了当地人开发梯田的原因;第四段生动讲述了梯田的工作原理,学生通过与同伴用图文形式共同制作龙脊梯田工作模式图解读文本;最后一段强调了龙脊梯田对当地人们生产生活的重要意义,这一传统耕作方式的传承和发扬以及成为人与自然和谐共处的典范。

三、教学活动设计

以核心素养为导向,以教学目标为依托,笔者将本节课的教学活动设计划分为五个层次的教学活动。

(一)创设情景,激活已知

1. 活动内容与实施

首先,教师播放一段关于梯田的视频,随后要求学生用一些形容词描述对于梯田的感受。其次,学生四人一组,每组就梯田这一话题至少提出三个问题并写在纸上。最后,各组分享问题,教师总结归纳问题,将其呈现在黑板上。

2. 活动设计意图

借助视频,创设情境,引出梯田这一主题。采用头脑风暴的方法训练学生的发散性思维,反过来又通过这些形容词帮助学生建构梯田这一新概念,为后面创造性地表达人与自然关系的观点做好铺垫。通过让学生自主提出问题激活学生的背景知识,形成阅读期待。

3. 活动实际效果

学生在课前对梯田了解不多,在视频播放后,对梯田有了初步认识,但在用形容词描述时稍显沉默,在教师给出样例形容词后逐步活跃起来,头脑风暴基本达到了预期效果。分组提出问题时,问题类型多样,需要教师总结共性问题,进而清晰明确地呈现在黑板上。

(二)关注体裁,梳理结构

1. 活动内容与实施

首先,教师请学生快速阅读首段和每段第一句,思考后确定文章类型和体裁——这是一篇说明文。之后师生探讨说明文的特点,提示学生挖掘特殊疑问词(who,what,when,where,why,how)所突出的文体特征。其次,学生通读全文,四人一组,用简单的结构图的方式展现文章内容。最后,学生将结构图粘贴在白板上,分享并解释所绘制的结构图。课堂上生成的结构图如下:

2. 活动设计意图

通过提示学生挖掘特殊疑问词引导学生关注文章体裁,熟悉说明文的文体特征,这对于了解文章结构、绘制结构图也有着促进作用。学生以结构图为抓手,获取、提炼文章关键词,加深语言能力的训练;分析、概括并整合信息,突出了思维品质的核心素养要求;展示结构图并加以阐述,体现了小组合作的学习能力。

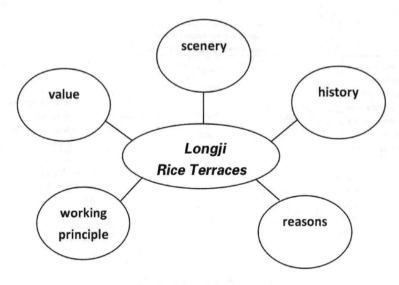

图1　课堂上生成的结构图

3.活动实际效果

学生通过抓首段和各段首句,较快地确定了文章的体裁。特殊疑问词的呈现,帮助学生抓住了每段的主旨要义。然而,在绘制结构图时,大部分学生习惯于使用句子归纳主旨。因此,教师需要引导学生总结提炼,精简句子内容,明确以关键词或短语填充结构图,从而化繁为简,减轻阅读压力,提升阅读效率。

(三)获取事实性信息,交流内化信息

1.活动内容与实施

教师引导学生首先在文中圈画出关键信息词、短语或句子,之后基于上一活动所绘制的结构图,添加关键事实性信息,小组合作,画出全文的思维导图。教师请两位学生上黑板画图,其余学生组内合作完成。思维导图完成后,组与组之间分享讨论并和黑板上的思维导图进行比较。最后,两位学生解释说明黑板上的思维导图的绘制过程和形成原因,教师添加一些必要的信息帮助完善思维导图。课上所生成的思维导图如下:

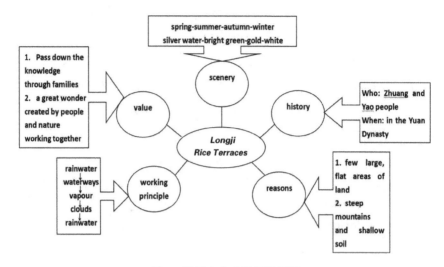

图 2　课堂上生成的思维导图

2. 活动设计意图

首先,为提升思维导图的有效性,减轻次要信息给学生带来的绘制难度,教师发挥主导作用,引导学生找出整篇文章中的关键信息。其次,充分以学生为主体,学生自主阅读,按照自己的理解,梳理、归纳、整合这些关键信息,形成思维导图,在绘制过程中体验作者的思维过程和行文脉络,充分体现了思维品质目标所要求的梳理、概括信息,建构新概念,分析、推理信息的逻辑关系,正确评判各种思想观点,从而帮助学生培养多元思维的意识。

3. 活动实际效果

学生在组内讨论互助绘制思维导图时参与度很高,各成员能从不同角度、不同方面提出修改意见。因为在上一活动绘制简易结构图时教师明确给出过提示,要求用词、短语或短句建构思维导图,因此在本活动中大部分学生都能够有意识地尽可能精炼语言、概括信息,避免了思维导图过于繁杂、无序。学生在解释黑板上的思维导图时,口头表达能力得到了有效提升,班内其余同学就完善思维导图也提出了很多有益的建议,课堂气氛相当活跃。

(四)深度理解文本,分享阅读成果

1. 活动内容与实施

此部分采取四人一组"阅读圈"的形式进行深度阅读和口头输出。组内四名成员需要各自承担一个角色,即"Discussion leader(阅读组长)""Word master(词汇大师)""interviewer(采访者)""connector(实际生活联结者)"。教师首先给出每个角色所要承担任务的样例,确保每名成员都清楚活动细则,之后提供必要的帮助,巡视查看课堂完成情况。

(1)Discussion leader(阅读组长)

首先,阅读组长基于文本内容提出三个问题并写下答案,问题诸如文章细节信息、主旨大意或者长难句分析等。其次,组内分享这些问题并确保组员都能清楚的回答。再次,要求组内成员评价这些问题并请他们完善问题、提出改进建议,例如提问中有无语法错误,回答者能否快速明确问题所指对象等。最后,组织小组讨论,将问题与答案进一步完善。

(2)Word master(词汇大师)

首先,词汇大师整理收集和龙脊梯田直接相关的、引起阅读障碍的生词和短语,从中选择至少五个词,准备每个词的英文释义。其次,和组员分享这些词和短语,结合这些词所在的语境,选择一个解释词义并说明选择该词的原因。最后,要求组员添加他们认为的生词并共同探讨词义,并总结这些生词在语境中的具体用法。

(3)Interviewer(采访者)

首先,采访者准备两个问题,假设准备提问龙胜各族自治县的一位当地居民,例如关于梯田开发的困难条件或者如何在利用自然资源的同时不破坏当地环境,"e. g. With the increase in population, we need more resources. How should we keep a balance between our needs and our limited natural resources?"其次,和组员讨论采访问题并得出可能的答案。最后,合作表演出采访活动。例如,"Good morning, Mr./Mrs _____, I have read a passage about Longji Rice Terraces. In order to know more about actual local situation, may I ask you some questions?"

（4）Connector(实际生活联结者)

首先,实际生活联结者写下读后的直观感受以及文章引发的思考,结合生活实际,例如自己家乡的现实地貌或者家中长辈曾经耕作过的土地开发情况,思考自己能为家乡做的事情,寻找能为与自然和谐共处所贡献的微薄之力。其次,在组内分享自己的感悟与思考。最后,邀请组员说出他们读后的感想与体悟。

在各小组完成各自任务之后,教师请两组学生上台呈现他们的成果,教师给出反馈建议并要求其余学生说出各自的观点,全班共享。

2. 活动设计意图

小组角色的分配,意图使学生从多角度深度理解文本;词汇大师的设定,旨在帮助学生在语境中关注词汇的学习;实际生活联结者的呈现,意图在读后训练学生的思维与表达。在语言能力方面,学生在上一活动思维导图的引领下,整合语言进行表达,描述阐释意义并提出自己的问题;在思维品质方面,学生分析论证、推理判断作者的观点意图,从而使采访和输出部分顺利进行;在文化意识方面,学生联系实际生活,思考人类与自然环境的关系和人类面临的共同挑战;在学习能力方面,小组合作是常态,自主学和合作学习得到了保障。

3. 活动实际效果

在实际活动中,大部分阅读组长起到了很好的组织和引领作用,组员参与度高。词汇方面,学生能够掌握字面中文意思,读懂长难句,但在结合语境探讨具体用法这一环节还需要教师进一步引导和训练。模拟采访过程中,学生能够基于思维导图,问出关于龙脊梯田不同角度的问题,但是提问句式稍显单一。在联系实际发表观点环节中,学生能够就天津的地形地貌以及城市发展与生态平衡问题简单发表个人观点,但教师需要补充必要的地方特色文本信息,帮助学生拓宽思路、学以致用。

（五）发展批判性思维,鼓励创意表达

1. 活动内容与实施

首先,学生观看公益影片 Nature is Speaking(《大自然在说话》)中的"土地"部分片段,结合龙脊梯田的开发的成功经验,讨论自然与人类的关系,探究如何达成人与自然的和谐共处,之后让学生就此话题自由讨论,教师从旁点拨。其次,教师引导学生总结归纳讨论中的不同观点及其论据。再次,教师提示学生回顾在课堂开始所写下的就梯田这一话题提出的三个问题,看这些问题是否都得到了有效解决。最后,布置三种分层作业:选取课上提出的未被解决的一个问题,探究思考后给出明确的答案;就文章内容写一篇80词左右的总结摘要;上网搜集调查中国或世界其他地区人们对当地土地善加改造利用从而达成人与自然和谐共处的案例,写一篇简短报告。

2. 活动设计意图

通过观看相关影片深化主题意义,加强德育浸润和思政教育,促进学生对知识的迁移和创新。学生在思考影片所反映的环境问题的过程中,心智能力得到了有效提升,初步学会了从跨文化的视角观察和认识世界,对人与自然关系做出正确的价值判断,这正是核心素养中"思维品质"的集中体现。不同地区人们对待环境、改造自然的态度和做法,有助于培养学生增强国家认同和家国情怀,坚定文化自信,树立人类命运共同体意识,学会做人做事,成长为有文明素养和社会责任感的人,这也是核心素养中"文化意识"的鲜明特征。

3. 活动实际效果

学生在总结归纳各方观点的过程中,拓展了话题内容,有效巩固了课上所学内容。在教师的引导下,学生通过回顾前面提出的问题,梳理了所学内容,课上及时查漏补缺,发现未能解决的问题,突出了核心素养中对"学习能力"的要求。教师从下一阶段反馈回来的作业中发现,分层作业的布置有效兼顾了各层级学生,不同层级的学生都以较高的质量完成了相应任务。

四、讨论与反思

在这一课例教学实践结束后,笔者通过反思与探讨,收获颇丰。首先,本课基于教学目标所设计的五个层次的教学活动基本都达成了落实。前三个层次属于"学习理解"类活动,思维导图成为学生在理解文本、概括整合信息的重要工具和抓手,使文章内容和结构直观地呈现在学生面前,也为教师的引导提供了有效依托。第四个层次归为"应用实践"类活动,学生借助"阅读圈"这一活动载体,分组自主高效完成了阅读任务。组内成员的任务明确,要求具体并由教师给出范例,可操作性强,保障了学生能够积极思考、主动参与、互助合作,最终完成真实交流与表达。最后一个层次属于"迁移创新"类活动,将学生课内所学迁移到实际生活当中,关注外部环境的发展,促成学生创造性地表达自己的观点,从而树立多元思维的意识和创新思维的能力。

需要指出的是,本节课在"评价"这一环节还有很大的改进空间。教师只是引导学生回顾在课堂开始学生自主提出的三个问题,评价是否得以解决,过程稍显流于形式。在后续教学中,可以设置一个自我评价的表格,不仅涵盖对自己角色任务完成度的评价,还有关于这一话题的一系列问题,包括:学生学到什么、是否在知识和技能层面实现了团队合作、自身有哪些优势、应该做怎样的改进以及对班级参与度的观察等。学生自主填写此表,通过自我评估,自查本课学习效果,方便后续改进;同时,教师收集此表,也可作为评价教学活动有效性的一个参考,便于进一步完善教学。

在高中英语课堂中利用有效提问
发展学生思维品质的研究
—— 以高中英语必修一 *Neither Pine nor Apple in Pineapple* 为例

李　璐

一、学科核心素养

《普通高中英语课程标准(2017 年版)》指出,思维品质是指思维在逻辑性、批判性、创新性等方面所表现的能力和水平,它体现英语学科核心素养的心智特征,是一种面向未来的核心素养。在高中英语课堂教学中,优化思维品质的培养,有助于提升学生分析问题和解决问题的能力,对学生的英语学习和终身发展有着极其重要的意义,已受到一线教师的广泛关注。

二、教学内容分析

笔者所讲授的文本属于小品文。文章以幽默、风趣的笔触列举并评价了英语中让学习者迷惑不解的"疯狂"现象,从而反映出英语的趣味性、多样性和创造性。文章第一段"阐明观点",作者创设情境,激活学生们已有的认知;文章第二至六段"举例分析",通过各种有趣的例子,引导学生们思考英语的奇妙之处,体会英语词汇背后的文化内涵;文章最后一段"得出结论",启发学生们反思,形成正确的英语学习观。通过本课时的学习,学生在教师问题的引领下,利用推测、略读等阅读策略,梳理文本信息,理解篇章结构,思考作者的写作意图,增强跨文化意识,并联系自己的英语学习实践,发表自己的意见和观点,创造性地开展英语学习,提升对英语学习的信心和兴趣。

三、教学活动设计

(一)活动内容与实施

1. 活动一:引导学生根据文章标题和图片,推测文章主题

文章标题是"Neither Pine Nor Apple in Pineapple",学生观察图片,教师提出问题,引导学生思考松树(pine)和苹果(apple)加在一起是否可以组成菠萝(pineapple),汉堡包(hamburger)中是否含有火腿(ham),茄子(eggplant)和鸡蛋(egg)又是什么关系。学生获取信息后,意识到两个单词组合在一起,也许它的含义与这两个单词毫无关系,于是推测出文章与词的构成相关。

2. 活动二:引导学生利用关键词,推测作者的写作意图

为了降低难度,教师给出了四个选项,指导学生锁定选项中的关键词,并在快速阅读的过程中匹配文本关键信息词,从而确定作者的写作意图是表明英语的趣味性与创造性。

在把握了作者写作意图后,教师进一步追问:"作者是如何支撑自己的观点的?"学生通过找出文中的例子和关键词"for example",理解作者用例子证明个人观点的方法,并做好准备通过下面的活动,进一步通过实例挖掘英语有趣且富有创造性的特点。

3. 活动三:以问题带动阅读,帮助学生获取文本信息

学生阅读第一段,回答"为什么人们学习英语会有困难?"当他们从该段最后一句话中找到"crazy"这个关键词后,教师又设计了一个表格,让学生从第二到第四段中,找出作者举了哪些例子,证明英语是"疯狂"的。通过填写这个表格,学生一下子就能发现,在英语语言中确实有很多令人不解的现象,例如:我们可以说"sculpt a sculpture"或者"paint a painting",但却说"take a photo"。接下来,教师又让学生从五至七段中找到一些作者用来描述英语语言的词:"confusing""madness"和"creativity",并分别从这几段中找出相应的例子,用来佐证英语语言的这些特点。学生在问题的引领下,探索英语,认识英语的多样性,不断扩充已有的知识。

4.活动四:利用知识拓展,引发学生深度思考

在了解了固定搭配、一词多义等语言现象中无规律的英语语言特点后,教师让学生体会作者在文章最后一段所说的一句话 :"英语是由人而不是电脑发明的,它反映了人类的创造性。"并呈现出"pineapple""hamburger"和"eggplant"三个词的词源和背景知识,希望学生们在阅读后能思考语言与社会文化发展的关系,了解英语词汇背后蕴含的文化内涵,进一步理解语言作为文化的载体是不断发展的。

5.活动五:帮助学生理清文章结构,实现迁移创新

(1)在前面的活动中,学生在问题的驱动下,不断获取有效信息,归纳出文章的结构图。

第一部分:作者的写作目的或文章主旨(英语是一门疯狂的语言)。

第二部分:作者利用各种有趣的例子启发读者思考,让读者感受英语语言的幽默、疯狂和创意。

第三部分:作者得出结论(英语之所以被认为是疯狂的正是因为英语是由人而不是电脑发明的,它反映了人类的创造性)。

(2)随后,教师让学生思考是否认同作者的观点,启发他们利用批判性思维发表个人观点,并按照本节课所学的结构和表达方式,与同伴分享。

6.活动六:使学生联系实际,小组合作,创新英语学习方式

既然英语是一门富有创造性的语言,教师引导学生思考"如何创造性地学习这门语言",学生们以小组为单位,每人列举三四种学习方式,并从中选出最有创造性的学习方法。学生们通过交流,碰撞出智慧的火花,真正实现思维的发展和升华。

(二)活动设计意图

1.多层次提问,构建思维金字塔

教师提问是英语阅读课中常见的教学活动。美国教育学家布鲁姆(1956)的教育目标分类理论将认知领域划分为知识、理解、应用、分析、综合和评价,为教师的有效设问提供了理论依据。教师应精心设计不同认知层级的阅读理解问题,使学生的思维由浅入深,不断发展。将考查知识、理解、应用

等低阶思维能力的问题作为铺垫,让每一位学生都能参与到课堂活动中来;同时,兼顾考查分析、综合和评价等高阶思维能力的问题,为学生们高阶思维的发展搭建平台。

2. 问题链追问,拓展思维广度

孤立的问题对于激发学生思维的广度效果有限,这就需要教师把握问题的逻辑性和连贯性,以巧妙的问题链为"脚手架",在可以延伸或拓展的关键信息点上,围绕主题基于文本、超越文本,设计层层深入的问题,但又不偏离学生的最近发展区。适时追问,帮助学生在阅读过程中提取关键信息,以促使学生思维产生质的飞跃。事实上,问题链也可以降低问题的难度,帮助学生慢慢理清思路,整合所获取的信息,推动学生思考。

3. 深层次提问,碰撞思维火花

教师需要关注引导学生的思维向高层次转变,仔细分析学生的心理需求和情感特点,针对容易引发学生情感共鸣的语言文字、话语内容以及态度观点进行开放的、富有挑战性的问题设计,使学生围绕话题拓展性地探讨。组织学生开展小组合作活动也是激活学生思维的一种方式。学生监督自己的思维,在讨论和交流等思维碰撞中打开并再次整理思路,形成个性化的观点,当思维方式不正确时加以改正,增强批判性思维能力和创新性思维能力,从而实现迁移创新。

(三)活动实际效果

本节课教师围绕"英语语言有趣且富有创造性"这条主线设计多层次问题,由易到难,环环相扣,指向对学生思维品质的培养,层层递进。从最开始的推测文章主题、作者写作意图及理清文章脉络,将零散的信息串联起来,培养学生的逻辑思维能力,到深挖文本内涵、探讨作者的观点,培养学生的批判性思维,再到运用所学语言创造性地表达个人看法,带领学生从文本走向更高层的知识建构,生成新的英语学习方式,培养学生的创造性思维。在整个教学过程中,教师以问促思,以问促学,学生的思维是积极的,课堂参与度高,且其思维在深度和广度上都得到了拓展。

四、讨论与反思

（一）在课堂教学中，有效设置问题是启发学生思维的重要手段之一

师生在真实语境中传递信息、交流观点，有助于提升学生的思维品质。新教材语篇形式新颖，内容丰富，教师可在教授的过程中，有意识地通过多层次、深层次和连贯性的问题，启发学生深入阅读文本，体验思维爬坡训练。只有教师更新教育教学理念，具备良好的问题意识、创新精神、开放态度，才能潜移默化地影响学生思辨能力的发展。

（二）从"教师提问"向"学生提问"转变，体现学生思维水平的发展

师生互动或生生互动时，教师鼓励学生提问，在课堂上生成的问题，不仅可以提升对话效果，还会实现学生知识、能力以及思维的发展。因此高中教师应在课堂教学中做好示范，使课堂成为思维发展的主阵地，通过循序渐进的课堂活动，学生从低阶的模仿教师提问，发展到高阶的反思质疑，思维含量不断提升，最终成为发现问题、分析问题、解决问题的高素质人才。

英语学习活动观视角下的高中英语
阅读教学设计探究
——以 A Journey of Discovery 一课为例

孙凤英

一、学科核心素养

《普通高中英语课程标准(2017 年版)》指出,教师要在提高学生语言能力、文化意识、思维品质和学习能力四个方面下功夫。而在传统英语阅读教学中,教师一直对提高学生语言知识最为关注,但对于发展学生思维品质、提升学生学习能力的重视程度还不够。本文所选课例借助阅读语篇,在帮助学生学习语言知识的同时,带领学生观察记叙类文本行文特点,分析达尔文探索发现的过程,推断作者对于达尔文的态度,比较归纳中外优秀科学家身上的美好品质,并设定特定的生活情境中让学生创造性地表达自己的观点。基于以上一系列由易到难的心智活动,训练学生思维能力。学生在学习过程中采用prediction、skimming、scanning 等阅读策略,梳理文本基本信息;在自主、合作、探究中学习达尔文克服重重困难、勇于探索的科学精神,反思自己的学习经历、评价学习效果,改进学习策略;在语言实践过程中,恰当使用交际策略,提高学习能力。

二、教学内容分析

本课授课内容为外研版(2019)英语选择性必修一教材第五单元 Revealing nature 阅读文章 A Journey of Discovery,语篇类型为记叙文,授课时长为45分钟。该文讲述了从医学院肄业、不被家人看好、对岩石和动植物研究有着浓厚兴趣的达尔文,搭乘贝格尔号开始了一次探险之旅。这趟旅程为他进行自然环境中各种生物研究提供了契机。从观察动植物样本、提出质疑、寻求证据,到创作《物种起源》提出进化论,达尔文不畏科学探索之艰辛,大胆质疑、勇敢探究。达尔文这种不畏艰苦、锲而不舍的探索精神和勇于开拓的创新精神值得学生们学习。

三、教学活动设计

本课的教学设计围绕英语学习活动观展开,以下将通过活动内容与实施、活动设计意图和活动实际效果三个方面进行阐述。

(一)活动内容与实施

1. 创设情境,梳理文本

(1)情境导入,储备词汇及背景知识

教师导入进化树图片,提出问题:"What species do you recognize in the picture?"学生沿着树的形状,按照从低到高的顺序依次回答出图中的动植物名称,并讨论:"What is revolution ?""Who put forward the theory of revolution ?""How much do you know about Darwin?"激活学生关于生物进化的知识储备及相应词汇,为课文介绍达尔文及其重要发现进行学习铺垫。

(2)梳理、概括、整合信息

学生根据课文标题,结合文中插图,对文章内容进行预测。在快速浏览文章之后,学生识别出本文语篇为记叙文,通过获取事实信息如时间、地点、人物、故事的发展过程等获取文章主要内容,学生第二遍阅读文章并思考问题How can we divide the passage? 学生进行分组讨论,按照时间线索梳理文章主体结构,将文章分为 before the journey、during the journey 和 after the journey 三部分。学生再次精读课文,提取和归纳每部分的事实细节。

Paragraph 1:before the journey. 学生获取达尔文不被外界看好的事实性信息。Paragraph 2~5:during the journey. 学生走进文本,小组合作,完成 puzzle pieces,了解达尔文旅行过程及科学理论形成的过程。Paragraph 6~7:after the journey. 学生查找进化论的内容、出版时间和社会反响,梳理获取人们关于《物种起源》一书的态度变化,突出达尔文进化论影响之深远。教师引导学生思考:Why did the book On the Origin of Species cause a storm at that time? Why were Darwin's scientific studies so convincing?

2. 深挖文本,角色扮演

(1)基于语境,进行语言实践活动

学生基于 puzzle pieces,根据时间线索及细节信息,运用所学语言知识,采用小组复述、生生互动的方式,描述达尔文旅行过程,以及其科学发现的过程,推理判断达尔文创作的《物种起源》在当时没有立即出版的原因。

(2)对文本内容进一步分析,表达个人观点

根据课文第一段最后一句,学生讨论 What does "this" refer to? What qualities can be found in Darwin? 此处,学生可以总结出达尔文不畏困难、内心坚定的优秀品格。继续深挖文本语言,学生能够总结出第二段中 crowded 一词体现了达尔文对于动植物样本浓厚的兴趣和强烈的好奇心;第三段中 just 和 enough 形成对比,展现了达尔文勇于探索的精神;第三段和第四段中,作者两次使用 notice 一词,说明达尔文细心观察,think differently 又体现了达尔文勤于思考的品质特质,并为他后面提出问题和分析问题奠定了基础;第五段 suspect 一词展现了达尔文大胆质疑的创新精神。

教师创设语境,安排学生根据文本内容进行两人一组的访谈活动,一位学生扮演达尔文,另一名学生扮演记者,围绕旅行之初的动机、旅程过程及发现,当时的社会背景及《物种起源》发表时的心态展开对话,通过访谈形式帮助学生感受科学家魅力。

3. 迁移创新并表达

(1)观看视频,感受中国科学家魅力,了解科学发现背后的故事

Who is the scientist mentioned in the video? What contributions did he make? How did he make the scientific discovery?

(2)引导学生积极思考

What have you learnt about the spirit of scientific exploration? How can this spirit help you in your life and studies?

　　结合实际生活的具体情境,学生能够客观辩证地表达自己的观点和态度,对科学探索精神进行深层次的思考,形成新的认知。同时,引导学生反思自己的学习过程,改进学习策略,提升学习能力。

(二)活动设计意图

1.丰富学习形式,提高学习能力

　　学生自主、合作、探究式学习,对提高课堂参与度,促进师生、生生之间的有效交流具有重要意义,因此教师积极创设情境,精心设计课堂问题。具体而言,学生在英语学习活动中将自主学习和合作学习有机结合,完成读前词汇学习和背景知识铺垫,读中获取信息、梳理文本结构及细节,读后内化文本信息,深入理解文本含义。学生基于已知,合作探究作者态度、达尔文身上具备的优秀品质以及如何内化其精神并指导自己的实际生活。在教学过程中,教师创造条件为学生提供充分的时间进行思考,在轻松愉快的课堂氛围中,鼓励学生勇敢发表自己见解;重视小组合作的效果,合理分工并关注组内互动;基于学生兴趣和实际生活开展探究学习,关注学生探究过程,帮助学生获得知识并丰富经验。

2.强化思维训练,提升思维品质

　　思维能力的培养离不开英语学习活动。教师以语篇为依托,通过进行层层推进、环环相扣的提问,带领学生读标题、看插图进行文章内容预测;梳理文章框架,思考记叙类文章写作特点;查找文章细节,推理达尔文《物种起源》迟迟未发表的原因;分析文本语言,评析作者态度,总结概括达尔文作为一名优秀科学家身上所具备的良好品质;创设生活中的具体情境,启发学生创造性地解决问题并进行理性表达。基于以上英语学习活动,教师引导学生思维从低级向高阶发展,在分析、判断、概括、表达中发展批判性思维和创新性思维。

(三)活动实际效果

　　通过语篇学习,学生能够较好地掌握话题词汇,熟悉叙述类文本的记叙方式和语言特点;通过梳理文本信息,学生了解达尔文发现之旅,并能体会科学探索之艰辛;通过对比中外优秀科学家背后的人生经历,学生能够感受科学家们勇于探索和创新的科学精神。本课授课过程中,学生学习热情较高,能够积极主动地参与到课堂活动中并在语言实践环节进行自信表达。

四、讨论与反思

自新课标颁布以来,笔者认真学习新课标理念,积极参与各级培训,并在日常英语教学中有意识地践行英语学习活动观。执教新教材一年有余,笔者发现在日常英语教学中还存在两点不足。

首先,虽有意识设计由浅入深、循序渐进的有层次、有逻辑的问题,引导学生发展多元思维和高阶思维,但日常英语课堂中对于学习理解和应用实践类问题涉及较多,对于迁移创新类问题还较为单一。所以如何创设情境、优化问题设计,调动每一个学生积极主动参与到课堂中来,这是笔者今后应努力的方向。

其次,新课标理念强调语言学习的最小单位是语篇。多模特语篇的教学既要让学生熟悉各类常见语篇类型、了解文体特征,又要让学生在学习语言知识和文化知识的同时,加深对主题意义的理解,并能根据交际需要使用不同类型语篇进行有效表达。而在具体实施过程中,有时难免受传统教学思维惯性的影响,容易把过多精力投入到词汇和语法中,对于部分语篇研读还不够深入,对语篇的分析不够彻底,未能充分发挥每一个语篇的积极作用。

挖掘语篇教育素材　培养学生文化意识

——以 *Let's celebrate* 为例

田　力

一、学科核心素养

《普通高中英语课程标准(2017 版)》指出:"普通高中英语课程的总目标是全面贯彻党的教育方针,培育和践行社会主义核心价值观,落实立德树人根本任务,在义务教育的基础上,进一步促进学生英语核心素养的发展,培养具有中国情怀、国际视野和跨文化沟通能力的社会主义建设者和接班人。"高中英语学科核心素养(Key Competences)是英语学科育人价值的体现,是学生通过英语学科学习所逐步形成的正确价值观,必备品格和关键能力,主要包括语言能力、文化意识、思维品质和学习能力。

文化意识指对中外文化的理解和对优秀文化的认同,是学生在全球化背景下表现出的跨文化认知、态度和行为取向。文化意识体现英语学科核心素养的价值取向。文化意识的培育有助于学生增强国家认同感和家国情怀,坚定文化自信,树立人类命运共同体意识,学会做人做事,成长为有文明素养和社会责任感的人。其目标是获得文化知识,理解文化内涵,比较文化异同,汲取文化精华,形成正确的价值观,坚定文化自信,形成自尊、自信、自强的良好品格,具备一定的跨文化沟通和传播中国文化的能力。

二、教学内容分析

高中英语必修二第二单元 *Let's celebrate*(《我们一起庆祝》)单元主题为中外节日,帮助学生了解和对比中外节日意义和内涵。主题理解部分是 The real Father Christmas(《真正的圣诞老人》),体裁为书评,介绍和评价托尔金的作品 Letters from Father Christmas(《圣诞老人的来信》)。这本书是作者以圣诞老人之名在二十多年的时光里给自己的孩子写的信,讲述圣诞老人和他的伙伴们发生的故事,书中用漂亮的插画和五颜六色的字体呈现出一个个有意思、有意义的故事,作者用这种特殊的方式表达父亲的爱。文章结构清晰,学生首次接触书评,学会把握书评文体的阅读策略,即根据书评的结构,区分描述与观点。通过阅读书评,深入理解圣诞节给予的爱的意义,同时对比中国春节和圣诞节对于中西方人民意义的异同,从而透过全球人民共庆中国春节的现象看到中国文化博大精深,为世界所接受和借鉴。通过认识不同文化,对比中外文化异同,进而增强学生的国家认同感和家国情怀,坚定文化自信,学好文化知识,增强跨文化交际能力,讲好中国故事。

(一)活动内容与实施

1. 活动一:认识作者,收到来信

读前活动为作者介绍,学生很熟悉作者的 The Hobbit(《霍比特人》)和 The Lord of the Rings(《魔戒》)。教师播放两部电影的官方预告片,带领学生欣赏本书作者托尔金作品改编的电影,通过光影声多渠道感受作者的无限的想象力和创造性。观后阅读课本关于作者的介绍,进而回答关于托尔金及其小说和电影作品的感受。

教师课前仿制几封圣诞老人的来信(可以从书中节选或直接复制特色鲜明、容易理解的几封信),按照书中描述制作盖有南极邮戳的信封,从学生中选择几位收信人并署名)。教师以圣诞节导入,引导学生说出圣诞节会收到圣诞老人送的圣诞礼物,追问:"How would you feel if you received a hand written letter from Father Christmas？(如果你收到圣诞老人的亲笔信你会感受如何?)",邀请几位收到来信的同学到讲台投影展示信件并为全班读信,共同感受这种激动和喜悦,引起学生继续阅读的兴趣,由此过渡到文本阅读,感受托尔金作为父亲对于孩子特殊的爱的表达方式。

2. 活动二:阅读书评,感受父爱

初读书评,完成课本中的 Activity 2(活动2),初步把握书评的内容以及作者撰写这些信件的原因。通过多模态阅读,运用读和看的技能,即读题目、看插图、读文本,获取关于本文书评的大量信息:书的封面设计、文章的题目、书评的文体、课文的主要内容,进而回答活动 2 中的问题。

通过带领学生深入挖掘文本首尾段的关键词 keep that magic alive、enjoy the adventures、share the true spirit of giving,完成课本中的 Activity 3(活动 3),帮助学生深入理解文章题目 The Real Father Christmas 真正的内涵为 Tolkien's love and care for his children made him very like Father Christmas。通过文本的再次阅读,帮助学生进一步把握文本主旨与内涵,认识圣诞节的真正意义在于给予关爱。

再读书评,教师请学生基于过往语文学科学习的语篇类型知识说出书评文体的基本结构,由学生自主阅读分析文本,辨识文中简介、主要内容及评论,区分 description(描述)与 opinions(观点),从而快速获取书评的关键信息:书名、作者、背景信息等,以及书的主要内容及评论者的观点,整体把握文章的观点后,通过小组讨论,更进一步从书的具体内容节选 analysis(分析)作者写作特点和亮点。

拓展阅读,感受文化。教师从原著中选择托尔金在不同年代为孩子们撰写的圣诞老人来信,请学生分组阅读,通过信件的内容,结合历史知识,判断信件的年代,感受托尔金在孩子成长的过程中用自己的父爱引导孩子们学会关爱他人、关注社会,学会给予和关爱才是节日重要的意义。进而引导学生讨论自己对节日的理解是什么。

3. 活动三:对比中外,深入感悟

教师引导学生对比中外节日,通过圣诞节和春节的活动和意义的比较,深入理解感悟圣诞节对于西方人的重要意义,对比中国春节对于中国人民的重要意义。认识到中外文化虽有差异,但是共同的意义是家人之间的爱,人与人之间的爱,人对社会的爱,进而力所能及付出努力,让世界充满关爱。

(二)活动设计意图

本节课教学设计基于高中英语课堂"导学·互动·矫正"教学模式,即"激情导学""多元互动""反馈矫正"几个环节,通过丰富的教学活动设计达成教学目标。

1. 激情导学, 激发学生兴趣

课堂的导入环节活动设计, 激发学生已有旧知, 即学生本身对于托尔金作品的了解, 借助影片激发学生对文本的兴趣。同时, 教师提前购买原版书籍以加深对作品的理解, 设计出学生收到圣诞老人的来信的活动, 将学生的学习热情调动起来, 带着好奇心做好阅读的充分准备。

2. 多元互动, 分解阅读任务

此课时是阅读课, 因此阅读是本课时的重点任务, 教师将阅读任务分解为初读、细读、再读、拓展阅读几个环节, 分别设置不同的阅读任务, 由浅入深, 循序渐进, 带领学生从阅读文本字面的意义学习书评文体的结构特点; 通过阅读书评中对书中内容的描述与评价, 分析出作者的写作意图, 进而深入理解托尔金撰写这些书信的真正意图; 通过展示原著给学生, 还可以激发学生对于阅读原著的兴趣。

3. 反馈矫正, 提升文化理解

通过小组阅读讨论和学生表达, 反馈学生学习成果, 教师根据学生表达了解学生对于文本的理解和节日意义的理解, 通过对比中外节日文化, 特别是圣诞节和中国春节的异同比较, 让学生真正理解节日对于世界人民的意义, 结合本单元的话题以及 starting out 背景激活部分介绍的世界各地的不同节日, 帮助学生深入理解节日: 庆祝、团圆、丰收、爱和给予等等共同的意义, 进而学会关爱和给予。

(三) 活动实际效果

通过对本文的阅读和学习以及对本单元话题的深入理解, 结合本单元其他文本的内容, 学生进一步认识到中国春节为世界所知、全世界共庆的现象, 本质是中国的强大和中国文化的博大精深, 因此要坚定文化自信, 更好地学习理解中国文化, 用自己的知识和能力, 讲好中国故事, 传播中国文化, 促进世界的理解和交流, 共同构建人类命运共同体。

四、讨论与反思

(一)应用教学模式,实践英语学习活动观

应用高中英语课堂"导学·互动·矫正"教学模式及英语学习活动观,促进践行高中英语学科课程目标,培养学生英语学科核心素养,可以形成教师团队共识,共同挖掘教材及可利用的教育教学资源,开展丰富多彩的课内外教育教学活动。

(二)拓展学习资源,提供展示平台

英语学习始于课堂,但并未止于课堂,作为英语教师,我们应该从课堂教学开始,引导学生学会学习的方法,培养其学习的能力,养成良好学习习惯,多渠道获取学习资源,自主、高效开展学习。

(三)提升教师素养,促进教学相长

教师应该重视自身素养的提升,不断加强职业发展学习,有意识地挖掘教材文本的教育资源,用积极的思维方式和积极的人生态度等正能量感染学生,提升学生语言能力的同时,培养学生文化意识,坚定文化自信,培养具有较高语言素养,会学习、乐学习、会思考、勤思考,会生活、爱生活;热爱祖国,有中国情怀,热爱中国文化,对不同国家文化有一定认识和理解,拥有跨文化交际能力,具有国际视野的有知识,有文化的积极、乐观、快乐的人。教师要站好课堂主阵地,培养学生核心素养,进而落实英语课程立德树人的根本教育任务。

善用红色文化资源 提升政治认同素养

——以"始终走在时代前列的中国共产党"一课为例

郑兆莹

一、学科核心素养

《关于深化新时代学校思想政治理论课改革创新的若干意见》中指出,要"在大中小学循序渐进、螺旋上升地开设思政课""引导学生立德成人、立志成才"。高中阶段的课程目标"重在提升政治素养,引导学生衷心拥护党的领导和我国社会主义制度,形成做社会主义建设者和接班人的政治认同"。由此可见,高中思想政治学科的四个核心素养,即政治认同、科学精神、法治意识和公共参与的地位是不同的。"政治认同"作为高中思想政治课程的首要素养,是其他素养的内在灵魂和共同标识,其旨在培养有理想、有信仰、有担当的时代新人。那么,什么是政治认同素养?如何在课堂教学中培育学生的政治认同素养呢?

我国公民的政治认同,就是"拥护中国共产党的领导,坚持和发展中国特色社会主义,认同中华人民共和国、中华民族、中华文化,弘扬和践行社会主义核心价值观"。培育学生的政治认同素养就是要培养学生对中国共产党和中国特色社会主义的真挚情感和理性认同,使学生拥护中国共产党的领导,坚定中国特色社会主义的理想信念,坚定中国特色社会主义道路自信、理论自信、制度自信、文化自信,自觉践行社会主义核心价值观。从中我们可以看到,政治认同的素养包含了政治情感、政治认知、政治态度、政治行为等不同的层次和内容,其培育也必然要经历一个由感知到认知,由世界观、人生观、价值观转变再到态度、行为选择转变的过程。

二、教材内容分析

党的十九大报告明确提出:"坚持党的领导、人民当家作主、依法治国有机统一是社会主义政治发展的必然要求。""三者统一于我国社会主义民主政治伟大实践。"

党的领导、人民当家做主、依法治国有机统一是贯穿统编高中政治教材必修三《政治与法治》全书的一条主线。通过学习奠定学生政治立场与法治思维的基础,培养其参与政治的能力和素养是政治学习的初衷与落脚点。必修三《政治与法治》第一单元讲"中国共产党的领导",这是这本教材的起点,共由三课六目和一个综合探究组成,主要围绕着"中国共产党执政是如何成为历史的必然和人民的选择的""中国共产党领导实现对中国革命、建设和改革领导的根本原因是什么,与其自身的性质、宗旨有什么样的关系""中国共产党如何通过加强自身建设实现、巩固对中国的全面领导"等主要问题展开。本课的学习内容是单元综合探究,是对第一单元"中国共产党的领导"内容的综合与拓展。一方面,贯彻综合性、整体性的学科要求,要通过教学进一步加深对党的性质、宗旨、指导思想、执政理念等知识的理解,在结构中把握知识。另一方面,通过课内外探究活动的实施,深化对坚持中国共产党领导的政治认同,坚定理想信念。

三、教学活动设计

(一)活动内容与实施

课堂导入:以"这张穿越百年的船票,你领了吗?"为话题,带领学生泛舟历史长河,透过新华社微信公众号的互动屏幕,回顾建党百年历史和民族记忆,从而导入本课。

教学过程:围绕总议题"中国共产党为什么能"开展课堂探究活动。

1. 活动一:忆往昔,峥嵘岁月稠

【情境创设】长征中"半条棉被"的故事(视频资料)

【教师设问】

一部惊天动地的红军长征,留下了无数感人至深的故事。同学们,看了这个故事,你有什么感受呢?

学生回答。

【教师归纳总结】

从这个故事中,我们体会到中国共产党一直把人民的利益放在首位,一直把自身与人民紧密地联系在一起。中国共产党从诞生之日起,就一直把全心全意为人民服务作为自己的宗旨,把为人民谋幸福、为中华民族谋复兴作为自己不变的初心和使命。

2. 活动二:看今朝,战"疫"信心燃

第一组:《人民战争中的大党担当》时事观察报告,学生展示讲解。

【教师设问】

从党中央一系列的安排部署中,可以看到中国共产党在战"疫"中最核心和首要的是什么? 从这些数字与事例中,我们如何理解习近平总书记所说的"这是一场人民战争"呢?

学生回答。

【教师归纳总结】

"为什么人"的问题,是检验一个政党、一个政权性质的试金石。中国共产党在战"疫"中最核心和首要的就是人民的生命安全和健康,这些数据和事例也充分体现了人民立场是中国共产党的根本立场,立党为公、执政为民是中国共产党的执政理念。

第二组:《引惊雷淬火,展中国速度》时事观察报告,学生展示讲解。

【教师设问】

中国为什么能够在短短十天内建成火神山医院? 请你分析一下,主要原因有哪些?

从中我们可以看到党的领导方式有哪些? 如何在新时代坚持和加强党的全面领导?

学生回答。

【教师归纳总结】

在感叹、骄傲"中国速度"的同时,我们更应看到火神山医院的快速建成离不开中国共产党的坚强领导、离不开中国特色社会主义制度的巨大优势、离不开中国人民的众志成城。

党的领导方式有政治领导、思想领导、组织领导。在火神山医院的建设过程中,在脱贫攻坚中,乃至于在我国的各项建设事业中,党始终发挥着总揽全局、协调各方的作用,都彰显了坚持党的集中统一领导的显著优势。

第三组:《一个党员一面旗帜》时事观察报告,学生展示讲解。

【教师设问】

中国共产党的指导思想是什么? 从钟南山到火线入党的何景娇,在这些共产党员身上我们又看到了什么?

学生回答。

【教师归纳总结】

在新冠肺炎疫情这场大考面前,广大的党员干部一直坚守在战"疫"一线,从他们身上我们看到了共产党员的信念和理想,从他们身上我们看到了共产党员牺牲奉献的精神,从他们身上我们看到了不怕困难、战胜困难的信心和决心。无论在革命时期还是在中国特色社会主义建设的伟大征程中,千千万万的中国共产党党员冲锋在前的身影,充分彰显了党的先进性。

第四组:《科学防控　依法防控》时事观察报告,学生展示讲解。

【教师设问】

谈谈你对中国共产党执政方式的理解。

学生回答。

【教师归纳总结】中国共产党的执政方式包括科学执政、民主执政、依法执政,三者是有机统一的。

3.活动三:"中国共产党为什么能"——理论总结

通过结构图展示,教师带领着学生梳理、提升相关理论知识。

课堂结尾:愿以寸心报华夏,且将岁月赠山河。

情境创设:2020 年 10 月,党的十九届五中全会召开,全会审议通过了《中共中央关于制定国民经济和社会发展第十四个五年规划和 2035 远景目标的建议》,这擘画了中国未来五年乃至 2035 年的发展蓝图(视频资料)。

教师引导学生以 2035 年为坐标,以五年为一阶段,思考"作为新时代的青年,在中国发展的里程碑上,我们能做些什么",根据教师给出的时间表格进行个人职业生涯发展规划,将自己的青春足迹镌刻在民族复兴的伟大征程上。

教师朗诵艾青的诗歌《我爱这土地》,引起学生情感上的共鸣,引导学生进一步坚定理想信念并落实到行动中。

(二)活动设计意图

1. 挖掘优质议题,打牢政治认同的根基

在本课中,教师设置了"中国共产党为什么能"这一议题。这一议题无疑与本课"始终走在时代前列的中国共产党"的教学内容相契合,包含了学科课程的具体内容,同时也反映了中华民族复兴背后的伟大力量。但是,对很多学生来说,对中国共产党具有强大的领导力和执政力的认识更多地停留在感性层面。因此,笔者在课堂教学中围绕议题,沿着历史的脉络逐步展开分析,在一个个具体事件的分析中引导学生认同中国共产党的领导,从感性认识上升到理性认识,引导学生从党的性质、宗旨、指导思想、执政方式等理论层面深入理解这一问题,坚持价值性和知识性相统一,进而从情感、思想上拥护中国共产党的领导,进一步坚定中国特色社会主义的理想信念,这就是思政课要完成的任务。

2. 创设家国情境,挖掘政治认同的热度

"一叶红船,是百年奋斗历程的起点,是启蒙之船、理想之船、奋斗之船、革命之船、复兴之船;一叶红船,也打开了一扇时空之门,红军长征、新中国成立、卫星上天、打通'天路'、举办奥运会、世博开幕、抗击疫情……"在教学导入环节教师设置了领取红船船票的情境,开启学生的时光之旅,结合时间轴实时显示出个人和国家发展事件间的关联,例如让学生置身于广阔的罗布泊,为我国第一颗原子弹的核试验"发令",大家一起见证蘑菇云腾起那震惊世界的历史瞬间。满满的参与感和仪式感背后,是个人命运与国家发展紧紧相连的体验,在潜移默化中能够使学生感悟到中国共产党是为人民谋幸福的,人民立

场是中国共产党的根本立场。教师将情感与信念融入讲故事与讲道理之中，以理生情，由情入理，唤起学生的家国情怀，使科学理论在温情的滋润中慢慢地透出磅礴的力量，激发学生的爱党、爱国热情，课堂散发出满满的正能量。

3. 构建活动型学科课程，增加政治认同的深度

在这一课中，课前教师组织学生分组搜集新冠肺炎疫情防控防治期间的相关资料，了解这一事件中中国共产党的作为，分组完成时事观察报告。在课中，学生分组展示了《人民战争中的大党担当》《引惊雷淬火　展中国速度》《一个党员一面旗帜》《科学防控　依法防控》时事观察报告，引导学生在一个个抗击疫情的生动事例中深刻感知中国共产党的人民情怀和初心使命；深刻体会万众一心、众志成城、不怕牺牲、敢于胜利的中国精神力量；深刻理解"人民战争总体战阻击战"的中国道路自信；深刻认同中国共产党的领导和中国特色社会主义制度的显著优势，使学生更真切、更深刻地读懂中国，深刻理解国家民族赋予青年一代的历史使命，从而实现从政治情感上的认同到思想信念上的坚定，再到政治态度和政治行为的培养，实现知情意行的统一。

（三）活动实际效果

本节课作为统编教材必修三《政治与法治》第一单元的综合探究，教学难度大、不容易把握，本堂课教师努力做到以学生为主体，让学生在自主探究中思考、在家国情怀中前行成长，整体上取得了比较好的教学效果。

四、讨论与反思

如何将"有意义"的课上得"有意思"一直是思政课教学中不可回避的现实问题。立足课堂，回应学生学习期待是我们解决这一问题的根本途径，也是高中思政学科落实立德树人根本任务至关重要的环节。

首先，关注学生理论思维能力的培养，彰显价值导向。历史是最好的教科书，社会是最好的课堂。本堂课把思政小课堂同近现代中国历史发展的大课堂结合起来，以战"疫"一线的真实事例丰富、拓展课堂教学内容，从"是什么""为什么""怎么办"，层层推进，在情境创设、案例分析、自主探究中引导学生深入思考"中国共产党为什么能"这一议题，以课堂教学中的理论知识解读历

史发展和社会现实,引导学生认清优势、坚定自信、厚植爱国之情。

其次,注重实践,变学习内容为活动内容。本堂课力求"学习内容活动化、活动设计内容化",围绕本课学习有关党的重点知识,通过分组时事观察报告的撰写和展示,引导学生发现问题、分析问题、思考问题,使学生在观点展示中做"中国奇迹"的主讲人,在小组合作探究中发现"中国速度"的深层依据,在不同观点的碰撞与交流中明晰"中国道路"的现实魅力,关注当下国家与社会发展现实,提升了课堂教学的实效性和感染力。

最后,充分发挥学生主体作用,营造集体学习氛围。为克服思政课学生学习兴趣不高、学生参与度低、教学效果欠佳等问题,本堂课在设计上特别注重了学生的课堂积极性和参与性的调动,从课下分组搜集整理资料到课上学生小组展示、互评,充分发挥学生的主体作用,引导学生从青年的视角观察、感悟、思考中国社会发展现实问题,从而使学生真学、真懂、真信、真用,在增进师生及生生之间的课内外互动的同时,也营造了良好的课堂学习氛围。

回望历史,在一百年的发展历程中,中国共产党带领全国各族人民取得了一个又一个伟大胜利,创造了一个又一个中国奇迹,书写了波澜壮阔的红色史诗。这些红色故事本身就是一堂堂生动的思政课,红色文化资源更是给思政课提供了大量鲜活的教学素材和案例。作为思政课教师,善于运用红色文化资源,把中国故事讲好,不断提升学生的政治认同素养是时代赋予我们的责任与使命。

创设历史情境，提升历史感悟

——以"十月革命的胜利与苏联的社会主义实践"一课的第二子目为例

李学彦

一、学科核心素养

《普通高中历史课程标准(2017 年版)》中指出,学生通过高中历史课程的学习,进一步拓宽历史视野,发展历史思维,提高历史学科核心素养。高中历史课程以立德树人为根本任务,唯物史观是历史学习的基本原则,是学科素养得以达成的理论保证;时空观念是历史学习的基础,是历史学科本质的体现;史料实证是历史学习的方法,是学科素养得以达成的必要途径;历史解释是历史学习的能力,是对历史思维逻辑与表达能力的要求;家国情怀是历史学习的最终体现,是学科素养价值追求的目标。在历史课程的教学过程中,教师应运用马克思历史唯物主义观点,以从低级到高级社会形态的发展为主线,为学生较为全面地展现历史演进的基本过程和人类创造的文明成果,揭示人类历史发展的基本规律和大趋势,注重培养学生的五大核心素养能力。

二、教学内容分析

本课的授课内容为高中历史必修教材《中外历史纲要(下)》的第 15 课"十月革命的胜利与苏联的社会主义实践"中的第二子目"十月革命的胜利"。这一子目为本课的教学重点,教师通过教学活动的设计和实施,要使学生了解俄国十月革命所处的特殊的时代背景,理解社会主义从理论变为现实的飞跃对 20 世纪世界历史的重大影响,因此,这一部分内容在本课中起到承上启下的关键性衔接作用——与本课第一子目为理论与现实的关系,与本课第三子目为革命与建设的关系。教师在讲授的过程中,要重点突出从二月革命到十月革命进程中的重要历史环节,全面认识并客观评价十月革命的意义。

三、教学活动设计

(一)活动内容与实施

课程导入:教师在课间准备时,一边播放 PPT 首页(本课标题),一边播放苏联国歌;在正式上课后,首先播放莫斯科红场阅兵的视频和图片,带领学生快速进入历史情境,并通过提出问题"十月革命意义何在?"引导学生通过本子目的学习,通过合作探究的方式,一起追寻答案。

1. 活动一

创设追寻历史的情境一:俄国需要一场革命吗?

教师依次展示五则相关史料并设置问题,由学生进行分组讨论并回答。

(1)师:当时俄国的经济发展状况如何?

生:资本主义发展缓慢,相对落后,人民生活贫困,存在农奴制残余。

(2)师:材料反映俄国社会存在什么问题?

生:社会矛盾复杂尖锐。

(3)师:在列宁领导之下,俄国的政党有什么发展?

生:俄国无产阶级及其政党逐渐成熟。

(4)师:俄国征兵参加的是哪场战争? 带来怎样的影响?

生:参加的是第一次世界大战;第一次世界大战暴露了沙皇俄国的落后与腐朽,加深了人民的痛苦和不满,激化了各种社会矛盾。

(5)师:材料反映出俄国人对沙皇统治怎样的态度?

生:反对沙皇的独裁统治。

学生设计表格,根据以上问题的答案,总结出以下信息:

表1　第一次世界大战期间俄国现状和人民愿望

俄国现状	人民愿望
发展缓慢	
矛盾尖锐	和平
深陷"一战"	土地
沙皇独裁	面包
无产阶级壮大	

最后,由教师结合学生总结的表格信息,引导学生得出:

结论一:俄国真的需要一场革命!

教师播放二月革命的视频,让学生简要概括俄国二月革命的关键历史信息:俄国的二月革命推翻了沙皇的专制统治,但它的性质属于资产阶级民主革命。革命后,俄国出现了两个政权并存的局面:工兵代表苏维埃和资产阶级临时政府,而真正掌握国家政权的是资产阶级临时政府。

师:俄国的二月革命结束后,当时俄国存在的问题得到解决了吗? 俄国人民的愿望被满足了吗?

教师以此设问作为过渡,引出活动二。

2. 活动二

创设追寻历史的情境二:俄国需要继续革命吗?

学生通过对三则史料(均选自斯塔夫里阿诺斯《全球通史》)的阅读和分析,从资产阶级临时政府的措施中回答以下问题:

(1)师:临时政府的措施给予了人民哪些权利?

生:自由、平等的民主权利。

(2)师:根据材料,指出"从未扎根于这个国家"的内涵。

生:临时政府虽然满足了人民的某些民主追求,但是没有真正从民意出发。

学生设计表格,根据以上问题的答案,总结出以下信息:

表2 俄国二月革命后的现状和人民的愿望

资产阶级临时政府	人民愿望
民主权利	和平
继续战争	土地
不能分配土地给农民	面包

最后,由教师结合学生总结的表格信息,引导学生得出:

结论二:俄国需要继续革命!因为掌权的资产阶级临时政府并没有解决当时俄国的社会矛盾,并没有满足俄国人民的愿望。

师:那么,俄国又是如何将革命进行到底的?请同学们根据课前的预习内容和搜集的史料,进行总结。

生1:布尔什维克的领导者列宁根据俄国的国情,提出了要将俄国革命从资产阶级民主革命向社会主义革命推进的战略和策略,和平夺权。

生2:列宁在1917年4月发表了著名的《四月提纲》,不仅为俄国的继续革命指明了方向,还提出要满足俄国人民的愿望:和平、土地、夺权。

生3:1917年11月7日,也就是俄历的十月,俄国十月革命爆发,推翻了资产阶级临时政府,建立了世界上首个无产阶级专政的国家。

生4:俄国十月革命不是单一的一次革命,它是一个历史发展的过程,可以总结为:二月革命倒沙皇,《四月提纲》指方向,七月流血抛幻想,十月革命现曙光。

师:十月革命之后,俄国迎来了怎样的局面?

教师再次提出设问,引发学生的思考和学习兴趣,进入到活动三的探究。

3. 活动三

创设追寻历史的情境三:十月革命是俄国的"悲剧"吗?

师:十月革命后,世界上第一个社会主义国家诞生。结合所学的知识,大家来探究一下,十月革命的胜利对俄国和世界有什么意义?

生1:

对俄国:建立了一个国家——世界上第一个无产阶级专政的社会主义国

家;创造了一个前提——为把俄国改造成社会主义强国和实现现代化创造了重要前提。

生2:

对世界:冲破了一道阵线——帝国主义阵线,社会主义从理论变为现实;开辟了一个时代——无产阶级革命新时代;鼓舞了一种斗争——殖民地和半殖民地的民族解放斗争;开创了一个纪元——人类历史的新纪元。

在本课结尾,教师布置开放式的思考问题:1991年苏联解体、东欧剧变是不是对十月革命、对社会主义的否定? 十月革命在今天,是否还具有现实意义?

(二)活动设计意图

1.唯物史观是阅读、分析史料的指导原则

在三个情境的设置中,教师选择了各种类型的资料,引导学生在尽力还原的历史情境中找寻客观的答案,获得正确的认识和感悟。这就需要所有的课堂活动中,教师和学生必须以马克思历史唯物主义观点为指导,由表及里、由浅入深地全面评述历史问题,史论结合,清晰地表述观点。

2.时空定位是创设历史情境的必备基础

教师运用多种类型的史料,为学生展现的是一个立体的历史情境,希望学生能准确定位历史,在时间和空间上对历史能有一个较为全面的认识,从而可以了解、感受并体会历史的真实境况以及当时的人们所面临的实际问题,进而才能更好地去理解历史和解释历史。

3.史料实证和历史解释能力在阅读、分析史料中体现、培养

在教学的过程中,教师为学生提供了来自不同时期、不同国家的史料,希望学生自己辨析,运用得出的相关结论来解释历史,论从史出,教师不再简单地为学生灌输史实,而是让学生通过研读史料掌握研究历史的方法并提升和能力。

(三)活动实际效果

在教学过程中,教师以递进式设问的方式,环环紧扣,启发和培养学生的历史思维逻辑能力,培养学生的学科核心素养。课堂教学要以学生为主体,将

学生的自主学习、合作学习和探究学习结合起来,使学生逐步学会全面、发展、辩证、客观地看待和论证历史问题,多角度地看待历史,提升历史感悟。

通过音频、视频、图片等直观、形象的资料的运用,学生的学习兴趣被激发;通过合作探究学习,增强了学生学习的动力和积极性;正确分析了十月革命的意义使学生进一步坚定了社会主义信念,坚持"四个自信",增加了国家认同感以及对世界上其他国家的理解和尊重。

四、讨论与反思

本课的时间安排上略显仓促,最后的开放性问题没有充足的时间进行讨论,应在教学环节上再精简一点。

有一些首次出现的词语,没有详细地为学生进行解释,例如,苏维埃、布尔什维克等,没能让学生更深层地理解。

给学生讨论、探究的时间不够,课堂时间有限,没有让所有学生都有机会展示自己的想法,发表自己的观点,没有把他们的学习热情完全发挥出来。

课堂整体气氛比较轻松、和谐,学生回答问题积极、踊跃。在教学方法上,要多法并用,例如可以采用启发法、比较法等。

主题式教学与史料实证素养的培养

——以部编版高中历史必修
"辽宋夏金元的经济与社会"为例

秦　艳

一、学科核心素养

《普通高中历史课程标准(2017年版)》指出:"历史课程要将培养和提高学生的历史学科核心素养作为目标,充分发挥历史课程在培养学生社会主义核心价值观方面的基础性作用,以贯彻落实立德树人根本任务。"历史学科核心素养是历史学科育人价值的集中体现,以马克思主义为指导,凝练出唯物史观、时空观念、史料实证、历史解释和家国情怀五个方面。而史料是通向历史认识的桥梁,史料实证则是通过搜集、辨析、运用史料,重现历史真实的态度与方法。历史过程是不可逆的,我们只能通过现存的史料去认识历史,因而史料实证是历史学科中不可或缺的素养,培养学生的史料实证素养是非常有必要的。

随着素养时代的到来,如何让素养在课堂教学中落地生根呢? 历史学科核心素养的提出为历史教学勾勒出一幅育人、树人的教育蓝图,而历史课堂教学则是支撑这幅蓝图并得以实现的关键。而主题式教学重视在学科大概念下重新整合和重构历史教学资源,倡导学生以"自主思考、合作探究"的方式开展史料研习活动,意图构建有探究性、思想性、灵魂性的历史课堂,培养学生的正确价值观念、必备品格和关键能力。教师应将主题式教育与历史学科的核心素养结合起来,寻找他们之间的内在联系,在主题式教学下,进一步优化课堂教学,为历史学科核心素养在课堂中落地生根寻求路径。

二、教学内容分析

本课是部编版历史必修《中外历史纲要(上)》第三单元"辽宋夏金多民族政权的并立与元朝的统一"的第三课"辽宋夏金元的经济与社会",具有承上启下的作用。《普通高中历史课程标准(2017年版)》对本课的要求是"了解两宋在经济与社会方面的新变化"。本课的学习侧重在两个方面:一是两宋时期的经济发展:农业和手工业发展、商业和城市的繁荣、经济重心的南移等;二是两宋时期的社会发展:门第观念淡化、社会成员身份趋于平等、国家对社会的控制相对松弛等。这两个内容中的商业和城市的繁荣是本节课的重点,而社会的变化既是本节课的重点,也是本节课的难点。

本课教材时间跨度大,讲述的是辽、宋、夏、金、元时期,涉及内容纷繁复杂,既有经济领域,还有社会领域。依据课程标准、课标的解读以及学生的具体学情,立足核心素养的养成,本节课可以采取主题式教学,整合教材,围绕宋朝的经济与社会这个主题进行重点探究。教师对教材内容进行必要的整合和补充,课前学生借助为开展自主学习提出明确学习任务的课前导学案,在问题的引领下,了解辽宋夏金元时期的经济与社会发展概况;课上主要围绕"宋朝的经济与社会"这一研究主题展开教学,通过创设历史情境,借助史料分析和问题探究,着重培养史料实证素养,引导学生深度思考;课后将课上讨论的内容继续延伸,深化并形成自己对该问题的认识。这样真正将课堂的重心从知识传授转向能力与思维的培养,让历史课堂变得高效而有生命力,让历史学科的核心素养,尤其是史料实证素养落地生根。

三、教学活动设计

(一)活动内容与实施

1.活动一:创设情境,导入新课

教师播放电视剧《知否知否应是绿肥红瘦》中的宋朝生活片段,引发学生思考:"通过观看视频,你看到了宋朝社会生活的哪些景象?你对宋朝人们的生活有怎样的认识?对比教材上的《夫妻对坐宴饮图》,你认为哪个是研究宋

朝历史的原始史料？请说明理由。"培养学生获取和提炼历史信息的能力,对学生进行史料类型指导,培养学生史料实证意识。

2.活动二:探究两宋时期经济与社会有哪些新变化,并分析产生这些变化的原因

在这一探究主题下,教师精心选取四组史料,分别提炼出四个小问题,又形成了四个小主题,学生进行分组讨论与探究。在这个过程中,学生通过阅读分析与讨论,激活了学习潜能,学生之间互相探讨与交流,彼此的思维发生碰撞,开阔了视野,不拘泥于固有的思维模式。此时的教师是学生身边的指导者,是课堂的组织者和问题的决策者。在学生探究问题时,教师静听学生之间的争辩与交流,在必要的时候予以适当的提示与决断,在学生困顿迷茫的时候予以适时的点拨与指导。教师走到学生中间进行个别辅导,拉进了师生之间的距离,有利于营造更亲切融洽的课堂学习环境。正是在这种思维交流的探讨中,学生们阅读分析、获取提炼信息的能力,在小组汇报时学生史论结合,论从史出的史料实证素养在潜移默化中得以培养和提升。

3.活动三:如何看待宋朝历史的地位

此环节教师选取了不同历史时期的不同学者对宋朝历史地位的看法,引导学生结合材料和所学知识,谈谈自己对宋朝历史地位的看法。在这个环节中,学生们既可以充分利用教师给予的史料进行史料实证,还可以放手让学生自己去搜集、研读与选取史料,去思考、探究历史问题,从而改变了以往被迫接受知识的局面,激发了学生的学习兴趣,进一步培养了史料实证素养。

(二)活动设计意图

1.培养鉴别史料价值的能力

历史的还原、研究和历史课的开展都依托于史料,而史料的类型不同,对于其研究主题的价值也各不相同。因此培养学生辨析史料类型及其价值的能力,是史料实证最基本的要求,也是为实现史料实证素养的目标奠定基础。在导入新课环节,教师通过对比不同类型的史料,对高一学生进行史料类型的教学,让学生简单了解什么是第一手史料(原始史料)、第二手史料及其他们各自的史料价值,对学生进行史料实证素养的培养。

2. 培养学生解读历史的能力

学者傅斯年曾说:"历史学即史料学,虽有偏颇之处,但史料确实是历史认识的基石。"史料不是历史本身,而是通过对史料汲取信息形成历史证据,最大程度还原历史真相,进而构建历史。解读史料的能力主要有两个层次的考察:一是依托基本的阅读能力提取有效的历史信息,二是需要运用已有的知识进一步整合现有的信息,推理解读出深层次的信息。在活动二环节,教师结合提供的史料,解读各种史料的基本识读方法,使学生具有史料的多源互证的意识,锻炼学生获取有效历史信息的能力。论从史出,史论结合,学生对史料进行解读与解释,并形成自己的认识。

3. 培养运用史料推到结论、构建历史叙述的能力

运用史料论证和解决问题的能力是史料实证素养培养要求的最高层次,它要求学生在现有史料的基础上运用分析、比较、综合、推理等一系列的历史思维手段,推导出历史结论。在活动三环节,坚持史论结合,学生通过对史料的解析,了解不同学者对宋朝历史地位的不同看法,认识影响历史解释的因素有哪些,并通过进行分析、概括相关史料,提升学生历史解释的能力,使历史学科核心素养中的时空观念、史料实证及历史解释等要求得以综合体现。本节课在掌握宋朝经济与社会新变化的表现及其变化的原因、对宋朝的历史地位进行探究的基础上,学生在课后继续查阅关于宋朝历史的相关资料,结合所学知识,谈谈对宋朝历史地位的认识。这样就将课上的讨论与研究延伸到课下,提升学生史学阅读与分析的能力,锻炼文字表达能力。

(三)活动实际效果

历史学科作为人文学科的基础学科,对人类文明进程的发展产生了重大的推动作用,承载着人类宝贵的文化财富,记录着历史发展的轨迹,是人类文明的载体。高中历史课不仅要传授基本的历史知识、技能和情感态度价值观的教育,更重要的是培养学生的历史核心素养。本案例中尝试将主题式教学与史料实证素养的培养相结合,首先激发学生学习的兴趣,通过阅读与研习史料拓宽学生的视野,丰富学生的知识,从而进一步提高学生的学习兴趣;其次,在教学中使学生主动去辨析史料、研习史料。培养了学生阅读史料和论从史

出、史论结合的能力,在课后鼓励学生去主动搜集史料,培养主动探究的习惯,养成学习历史的实事求是的实证精神。

四、讨论与反思

主题式教学的独特价值在于对历史学科核心素养的培育,教学主题的内涵亦是核心素养内容的折射。历史学科丰富的内容与思想性教学要求的融合,为主题式教学提供了施展的平台,体现着教育连接学生与价值的桥梁。因而主题式教学与核心素养之间是相互影响、相互促进的。

英国诗人雪莱曾经这样写道:"历史,是刻在时间记忆上的一首回旋诗。"史料是通往历史的桥梁,是认知和构建历史的基础。史料实证素养是历史学科核心素养中学科特色的体现,能够锻炼学生提出问题和解决问题的能力,让学生学会认识和选取史料,在思考与探究中学会质疑,具有论据意识和实证精神,从而形成科学严谨的态度与完善的品格。史料实证素养的培养离不开学生与教师的共同努力。为充分发挥课堂教学环节对培养学生史料实证素养的重要作用,教师应该结合学生的具体学情进行课前预习指导,重新整合教材内容,形成主题,紧紧围绕主题展开教学;在充分利用教材提供的史料的基础上,适当补充典型的、多元的中外史料,运用多种教学手段展现史料,通过学生自主合作学习研读史料,抓住史料中的关键,指导学生科学地进行推理和论证史料,培养证据意识,创设情境,形成对历史的正确认识,培养史料实证素养。但是目前来看,史料实证素养在历史课堂教学中的实现与完善仍任重道远,需要在今后的教学实践中不断坚持与改进。

关于高中地理课堂教学中学生
地理实践力培养的探索
——以"世界洋流的分布及影响"一课为例

张　麟

2014年4月24日,教育部正式印发《关于全面深化课程改革 落实立德树人根本任务的意见》,就课程教学的关键领域以及相关机制进行了全面阐述,提出了学生在新时代发展中所具有的核心素养。就高中地理学科而言,学生所应具备的学科核心素养包括区域认知、综合思维、人地协调观、地理实践力四个方面,而本文以"世界洋流的分布及影响"一课为例,以地理实践力的培养为抓手,探索高中地理学科课堂教学过程中学科核心素养培养的方法和途径,为学生更好地发展奠定基础。

一、地理实践力解读

何为地理实践力?所谓地理实践力是在信息、技术和地理工具支撑的环境下的地理实践活动中表现出来的行动能力,常见的地理实践活动有观察景观图片、视频、实物标本、实地观察、制作实体模型、虚拟模型、进行地理实验等。"世界洋流的分布及影响"的教学实施过程能否整合对学生地理实践力的培养呢? 本节课的课程标准对学生学业质量水平的要求如下:能够通过合作设计模拟实验,展示大洋环流的形成;能够以个人经历(如旅游,阅读新闻)或者身边的地理环境中,发现有关海水运动的相关规律,并能够通过调查或者材料分析,对其进行解释。这两条要求,恰恰体现了教师在对本节课进行教学设计时,一定要关注对学生地理实践力的培养。

二、教学内容分析

本节课出自地理选择性必修一第四章第二节"世界洋流的分布及影响"。本节教材分三部分内容：洋流的分类、世界洋流的分布、洋流对地理环境的影响。而这其中，世界洋流的分布是难点，对于这部分内容可结合气压带和风带的分布，把大气环流和大洋环流联系起来，使学生更好地理解洋流的分布和成因。而对于洋流对地理环境的影响这部分内容，教材从洋流对气候、海洋生物、航海及污染四个方面进行了阐述，教师在教学过程中不仅要让学生认识现象，还应引导学生探究现象背后的本质，让学生在贴近真实的情景中进行感悟，基于此，笔者设计了如下教学活动。

三、教学活动设计

(一)活动内容与实施

1. 活动一：寻找大黄鸭舰队行进路线

新课导入：在课堂导入方面，引入大黄鸭舰队的故事。

故事展示：

美国退休海洋学家柯蒂斯·埃贝斯米耶日前预测，一个由一万多只黄色橡皮玩具鸭组成的"鸭子舰队"在海上漂流十五年后，目前正向英国行进，预计今年夏季将抵达英国海岸。这些鸭子如今身价不菲，每只已经被炒到了一千英镑。

这些鸭子的漂流史是从1992年拉开序幕的。当时，一艘从中国出发的货轮，打算穿越太平洋抵达美国华盛顿州的塔科马港，但途中在国际换日线附近的海洋上遇到强烈风暴，一个装满两万九千只浴盆玩具的货柜坠入了大海并破裂，里面的黄色鸭子、蓝色海龟和绿色青蛙漂浮到海面上，形成了一支庞大的"鸭子舰队"，从此随波逐流。

到目前为止，这支"鸭子舰队"已漂浮了一万七千英里，它们通过了泰坦尼克号的沉没地，登上了夏威夷的海滩，甚至还在北极的浮冰中被冻了几年。

教师展示:教师展示全球大洋环流图,但是将洋流剪头抹去。

活动设计:让学生们尝试在抹去洋流箭头的大洋环流模式图中绘制大黄鸭舰队行进路径。

教师设问:哪一组标注的大黄鸭舰队的行进路线是正确的呢?

导入新课:接下来,我们共同学习全球大洋环流规律,来验证一下哪组同学绘制的线路是正确的。

2. 活动二:通过实验模拟世界洋流的形成

世界洋流的分布规律和成因是本节课难点,为了突破此难点,特别设计了活动二。

教师展示:世界气压带风带分布模式图。

活动设计:首先,将全班分为六个活动小组;接下来,准备实验器材:一个盛满水的水槽、两个电吹风和一些能漂浮在水面的硬塑料碎片;进行活动指导:将硬塑料碎片随意撒在水面,两个电吹风分别在水槽左上角和右下角吹动水面,模拟北半球中低纬大洋环流,北半球中高纬和南半球中低纬大洋环流也分别用此方法实验。

学生观察后填写实验报告:

世界洋流形成的模拟实验报告

实验名称		成绩	
班级		指导教师	
小组成员		日期	
实验目的			
实验步骤		现象	
实验总结			

3.活动三:探索洋流对地理环境影响

洋流对地理环境的影响是本节课的重点,对于这部分的处理,教师以课后作业的形式,要求学生分组设计探究实验活动,具体设计和要求如下:

以课上实验器材为基础,设计模拟实验,探究洋流对地理环境影响。

各小组重点探究洋流对渔场、航行、污染等方面的影响。

各小组录制视频,课上展示交流。

(二)活动设计意图

本节课教学设计,分别在新课导入、课程实施、课后作业等三个环节设置了三个地理探究活动,用以探索如何在地理课堂教学中培养地理学科的核心素养——地理实践力。

1.创设情境,感悟地理实践力

在新课导入阶段,教师设置了寻找大黄鸭舰队行进路径的活动,因为学生们在必修一中已经学到了有关洋流的概念,明确洋流就是大规模的海水定向流动,因此当教师提问"大黄鸭舰队行进的动力是什么"时,大多数同学能够想到是洋流,但学生们并没有接触过世界洋流的分布及原因,所以当教师要求学生尝试用已有知识为依据,绘制大黄鸭舰队行进路径时,学生们会努力寻求不同的切入点,寻求各地理事务与洋流之间的相互联系,这就是对学生综合思维能力的锻炼,而利用已有知识来解释地理事项的发展变化规律,更体现的是对学生地理实践力的培养。

2.模拟实验,体会地理实践力

世界洋流的分布是本节课的核心,难度较大,传统的教学模式就是教师枯燥地讲解洋流形成的过程和原理,学生听课效果不佳,理解起来一知半解,因此在这里教师设计了模拟实验,通过实验的设计来模拟世界洋流的环流模式,这样的设计不仅可以直观地让学生们看到世界大洋环流的形成过程,还能很好地理解每一支洋流的形成原理,这种直观地看对学生的印象是深刻而牢固的,而这种教师指导下的学生地理实验过程实质上就是对学生地理实践力的培养。

3. 课后探索,提升地理实践力

洋流对地理环境的影响是本节课重点内容,但是探究这部分内容的基础——世界洋流的分布及成因已经在课上作为重难点知识详细强调和说明,所以在知识层面上,学生们完全能够胜任教师所安排的课下任务。

通过课下模拟的实验研究洋流对地理环境的影响,有利于学生在原理层面上理解为什么寒暖流交汇处易形成渔场、为什么离岸风引起上升流进而形成渔场以及为什么洋流有利于本海区净化,但却会扩大污染范围等问题。不同于教师指导下的实验,学生完全自行设计,这本身就是综合思维能力的体现,而实验的顺利实施更体现的是学生较强的地理实践力。

(三)活动实际效果

笔者为本节课的教学设计了三个活动,这三个活动为本节课顺利的展开和核心重难点知识的顺利突破奠定了坚实的基础。

在课堂导入方面,笔者通过指导学生阅读大黄鸭舰队的故事以及大黄鸭舰队行进路径的探索活动,创设了情景,激发了学生的兴趣和思考,使学生能够带着疑问进入本节课的学习。

世界洋流的分布规律是本节课难点,对于这部分内容的处理,笔者首先展示世界气压带风带模式图,目的是让学生们明确世界洋流产生的动力是风,学生们可以利用电吹风模拟相关的风带,吹动水面进行相关实验。其次,在实验过程中,学生利用电吹风吹动水面来模拟不同风带对海洋表面的吹动过程,而水槽表面杂乱无章的硬塑料碎片也会随着水槽水体的运动而呈现出有规律的运动,而这种有规律的运动直观展示了不同纬度大洋环流的模式。最后,实习报告的填写能够让学生看到的地理实践过程以文字形式总结下来,从而更好地理解世界洋流规律。

洋流对地理环境的影响是本节课的重点,首先教师将该实验设计活动安排在课下,实质是将知识的探究过程延伸到了课下,使学生的学习热情和对知识的渴望延伸到了课下,有利于激发学生的学习兴趣,提升学习效果。其次,对于渔场的形成,课文仅用文字说明,但若以实验模拟,学生就可以利用可沉入水底的碎屑,结合本节课的实验器材,逼真地模拟出寒暖流交汇处,洋流扰动海水,造成饵料上泛的过程,利于学生在原理上理解相关现象的形成。

四、讨论与反思

在高中地理新教材中图版选择性必修一自然地理基础中,洋流部分即是重点也是难点,而世界洋流的形成及分布规律更是难中之难,对于这部分内容,原课标要求教师讲清洋流的概念与世界洋流的名称、位置、性质、形成分布规律及洋流对地理环境的影响。原课标强调的教学模式为教师主动讲解,学生被动接受,学生根本没机会主动思考和学习,更谈不上培养什么能力素养,而新课标强调通过观察模拟实验,阅读世界洋流分布图,归纳世界洋流分布规律,与原课标相比,新课标更强调学生的主动探究过程,教师应着重在如何引导学生方面下功夫,把课堂的主动权交给学生。

在课堂教学过程中,以模拟实验的形式推进本节课重难点知识的学习,学生参与度高,主动探究的意愿强烈,但教师一定要注重对学生实验过程的监督,虽然是学生主动的学习过程,但教师一定要在关键节点指导,如实验开始之前,教师要展示世界气压带风带示意图,并强调气压带风带的纬度位置,这样学生在模拟实验中就能明确,利用哪些风带模拟中低纬大洋环流,哪些风带模拟中高纬大洋环流。另外,模拟洋流对地理环境影响的实验,虽然是课下任务,但不意味着教师可以置之不理,教师要利用课上时间对实验进行点评,及时纠正实验过程中的原理性错误。

新的课程改革强调在教学过程中加强对学生学科素养的培养,本节课的教学设计强调以实验的形式贯穿课堂教学始终,这恰恰是地理实践力的充分体现,而地理学科核心素养还包括区域认知、综合思维、人地协调观等,笔者希望通过不断摸索,在今后教学设计过程中,更好地融合四大核心素养,使学生能够学到终身受用的地理知识,获得终身受用的地理能力。

作文教学中构建语言文字美学性的运用体系

——以九年级写作实践课"修改润色"为例

李佳沂

一、学科核心素养

作为语文教学的基本面之一,写作教学在构建学生的基本语言表达、正确运用祖国语言文字、提升学生思想道德和审美情趣方面占有举足轻重的地位;作为中学阶段的关键过渡期,九年级的写作教学更是肩负着升学过渡与提升学生语文核心素养的双重任务。《义务教育语文课程标准(2021 年版)》提出初中阶段的写作教学应"重视引导学生在自我修改和相互修改的过程中提高写作能力",《普通高中语文学科核心素养》中也明确提出学生应当"能运用祖国语言文字表达自己的审美体验,表现自己对美好事物的情感、态度和观念"。

基于此,九年级的写作教学应着眼学情,明确基本目标,即"能够根据表达的中心,选择恰当的表达方式,运用多种写作手法,丰富写作内容",进而提升表达的多样性、创意性,逐步达成培养学生"自觉运用所学表现和创造自己心中美好形象"的审美鉴赏与创造素养的长期目标。

二、教学内容分析

从中考的实用角度来讲,评价一篇考场作文的标准由三个维度组成,分别是"内容""语言""篇章"。"内容"维度评价文章的审题立意、选材、情感价值观等要素,"语言"维度评价文章的表达是否准确、顺畅、简明、得体,"篇章"维度则评价文章的谋篇布局、思路逻辑等要素。

纵观新版统编教材的体例安排,初中学段教材中的写作专题比例大幅增加,共有三十个,大体上是从以上三个维度出发对学生进行写作训练。其中,"修改润色"安排在九年级下册第四单元,可见,"修改润色"的教学应当兼顾中考作文评价标准的"内容""语言""篇章"三方面,基于学生实际,梳理作文修改的基本角度和基本方法,增强可操作性,起到点拨、总结与提升的作用,让学生在对比中认识到修改润色的重要意义,在合作中体会语言语义的不同表达效果,在实践中探究作文修改的技巧,从而培养学生对润色作文的兴趣,逐步培养学生对语言文字美学性的自主运用。

三、教学活动设计

(一)活动内容与实施

【活动一】教师给出两段名家作品选段,通过师生探讨共研,总结具备美学性的语言表达的共性特征,为后面的修改润色实践提供思路。

片段一:

这种弄堂的房屋看上去是鳞次栉比,挤挤挨挨,灯光是如豆的一点一点,虽然微弱,却是稠密,一锅粥似的。它们还像是大河一般有着无数的支流,又像是大树一样,枝枝杈杈数也数不清……(王安忆《长恨歌》)

片段二:

麦地里回茬的荞麦虽然早已谢了如霞似云的花朵,但一片片娇嫩的红秆绿叶,依然给这贫瘠的荒原添了不少惹眼的鲜活。……天异常的高远了,纯净得如同一匹浆洗过的青布。(路遥《平凡的世界》)

片段一描写了上海弄堂稠密如织的街景,片段二描写的是陕北高原秋高气爽的风光。内容虽异,表达却有许多共通之处。课堂上以师生问答的形式,教师可以引导学生从赏析的角度总结出以下三条写作原则:一是遣词准确、描写清晰,为读者营造出生动的画面,如"鳞次栉比""阡陌纵横"等;二是发挥联想想象,恰当运用修辞,如片段一中将挤挨成一片的房屋比喻成一锅粥、河流、大树等,又如片段二中将高远的晴空比喻成浆洗过的青布;三是有的放矢,善于挖掘描写对象的深刻意蕴,很显然,片段一通过对环境氛围的渲染为后文故事的展开铺垫,片段二则是主人公孙少安在结婚前畅快心境的衬托。

【活动二】以小组合作的形式评改习作。在这一环节,为学生创设一个角色互换的情境,让学生以阅卷者的角色对示例的作文片段进行评价。

首先,我们在平时学生习作中选取了一段对春天的景物描写,选择真实的学生作文能较为直观地反映学生的写作水平,同时,入选片段应当具备一定的水准,使其具备修改润色的价值。

其次,教师提前设计一份量化评分标准。这份评价标准可以围绕以下五个维度展开:遣词用语的准确性;语篇内各语句的通顺程度;景物描写是否调动"五感",细腻生动;修辞和表现手法的运用是否恰当、生动;"言"与"意"相结合的整体表达效果。

其中每个维度总分 20 分,并细分为 A(16~20 分)、B(11~15 分)、C(6~10 分)、D(0~5 分)四个等级,打分程序为先入等、再赋分。在打分之后须简单描述自己的评分依据,或提出具体修改意见。

评分活动以小组为单位展开,每个小组在合作过程中共同撰写一份量化评分表,活动结束后可由组长进行汇报发言。

【活动三】以教师为主导,学生为主体的课堂反馈。这一环节是课堂的汇报总结阶段。教师引导学生运用诵读法对比改动前后的文意差别,每组代表汇报探究成果,综合意见,师生共同整理出修改意见,并总结文章加工润色的具体方法。

首先,通过自读、小组互读,初步感知文段的通顺度,并从语言的角度进行词语替换、病句修改、删减赘余。

其次,运用"五感"描写法,让景物描写更加真实可感。学生在写作时往往善用视觉描写,我们可以在润色时加上听觉、嗅觉、触觉、味觉的描写。

再次,炼字、炼句,适当加入修辞与联想想象,使文字更加形象生动。如学生在课堂上加入了对桃花的联想和比喻："转眼间桃花灼灼,枝叶蓁蓁,春风里似传来了平平仄仄的诗篇,'一树繁英夺眼红,开时先合占东风。'"让人感觉眼前一亮,极富韵味。

最后,写景有序,增强逻辑性,可以按照由上至下、由远及近、移步换景、定点观察等思路梳理写景顺序。如若按照"移步换景"的顺序,我们可以先确定观察路线,再对景物出现的顺序进行调整。

(二)活动设计意图

1. 活动一:名家引领,阅读品鉴,正确认识语言文字的美学性

本课所选名家文段均取材自"茅盾文学奖"的获奖作品,文字典雅正统,读与写从输入与输出的角度来看,是相辅相成、一体两面的有机整体,写作的教学也必然以阅读为基础,名家名作的赏析、学生优秀习作的分享等既是阅读教学的延伸,又是写作教学的起点。

2. 活动二:创设情境,比较辨析,在合作中激发学生积极思考、自主修改的意识

在日常写作训练中,学生往往在积累了大量语料的同时,缺乏筛选与甄别的能力,这导致他们的写作会出现两种问题:一是读写割裂,阅读缺乏目的性,积累流于形式,写作则语言贫乏、词不达意、内容枯燥;二是在阅读积累的过程中,片面接受看似华美的文字,追求"文艺腔",写作则过分追求辞藻,以致语言堆砌、内容空洞,给人无病呻吟之感。因此,设计这一活动,可以让学生在探讨、量化中认知真正优秀的文章。

3. 活动三:分享感受,沟通见解,总结修改润色的基本方法

经过以往阶段的阅读积累与写作练习,九年级的写作教学应做到承前启后,着眼于培养学生自主修改作文的习惯,在语法正确、逻辑恰切的基础上,综合运用多样的修辞常识、联想想象的写作手法、多种不同的表达方式等,对习作进行修改润色。

(三)活动实际效果

对名家文学片段的赏析,既能代表当代主流的审美价值观,又具备较高的文学艺术水平,以点带面,帮助学生逐步学会辨析文字水平、构建审美价值

体系。

　　设计量化评分标准是对任务的细化和具体说明,任务要求应简明扼要,操作性强,这样学生在实践中就能够帮助学生明确活动目的,快速进入状态。

　　分组时,应以学生平时的表现和实际写作能力为依据,强弱搭配。在小组活动中学生可以互助合作,取长补短,这样才能提高活动效率,优化活动效果,共同提高写作水平。在课堂教学的总结活动中,集思广益,可以激发学生学习的参与感和自主性,加强对语言文字美学性的认知。

四、讨论与反思

　　统编新教材写作专题"修改润色"中指出,在修改作文时首先应兼顾"言"与"意"。"意"的修改着重于对立意、选材的考较,这本身应从属于"审题立意"的环节,而"修改润色"则侧重于对"言"的修正。其次,教材中进一步将"言"的修改概括为两个层次:一是改"对",二是改"好"。虽然教材对这两个层次的修改都做了相关讲解与练习示范,但是我们应明确,七年级下册写作专题"文从字顺"、八年级上册写作专题"语言要连贯""表达要得体"中关于言辞和表达的准确已有详细讲解,而改"好"则要建立在准确鲜明的立意和通畅连贯的表达之上,是综合性更强、难度更大的要求,也是更能体现学生阅读积累、促进审美提升的教学实践。因此,我们在教学中应抓住教学的重点和难点,体现作文课的深度,承担起美育教育的责任。

　　随着中考对写作能力的要求逐年提高,教师更应当抓住写作实践的输出性、综合性和独特性等特点,引导学生在优秀范例的基础上形成勤于修改的良好写作习惯,逐步培养学生创作精品作文的意识。

学会学习,我的作文我爱写
——以细节描写作文为例

马 瑜

一、学科核心素养

本节课,笔者通过细节描写作文的教学,设置环环相扣的教学活动,由句到段,由具体到抽象,由简到难,逐层深入,涉及听、说、写的能力锻炼,最终达到激发学生们热爱写作的兴趣,初步掌握学习写作的方法,热爱写作,能够正确运用祖国的语言文字的效果。

二、教学内容分析

本节课从学生日常课本所学出发,教师引领学生观察生活,体察自身,注重对生活细节的关注与体悟,实现从课内的巩固与回忆到课外的观察运用能力的形成。课堂环节注重锻炼学生听、说、读、写的能力的锻炼。整堂课务力让学生在循序渐进的课堂内容设置下顺利完成知识的迁移运用。

三、教学活动设计

(一)活动内容与实施

1.活动一:导入情境

师:同学们,咱们今天的语文课与以往不同,我们走出了教室,很多老师也来和我们一起分享,刚才老师布置了任务,哪些同学来说说你刚才或现在观察到了什么? 体察到了什么?

师:同学们,大家说的都特别好,因为你们通过自己的细致观察和切身体会把生活的细节展示出来了。瞧,你们讲得多么生动啊,这就是认真观察、表达真情的结果!正如今天我们要学习的内容——唯有细节能动人!

2. 活动二:回顾旧知

师:细节描写包含哪些内容呢?请看屏幕。

屏幕呈现常见的几种人物细节描写方式:动作细节描写、语言细节描写、外貌细节描写、神态细节描写、心理细节描写、景物细节描写。

师:同学们请借助课本回忆一下,咱们学过的课文中哪些蕴含了细节描写呢?教师阶段小结:以上常见的几种细节描写的作用有:刻画人物性格,深化主题,渲染气氛并为下文做铺垫、推动情节的发展。

3. 活动三:图景细节描摹训练

(1)我会描细节

师:细节源于生活!之前老师让大家关注中午吃饭时的情形,现在,请大家根据老师给的要求,略做加工,看能不能口述一下这两种人吃饭的不同。(教室给时间,学生略做讨论)

壮汉:

他端起碗,拿起筷,夹了菜放进嘴里,吃起来。(加动作)

淑女:

她端起碗,拿起筷,夹了菜放进嘴里,吃起来。(神态、外貌、动作,三选二)

(2)我当小老师

师:看看,刚才同学们都笑了,艺术源于生活,对吧?大家看,老师这里有一幅图片,图片下面是一个三年级小朋友写的关于图片内容的介绍,显然,这段文字观察得不够细腻,缺少描写,请大家仔细观察,我们今天也来做一次老师,帮这个同学改写成有细节描写的文字。

(原文字如下:有四个小朋友,他们几乎没穿上衣,笑着用小手揪着对方的耳朵,光着脚丫,他们很开心!)

4. 活动四:我以我手写我心

师:刚才同学们都看得很仔细。不过生活中有些感受或事情转瞬而去,有时候写作文需要同学们把这些回忆中的片段重新拾取,仔细回顾,酌情加工。下面,老师给同学们一个情景,请大家回顾一下。

（大屏幕展示:"铃声响起,语文老师把判完的试卷发下来。此刻,我特别紧张,生怕考得不尽如人意。拿到试卷之后,我打开一看,不及格,顿时很伤心。"）

这个场景相信很多同学在学习的过程中都经历过,那么有没有哪位勇气可嘉的同学能上台来表演一下呢?（两位学生上台表演。）

师:感谢两位同学的生动演示! 同学们,大家可以联系这两位同学的表演,结合细节描写的内容,有侧重点地写一段文字。

（写完之后,同学们相互交流,选出写得比较好的推举出来朗读。）

（二）活动设计意图

1. 观察生活的意识提升

此活动要求学生们有意地观察生活,体察自身的感受,面对具体的课堂情境,学生用语言来组织表达所见或所想,让学生从感性的方面初步体验生活的细节需通过观察得出。

2. 从方法论的角度接触细节描写种类

在生活细节的习得方法——观察之后,教师带领学生们在头脑中回顾范文（课文）文本中学过的关于细节的具体描写方法,这是学生从方法论的角度来接触细节描写的种类。

3. 课堂活动按照顺序开展

本课的第三个大活动是图景细节描摹训练,这里按照由易入难、循序渐进的原则进行。

这个活动设置,在兴趣引领的基础之上,要求同学们观察日常吃饭的场景,但是老师并没有提前透露观察重点,所以同学们观察得非常认真、非常全面,他们的积极性、主动性一下子就提升起来,这就需要同学们启动日常观察和记忆,同时发挥想象,有意进行艺术加工。

这个活动是在第一个活动的基础之上,要求学生们进一步对信息量比较多的图景进行有重点、有顺序的细节刻画,给的文字目的在于提示观察重点,此活动锻炼了学生由感性思维至理性文字生成的过程。

4. 学会学习的意识形成——生活情境的重现及描摹

第四个活动涉及学生根据文字提示的情景发挥自己的想象来当众进行表演,其他同学认真观察表演并用文字来描述这一过程的细节。这项活动锻炼了孩子们的想象力同时转化为肢体语言的输出,学生亲自模仿又能引发高度的注意和关注,大大提升了孩子们的观察力,从而主动运用课堂所学方法来进行符合要求的细节描写,由此,课堂目标就润物细无声地实现了!

(三)活动实际效果

在体察感受环节,学生们做出了如下回答:

生1:我观察到了同学们都很兴奋,一双双好奇的眼睛环顾着四周,当他看到后面已经坐好了很多老师的时候,他的嘴角微微上扬,我觉得他可能在想,今天有这么多的老师来听课,我一定要好好表现一番。

生2:今天我和大家来到这个大会场,第一次这样上语文课,我还是很兴奋的,可是进来后看见来了这么多老师,我立刻感觉到自己的心脏怦怦地跳动,双腿僵直在那里,忍不住地颤动,手也发抖。我心想,老师如果问到我,我答错了怎么办?那就太丢人了。

1. 描写方法的回顾环节,学生从现有阶段的课本中找到了描写种类并阐述了这些描写方法在文中的具体作用

生1:《春》中写小草"偷偷地从土里钻出来,嫩嫩的、绿绿的",把小草拟人化,写出了作者对春天的喜爱。

生2:《秋天的怀念》文末对菊花的描写体现了作者对母亲的关爱的理解以及对坚强生活的体悟。

生3:《走一步 再走一步》中开篇主人公的身体介绍和文中的心理活动描写为下文做铺垫。

生4:《散步》中"我和妻子都走得稳稳的、慢慢的,仿佛我背上的和她背上的加起来就是整个世界",文中的动作描写写出了文章的主旨。

生5:《散步》中,母亲的语言描写也能体现出她理解、体贴家人,关爱孩子和孙儿,既慈祥又和蔼的性格。

生6:《从百草园到三味书屋》中对于寿镜吾老先生的外貌以及读书时的神态描写也能看出他是一个"宿儒"。

2. 学生参与积极性高,写作意愿得到了很好的激发

本次教学活动学生的参与积极性很高,活动本身要求孩子们提前观察,又是学生校园生活中比较轻松的时刻,因此,学生们乐于接受,而活动的设置又能有效地让学生运用之前的观察习得,同时也有夸张的强烈对比,这既符合学生的学段特点又能激发学生的写作意愿。

学生的思路打开,写作预热之后就让他们进一步对丰富内容的场景进行细节描写,让孩子们当老师改写段落的设置,这既能减轻学生的心理压力,激发学生的创作欲望,也能让学生的思路进一步得到锻炼并形成描写文字。最终,对于这幅图景的描写,其中一篇是这样的:

图片中坐着几个快乐的小男孩儿,他们脸上洋溢着无忧无虑的微笑,虽然小小的脸颊被高原风吹得黝黑,衣服也破旧,上面满是污垢,有个孩子没有上衣,露出干瘪薄弱的胸膛,但这些都不能阻止孩子们对生活的向往和欢愉。看!他们一个个喜笑颜开,用手拧着同伴的耳朵,在湛蓝的天空和无限辽远的草原映衬下,孩子们自由、快乐。

这是整节课最后的活动,也正是这个活动让学生的积极性达到空前高度,教师给出的情景是学生日常生活中的常见情景,孩子们一听到有机会去进行表演展示,纷纷把手举得高高的,大家跃跃欲试,没有举手的孩子脸上也满是欣喜与期盼的表情。最终,两个上台表演的学生不负众望,惟妙惟肖地演绎了两个场景。同学们都为他们的精彩演出鼓掌。在整个过程中,每个孩子都睁大眼睛仔仔细细地观察,生怕错过了任何细节,这个活动中,每个孩子都主动拿起笔,怀着愉悦的心情把刚才的所见所闻所感详细地写出来,孩子们感受到了写作的快乐!

四、讨论与反思

这节课作为区级公开课来展示,教研员和全区教师都认为这节课效果很好。学生们日常对写作文表现出畏难情绪,原因有二:一是没有素材,即不懂得日常积累,不注意观察生活;二是语言平白如话,粗线条的概括或流水账一样的表述,没有细节的刻画,没有生动的语言。因此,笔者设计这节课的初衷是让学生们懂得写作文的途径——观察生活,有所体悟,同时通过同学们回顾旧知适当地点拨描写方法。

在教学环节设置上,笔者遵循学生学习的认知规律,从易到难,循序渐进地从观察体悟、语言表达入手,引起学生的有意观察、有意注意,让学生通过自己语言的描述来感受并理解细节描写的概念;通过回顾旧知,让学生们在文字中感受细节描写这一概念的具体体现,进而通过学生日常对熟识场景的理解来进行描述性括写句子,这是进一步让学生从语言到词语的转换输出;这为下一环节多信息场景的描写进行了铺垫和热身,所以,学生们就不会有太强烈的畏难情绪;最后,笔者刻意设置文字背景,让学生亲身还原生活中的场景,并通过观察,用生动的文字描述出这一场景,从而达到学生学会学习写作的方法,并点燃孩子们的写作兴趣。

综上所述,这节课,笔者用孩子们喜闻乐见的方式,根据学生身心发展和语文学习的特点,激发孩子们的好奇心,努力调动他们的求知欲,通过多观察、多体悟引导学生丰富语言积累,发展思维,初步掌握细节描写的方法,养成良好的写作习惯,从而形成学会学习,正确运用祖国语言文字的能力。

促进学生思维发展　提高语言运用能力
——以"孤独之旅"为例,正视逆境与成长

沈　楠

一、学科核心素养

任何一个学科都具有促进学生思维发展,提高语言运用能力的功能。与其他学科相比,运用母语教学的语文学科拥有更熟悉的语言环境,语文学科的核心素养又与学生的生活紧密联系,因而一直受到家长和同学们的广泛关注。

二、教学内容分析

《孤独之旅》是曹文轩《草房子》中《红门》部分的节选。讲述了在油麻地上学且担任班长的杜小康,因家道中落辍学后和父亲赶着鸭子到芦苇荡去放养的一段经历。在某个暴风雨的夜里,鸭群因惊恐四散奔窜,杜小康克服内心的恐惧与孤独,不遗余力追赶鸭群,战胜了自己,收获了成长。师生一起探寻杜小康的心路历程,逐步理解"孤独"与"成长"的深刻内涵,正视生活学习中的困难,更加勇敢坚强、乐观豁达。

三、教学活动设计

(一)活动内容与实施

本文的教学重点是引导学生梳理主人公杜小康的心理变化,进而了解主人公的成长经历,体会环境和心理描写的重要作用,着重分析人物的形象,从而把握文章的主题。

1.活动一:关注心理变化,设计思维导图

（1）直接描写人物心理

同学们阅读文章，圈画出直接描写主人公杜小康心理活动的词句，体会主人公杜小康心理的变化过程。结合文中的心理描写，找到"无助""孤独""茫然恐慌""孤独无依""不可能回避""不再恐慌"等内容，体会到了他心理变化的历程，聆听到他丰富的心声。

（2）通过环境描写衬托人物心理

从环境描写中分析人物心理的，境由心生，环境描写是把握人物心理的重要途径之一。这篇小说的环境描写就对刻画人物起到了重要作用。

起初茫茫一片的天地，就如同杜小康茫然无措，孤独寂寞的内心。之后如绿潮、如万重大山般的芦荡衬托出杜小康内心的恐慌，芦苇荡在暴风雨来临时，更是成了一片黑海，将恐惧推到了极点，每一处环境描写都对人物心理起到了烘托渲染的作用。

杜小康追赶鸭群已经比同龄人勇敢了，但是作者将追赶鸭群又置于暴风雨这一情境中，仿佛末日的阴沉恶劣天气更让他感到害怕，天是黑色的，河水也是黑色的，芦苇荡成了一片黑海，这些还有可能是现实世界的颜色。但杜小康觉得原本无色的风也是黑色的，让人恐惧压抑的"黑色"接连出现了四次，这已经不是客观的色彩，而是心灵的颜色，烘托出杜小康面对暴风雨时内心的恐慌。

在如此恶劣的环境中，杜小康选择克服内心的恐慌，勇敢面对，他经受住逆境的考验，突然觉得自己"长大"了，"坚强"了，更深化了文章的主旨。

雨后天晴，杜小康已经冲破了黑暗的暴风雨的阻挠，找到了鸭群，躺在芦苇丛中的他，原本一片漆黑的世界，此时却比任何一个夜晚都明亮了。这一黑一亮的对比，表现出的正是杜小康内心由恐慌到冷静的变化，是他由怯懦到坚强的心灵成长。

（3）通过语言、动作等表现人物心理

学生在体会杜小康心理变化时，善于思考分析，善于归纳总结，找到了杜小康的三次哭。杜小康前两次哭，因为离开陌生的环境，因为想念亲人伙伴，是十几岁孩子正常的反应。第三次哭是在暴风雨之夜，他不顾自己身体被芦苇叶划伤,奋力追赶鸭群,当他找到鸭们时,哭了起来。这眼泪里有委屈,更多的是为自己感到激动与自豪。

2. 活动二:探寻放鸭之旅,正视孤独成长

(1)成长小说不管是铺叙环境、叙述事件还是描写人物的语言、动作、心理等,最终都是为了聚焦主人公心灵的成长与成熟。外部世界的复杂性、人物经历的丰富性,是构成人物内在精神世界的重要内容,是他心灵成长的"养料"。

"孤独之旅"的故事开始到结束,杜小康历经了刚出发时的抵触逃避,途中的茫然,到达芦荡时的恐惧胆怯,放鸭初期的寂寞、孤独、想家,放鸭中期的接受与习惯,暴风雨之夜追赶鸭群时的勇敢和坚强,八月一天的早晨发现鸭们下蛋的欣喜。在这趟心灵之旅中,杜小康从逃避现实,接受现实,直面现实,渐渐成长起来。由此我们悟出:一个人是否长大成熟,在于他能否面对现实,如何面对现实。

(2)理解《孤独之旅》中的"孤独"。从小说具体情节来说,杜小康离开同学、学校,远离母亲和油麻地,失去了情感寄托,对陌生环境感到恐惧,对前途茫然无知,这些都是他感到孤独的原因。

从象征的角度来说,孤独之旅,正是心灵成长、自我觉醒之旅。一个人精神上的成长,总是作为一个个体独自获得的,是别人无法代替的。尖锐激烈的心灵斗争,总会给成长中的个体带来一种"孤独"之感,这实际上正是自我意识觉醒必须踏出的一步。

(3)活动三:阅读写作结合,提高表达能力。《孤独之旅》主要写杜小康心理方面的成长。教师创设情境,同学们从所给图片中任选一幅,配上一段文字,来记录杜小康最难忘的心路历程。

(二)活动设计意图

1. 问题引领,促进学生思维发展

设置问题激发学生思考,学生在解答问题的同时,也提高了思维力。由于学生年龄尚小,阅历尚浅,很多时候学生无法做到第一次阅读文本就触及核心内涵,备课时,认真阅读文本,回归全文,理清故事发展的前因后果,精心设计

主问题,教学时引导学生进行更深层次的思考与探索就显得游刃有余,进而达到培养学生逻辑思维能力的目的。

2.巧设练笔,提高语言运用能力

写作是提升思维能力,提高语言运用能力最常用、最有效的方法。教师给予学生思考的时间,创造机会,鼓励学生表达见解。增设写作环节,有助于逐步提高学生的口语以及书面语的表达能力。学生能更准确地掌握语言规律,养成阅读时动笔写旁批的好习惯,提升在具体情境中语言表达的准确性。

(三)活动实际效果

在这趟心灵之旅中,同学们和杜小康一起成长成熟,他们学会了与内心的孤独平和共处,与现实的磨难握手言和,与成长的烦恼并肩同行;他们懂得了平坦的路虽然好走,但泥泞的路更容易留下奋进脚印的深刻道理。学生们受到心灵的启迪,正视成长中的逆境与孤独,永不言弃,汲取奋发向上的精神动力,努力成为生活的强者。

四、讨论与反思

(一)成功与亮点

教师能够立足课堂教学和学生实际,布置预习,请同学们阅读文章,圈画出直接描写主人公杜小康心理活动的词句,体会主人公心理的变化过程。课上在展示预习成果之后,再次明确任务——细品杜小康心灵之旅的每个阶段,请先在书上圈点勾画其他能体现他心理活动的语句,再梳理整合,并设计思维导图来呈现同学们的探究结果。课堂教学环节难易得当,吻合学生年龄特点,符合学生接受能力,最大程度激发出学生的学习热情。在此基础上,结合已经学过的文章,学生对"孤独"与"成长"有了真切的感受和体验。教师在教学过程中注重突出学生学习主体地位,重视新旧知识之间的联系,适时做好方法指导。学生在参与的过程中,不仅对主人公杜小康有了更加全面而深刻的认识,而且学会了勇敢面对挫折,为身心健康成长奠定心理基础。

(二)不足与反思

在探究杜小康在暴风雨之夜追赶鸭群时的心理时,学生回答:杜小康克服了恐惧,变得勇敢。这一结论,符合初中孩子的认知。但是如果我能及时引导,学生可能会更有收获。

上完课的若干天之后,偶然看到电视里播放对驰援湖北武汉的医护人员的采访。医护人员坦言:他们当初面对病毒,也曾因未知而恐惧。正因内心的这份害怕与忐忑,他们义无反顾逆行抗疫的行为更加令人动容。听到这里,我突然悟到:恐惧和勇敢是可以并存的,并不非得是克服了恐惧,才变得勇敢坚强,也可以是心存恐惧,仍旧选择了勇敢面对。也明白了杜小康正是这样,在经历暴风雨内心害怕恐惧之时,仍然选择去追赶鸭群,才更突出了他的勇敢,他的成长。很遗憾,授课时我并没有悟到这个深意,没能及时点拨。好在之后又找到机会组织学生探讨,与同学们交流,学生们有所感悟。

教材选取的课文都是名家名篇,是落实语文学科核心素养的重要抓手。教学中促进学生思维发展,提高语言运用能力的同时,教师还要不断领会教学改革精神,为学生萃取精神成长的宝贵养料,努力将学生培养成为全面发展的人。

民族文化的智慧与传承

——以《刘姥姥进大观园》的教学为例

张　彦

一、学科核心素养

《义务教育语文课程标准》中指出,语文的课程目标是让学生"认识中华文化的丰厚博大,吸收民族文化智慧",并且要"培养学生高尚的道德情操和健康的审美情趣,形成正确的价值观和积极的人生态度"。现在的中学生对于中国古典文化、中国民族文化的书籍阅读量较小,初中阶段的学生喜欢阅读网络小说,对于中国古典名著的阅读较少。基于此种情况,笔者在讲授《刘姥姥进大观园》这篇课文时,以刘姥姥这个人物形象为例,引导学生通过分析刘姥姥的语言、神态、动作等细节的描写来分析其人物性格,体会刘姥姥积极的人生态度。通过对不同人物的"笑"的分析,体会曹雪芹的语言功底,从而让学生体会并学习中国民族文化的智慧。

二、教学内容分析

《刘姥姥进大观园》是一篇自读课文,是部编版语文九年级上册第六单元的一篇文言白话小说。通过学习本篇课文,可以让学生掌握对人物形象的分析的方法,让学生体会中国古典文学的魅力和民族文化的智慧。

三、教学活动设计

(一)活动内容与实施

教师导入:"在大多数同学的眼中,刘姥姥是一个粗陋、俗气、生活窘迫、爱占小便宜的农村老太太。她出场时,已经是七十多岁的老妇人,常年守寡,跟着女儿女婿过日子。女婿不思进取,刘姥姥为了女儿一家来到了荣国府打秋风。但是我们读完今天这篇课文,就会发现,其实刘姥姥也有她善良的一面,她淳朴、幽默、知恩图报。下面我们就一起来感受曹雪芹赋予她的人物形象吧。"

1. 整体感知

请学生快速泛读一遍课文,并用简短的语言概括本文写了一件什么事。此外,将课文分成三部分内容,简单概括段意。

学生需要明确的是:

生活困窘的农村老妇人刘姥姥,来到贾家,与众人一起吃饭,上演了一场闹剧。

吃饭前(1~3 段):王熙凤、鸳鸯设计刘姥姥,让她闹笑话。吃饭中(4~10 段):刘姥姥逗笑众人。吃饭后(11 段):刘姥姥承认,她是在装傻,逗老太太开心。

2. 分析刘姥姥的性格特征

请学生找到关于刘姥姥的人物描写语句,分析刘姥姥的性格特征。(请同学在书上圈点勾画,进行标注,然后小组讨论。)

(1)请学生找到刘姥姥的语言描写,说说刘姥姥是个什么样的人。

"原是凤姐和鸳鸯商议定了……到底不及俺们那个伏手。"(朴素实在)

刘姥姥便站起身来,高声说道:"老刘,老刘,食量大如牛:吃个老母猪,不抬头!"(大智若愚)

"姑娘说哪里的话……也就不说了。"(善良纯朴)

(2)请学生找到刘姥姥的神态描写,说说刘姥姥是个什么样的人。

鸳鸯一面侍立,一面……刘姥姥道:"姑娘放心。"

刘姥姥便站起身来……一声不语。

(老于世故、工于小心计、懂得察言观色)

(3)请学生找出刘姥姥的动作描写,分析刘姥姥这一人物形象。

闹　撮　伸　滑　滚

（"闹""撮"两个字写出了刘姥姥在夹鸽子蛋时的尴尬;"伸"字突出了刘姥姥在吃鸽子蛋时的小心谨慎;"滑"和"滚"两个字写出了鸽子蛋小巧,落下速度快的特点。这些动词写出了刘姥姥没见识、浅陋、滑稽、引人发笑。）

教师总结:"刘姥姥来到了金碧辉煌的大观园,作为一个没有见过世面的农村老妇人,她看见什么都觉得新鲜,闹出了许多笑话。但是她虽俗却很可爱,很天真,毫不矫揉造作。一个七十多岁的人,为了生活,她只能装傻,来博取大家一乐,哄老太太高兴,以获得一些恩惠。"

（屏显:刘姥姥特点:老于世故、工于小心计、懂得察言观色,但是又拥有我国劳动人民淳朴善良的传统美德。刘姥姥是一个大智若愚的农村老太太。）

3. 分析各具情态的笑

教师导入:"我们知道,刘姥姥这是第二次来到贾府,并不是为了寻求一些恩惠,她是把自家地里产出的东西拿来给大家尝尝,是为了报恩。她在经济上只能回报贾府这些不值钱的东西,所以她要在精神上回报贾府。她装傻,其实是为了逗大家一乐,让大家开心。她把大家逗得开怀大笑。这篇课文写到了大家各具情态的笑,请大家说说这些人物的笑有什么不同? 每个人的性格有什么不同?"

学生们分小组讨论,分析总结:

史湘云率真、爽朗;林黛玉笑得含蓄、文静、有教养而又谨慎;宝玉天真、孩子气;王夫人自恃身份,高雅、端庄;薛姨妈爽朗;探春干脆、爽利;惜春年龄最小,跟贾母的关系不是很近,所以叫奶母揉揉肠子;贾母的笑骂体现了她的慈爱。

教师总结:"简单的一个'笑'的场面,人物形态各异,体现了不同的性格特点。除了性格之外,人物的身份、地位甚至体质也有所体现。通过这一点,我们能看出曹雪芹的文学功底。同学们在将来写关于人物的文章时,也可以学习曹雪芹的写法。"

4. 主旨探究

教师提问:"刘姥姥第二次进入大观园后,闹出了许多笑话。是谁设计的刘姥姥,让她闹出这许多笑话?为什么?"

学生需要明确,是凤姐、鸳鸯设计刘姥姥,让她闹出这么多笑话。她们觉得刘姥姥粗俗可爱、滑稽可笑,跟大观园里的人不一样,于是就拿刘姥姥来哄老太太高兴。

教师小结:"课文中写道,凤姐和鸳鸯把刘姥姥看成'女清客','清客'是什么?"

学生需要明确,这个词听着很文雅,其实就是古代在有钱人家帮闲的食客的名称。

教师提问:"这场'笑'剧的背后包含了作者怎样的思想感情?"

学生需要明确,作者通过刘姥姥二进荣国府,进入美轮美奂的大观园,观察到的贾府的奢华,暗示了贾府将来必将衰败。这场"笑"剧包含了作者对刘姥姥所代表的下层人民的同情与尊敬。正是这样的底层人民在一进荣国府时,得到了王熙凤原本给丫头们做衣裳的银子,才想到要用自己能拿得出手的物质和自己的尊严来回报贾府,知恩图报。作者通过刘姥姥的眼睛看到了贾府"朱门酒肉臭"的景象。

教师:"我们来看一段课文中没有选取的,刘姥姥在二进荣国府时吃茄子的场景。"

刘姥姥诧异道:"真是茄子?……怪道好吃!"

在这里作者谴责了贾府的奢靡。著名的红学家周汝昌说过:"荣国府是何等情景?由刘姥姥先做一番感受,好像由她先来向我们传达这一家人的服饰、住处、饮食、礼教、习尚、心肠……一切跃然纸上,一切离不开穷人对它的衡量和评价"。

5. 课堂小结

教师总结:"今天我们学习了选自《红楼梦》的这篇精彩文章,透过刘姥姥的眼睛看到了贾府生活的奢侈。在一个底层劳动人民眼中,这是多么高不可攀。文章也反映了中国古代贵族与下层人民生活的迥然不同。然而刘姥姥并没有因为自己生活的艰辛而自怨自艾,而是努力地生活着,努力地使自己和家人生活得好一些。刘姥姥的这种乐观、积极向上的态度是值得我们学习的。

《红楼梦》是我国的艺术瑰宝,是中国四大名著之首,其中的文学价值、艺术价值,非常值得同学们深入学习。感兴趣的同学,课下可以阅读一下刘姥姥三次进入荣国府的内容,甚至阅读《红楼梦》整本书,领略这艺术瑰宝的魅力。"

(二)活动设计意图

本次教学活动旨在培养学生分析人物形象的能力,让学生体会中国古典文学语言的魅力,学习刘姥姥积极乐观的人生态度。

(三)活动实际效果

在本次教学活动中,学生参与的积极性很高,对于刘姥姥这样大智若愚的人物,学生很感兴趣,觉得很有趣。一开始,学生只是觉得刘姥姥是一个粗陋、俗气、生活窘迫、爱占小便宜的农村老妇人,但是通过对人物形象的分析,学生明白了她是一个幽默风趣、老于世故、工于小心计、懂得察言观色,但是又拥有我国劳动人民淳朴善良的传统美德的大智若愚、知恩图报的农村老太太。学生们明白了在当时的社会生活中,刘姥姥是怎样凭借着积极乐观的心态将自己和家人的生活过得有声有色的。通过对林黛玉、史湘云、惜春等人的"笑"的分析,体会到曹雪芹的语言功底和中国古典文学的魅力。

四、讨论与反思

《刘姥姥进大观园》这篇课文选自我国经典名著《红楼梦》,初中学生对《红楼梦》的了解较少,有的同学是通过电视剧了解了一些内容,大多数同学只是听过几位主要人物的名字。所以笔者在上课前,先给同学们简单介绍了《红楼梦》中的人物关系,尤其介绍了刘姥姥和贾家、王家的关系,这样有助于同学们分析人物形象。

本节课结合课程标准的要求,尽量放手让学生的活动多一些,老师的讲解少一些,老师只起到引导的作用,引导学生掌握人物形象分析的方法,引导学生学习刘姥姥积极乐观的人生态度,同时训练了学生在快速阅读的基础上,圈点勾画的阅读方法。本次活动学生很投入,积极参与讨论,气氛很活跃,达到了预期的教学目标。

在英语阅读课中以思为轴设计教学活动，发展学生思维品质

——以 *I was trying to pick it up when it bit me again.* 一课为例

马　赛

一、学科核心素养

"学科核心素养"是指学生应该具备的能够适应终身发展和社会发展需要的必备品格和关键能力。核心素养全面地、具象地体现了党的教育理念，是教育思想、教学目标转化为教育教学工作者能够具体操作的方法的中间桥梁。英语学科核心素养包括语言能力、文化意识、思维品质和学习能力四个方面。英语学科核心素养的提出，明确了英语学科的育人价值，体现了英语这门学科从培养学生的语言应用能力向培养学生的综合能力和思辨能力延展。其中思维品质和个人学习能力之间的关系十分密切，思维品质决定了一个人的学习能力，有助于提高学生分析问题和解决问题的能力。《义务教育英语课程标准》中提出，英语课程目标是通过英语学习使学生形成初步的综合语言运用能力，促进心智发展，提高综合人文素养。这里的促进心智发展也可以具体解释为发展学生的思维品质。

二、教学内容分析

本节课出自外研社版八年级上册，第八模块第二单元。这个模块的话题是"Accidents"。通过本模块的学习，学生将能够用英语描述一次意外经历，掌握过去进行时与 when，while，as 引导的过去时间状语从句连用形成复合句

的用法,同时树立学生的安全意识。本节课是一节阅读课,教师指导学生通过阅读 Smile,please 这篇文章,提高学生的语篇理解能力、细节掌握能力并为下一节写作课做铺垫。这篇文章主要讲述了厨师 Henry 在厨房工作时,意外地被一条藏在一箱香蕉中的毒蛇咬伤,Henry 随手拍了一张毒蛇的照片,因为这张照片医生才能对症下药,从而挽救了他的生命。本文的语言生动形象,结尾幽默风趣,传递的处事经验值得学生学习思考。

三、教学活动设计

(一)活动内容与实施

1. 活动一:课程导入

在本节课开始的时候,为了增加学生的学习兴趣,同时调动学生的思维积极性,笔者设计了一个看图造句的活动。具体环节如下:

(1)观察信息,明确核心要素

首先,笔者向学生展示了两幅图片,一幅图片是上课前一天的日期,另一幅图片是时针指向八点的钟表图。笔者将两幅图片同时放在了一张夜晚的背景图上。通过这样的提示,引导学生观察图片,明确给出一会儿造句将要使用的时态——过去进行时。

(2)归纳例句,构建新知识体系

笔者向学生展示自己的备课本,并让学生猜测笔者昨晚这个时间在做什么。然后笔者板书例句:I was preparing my lesson at that time. 同时向学生提问:"what were you doing at that time?"学生回答出昨晚他们在那个时间正在做什么。笔者请学生将句子写在黑板上,然后请学生归纳出昨晚笔者在备课的时候,自己正在做什么的例句。随后,笔者又向学生展示一张照片,手机屏幕上是笔者的先生正在用手机观看足球比赛。然后提问:"what was my husband doing While I was preparing my lesson at that time?"学生通过思考得出答案:"While I was preparing my lesson at that time, he was watching football match on his mobile phone."这个例句的句型结构,就是本节课要求掌握的语法重点。

2. 活动二:阅读文章

在导入活动中,学生已经了解了本节课所需的核心句式,同时笔者在最后一张照片中,将"手机"这一文章的关键信息提出。之后笔者引导学生阅读文章,具体操作如下:

(1)头脑风暴,激发学生好奇心

笔者提问:"刚才图片中,我先生用什么看的球赛?"学生回答:"手机。"笔者继续提问学生:"手机还可以做什么?"学生回答出手机各种各样的用途。这时笔者告诉学生,手机的用途不仅仅只有这些,对于一个叫 Henry 的人来说,手机挽救了他的生命。这时,笔者展示教材中 Henry 给蛇拍照的图片,请学生观察图片并猜测发生了什么。同时向学生提问:"Where is the man ? What is the man's job? What is the man doing?"以及为什么这篇文章的题目是 Smile,please?

(2)观察分析,初步理解文章大意

在这个环节中,笔者向学生展示几幅打乱顺序的图片,请学生泛读文章,根据文章线索,结合图片内容,将图片重新排序。

(3)利用多种思维方式,精读文章内容

在了解了文章大意的基础上,笔者请学生再一次精读文章,并将文章划分为两部分。这里出现了不同的划分方法,请学生阐述自己的划分依据,小组讨论,哪种划分方法更合理。最后学生得出结论:"本文应划分为两段,依据是事实(facts)和主张(opinions)。"在此结论的基础上,请学生根据时间线索,将 Henry 和蛇在同一时间分别做了什么进行分析提炼,完成填空。通过思考,学生可以更好地理解如何判断一篇文章中的事实部分,同时练习 when,while,as 引导的过去时间状语从句的过去进行时。学生对比文章事实部分,分析归纳主张部分,得出 Henry 的建议。学生在已经对文章结构和逻辑有了较好的总体把控能力的基础上,再一次精读课文,再次阅读文章细节,对教材中练习四中的各小题进行分析比较和判断,找出正确答案。此时学生已经对文章有了深入的理解,在此基础上,请学生完成教材中的练习五,将所给词语恰当地填入空格中。

3. 活动三:读后输出

通过以上的各项活动,学生对所学文章已经有了全面深入的理解。此时需要继续巩固学生的语言运用能力,使学生能够灵活地驾驭所学知识。在这个环节中,笔者将学生之前排好序的图片展示出来,请学生根据图片复述课文,然后分小组讨论通过阅读这篇文章自己学习到什么,在遇到危险时应该如何处理。最后请学生假设自己就是 Henry,在痊愈之后为当地报纸写一篇文章,介绍自己此次经历的经验和教训。

(二)活动设计意图

思维和语言的关系是密不可分的,语言学习少不了思维的参与。众所周知,英语阅读是英语学习的输入环节,同时也为输出提供了重要的支持。思维能力的发展是阅读教学中的关键。所以在设计这堂课时,笔者将发展学生思维品质贯穿其中,以思为轴,环环相扣,通过一系列有针对性的教学活动设计,发掘学生的学习潜能,培养学生的思维品质。主要体现在以下三个方面:

1. 以思为轴设计教学活动,发展学生的逻辑性思维

发展学生的逻辑性思维,就是要帮助学生探寻事物发展的规则和规律。在这节课中,笔者通过引导学生对文章进行解读,分析文章的篇章结构、逻辑顺序和作者的写作方式,同时探讨了作者看似幽默的结尾后所表达的深层含义,了解了当处于危险境遇时要保持冷静乐观的认知。此外,笔者还设计了一系列由浅入深的教学活动,从整体篇章到细节把控,通过一系列有层次的提问,层层推进,锻炼学生提取、处理信息的能力。同时有意识地引导学生关注文章的逻辑关系,通过文章细节进行分析、比较和判断。

2. 以思为轴设计教学活动,发展学生的批判性思维

发展学生的批判性思维就是让学生学会质疑,敢于质疑,培养学生求证的态度,既不盲目顺从,也不武断反对。例如,在这节课中,笔者通过让学生根据文章标题猜测内容,小组讨论划分文章结构,思考当意外发生时应该如何处理等问题,帮助学生抛去固有的思维模式,以批判的角度看待问题,用灵动的思维活化静止的文本。

3. 以思为轴设计教学活动,发展学生创造性思维

创造性思维是使学生打开固有的思维模式,求新求异,培养学生的想象能力、创新能力。在读后输出环节中,笔者设计了一个续写活动,使学生在已有输入的基础上合理发挥想象,写出 Henry 痊愈后的感受,展现自己对文章的独到见解,给学生个性化写作的空间。

(三)活动实际效果

在这节课中,通过课堂练习反馈以及课后作业完成情况,可以看出这一系列针对发展学生思维品质的教学活动基本达到了预期效果。学生能够在课堂上通过观察细节,比较差异,分析文章逻辑结构,推断题目答案。学生通过归纳文章结构,从而构建出属于自己的行文模式。在课后的续写环节,学生突破原有文章,呈现了不同的故事情节,阐述自己的观点和对文章的理解。在整个学习过程中,学生打破了固有的思维模式,教师给予学生适度的想象空间,培养指导学生综合思考的能力,帮助学生形成优秀的思维品质。

四、讨论与反思

本节课后,笔者对如何在阅读课上培养学生的思维品质进行了归纳与反思。首先,要想帮助学生形成优秀的思维品质,少不了课堂的引导,这需要老师在课前针对不同的学情进行精心准备,围绕教学目标设计有针对性的教学活动,将教学意图、培养目标贯穿始终。思维品质的培养是一个整体的、系统的过程,在设计教学活动时,要有大局观,融会贯通,避免架空教学目标,堆砌各类教学活动。本节课的成功之处,就是将思维品质的各方面灵活而适度地融入教学活动中,围绕教学目标,润物细无声地培养学生的思维品质。不足之处是在教学过程中,有的活动没有给学生预留足够的时间,给学生的思考空间不够充分,在今后的教学过程中应该注意把控节奏,同时在设计教学活动时应该大胆取舍,有的放矢。

总之,在英语教育教学中,作为教师应该将学科核心素养与教材进行整合,既要有宏观把控的意识,又要有微观操作的技能。教师能够驾驭教材,将英语学科核心素养渗透到教育教学的各个环节之中,最终才能帮助学生达成核心素养的提升。

通过阅读课培养初中学生社会参与素养

—— 以 *Repeat these three words daily：reduce，reuse and recycle.* 一课为例

张丽群

一、学科核心素养

社会参与素养是中国学生发展核心素养中重要的一部分,重在培养学生成为能处理好自我与社会的关系,养成现代公民所必须遵守和履行的道德准则和行为规范,增强社会责任感,提升创新精神和实践能力,促进个人价值实现,推动社会发展进步,发展成为有理想信念、敢于担当的人。社会参与素养主要涉及责任担当素养和实践创新素养。其中责任担当素养包含社会责任、国家认同、国际理解三个基本要点。实践创新素养包含劳动意识、问题解决、技术应用三个基本要点。本文以 *Repeat these three words daily：reduce，reuse and recycle*(每天重复这三个词：减少使用,重复使用和回收再利用)一课为例,介绍通过阅读课培养初中学生社会参与素养的具体做法及收获。

二、教学内容分析

《九年义务教育全日制初级中学英语教学大纲》明确指出,义务教育结束时,学生应能从口头和书面材料中获取所需信息,能就熟悉的话题用英语与老师和同学进行简单的口笔头交流,能对事物进行简单的描述并做出自己的判断。*Repeat these three words daily：reduce，reuse and recycle.* 这一课是外研社版九年级英语上册第十二模块第二单元,是一篇阅读课。在英语学习中,学生们就是通过这样的阅读课程逐渐积累阅读技巧、丰富语言知识,进而达到教学大

纲的分级要求。这一课通过展示瓷器碗筷和一次性发泡塑料餐盒的图片引发学生对环境保护问题的思考,引导学生了解环境保护的意义,提高环境保护的意识。通过阅读、理解课文"如何成为环保人士?"帮助学生掌握环境保护的方法,鼓励学生参与环境保护的活动。通过写作输出"如何让你的学校变得更加环保?"教育学生从我做起,从身边的小事做起,逐渐养成绿色生活方式,成为一名环保达人。这节课由浅入深、分层递进地培养学生的社会参与素养,让学生成为自尊自律、热心公益和志愿服务、热爱并尊重自然、具有团队意识和互助精神、绿色生活方式和可持续发展理念及行动的中学生。

三、教学活动设计

(一)活动内容与实施

1. 活动一:哪种方式更环保?

(1)教师向学生展示两幅图片,一张是瓷盘子、瓷碗和不锈钢筷子,一张是一次性发泡餐盒和一次性筷子,问学生们经常使用哪种餐具,引导学生说出哪种餐具更环保、为什么这种方式更环保。

(2)学生阅读课文,回答文章所提出的问题:

你走路还是骑车去上学? 如果都不是,你是选择哪种出行方式?

你买新衣服仅仅是因为新衣服时髦吗?

当你离开房间的时候会关灯吗?

当你购物的时候是自己带袋子还是索要塑料袋?

你买带瓶的饮品吗? 瓶子空了你会如何处理?

当你扔垃圾时,你会垃圾分类吗? (引导学生说出如何分类)

通过回答这些问题,帮助学生树立正确的环保意识,能够分辨出哪种方式更环保。

2. 活动二:争做环保小达人

学生继续阅读文章,通过文章对"减少使用""重复使用"和"回收再利用"这三个词的解释,让学生学会如何做才能成为一名环保小达人。

3. 活动三：为建设绿色校园出谋划策

学生在课程导入、文本泛读、文本精读的基础上，以小组为单位，集体讨论如何让学校变得更加环保。在讨论的基础上，全体学生利用本课所涉及的知识形成文字性输出，巩固所学知识。

4. 活动四：垃圾分类从我做起，争做"垃圾分类"义务宣传员

让学生通过网络、报纸、杂志、电视等多个渠道了解有关垃圾分类的知识，制作一份 A3 纸大小的垃圾分类手抄报。内容可以包括什么是垃圾分类、如何进行垃圾分类、世界各国垃圾分类现状等。教师可以将学生的手抄报复印后作为宣传材料，组织学生利用周末时间到所居住社区宣传垃圾分类知识。

(二)活动设计意图

本节课首先通过图片直观地向学生展示本节课所要讨论的话题，简明扼要。学生对为什么选择瓷器和为什么选择一次性餐盒各抒己见，这锻炼了学生的思维和表达能力。在此环节的基础上，学生们得出只要条件允许，一定选择更加环保的餐具，杜绝因为犯懒而使用一次性餐具的行为。接下来让学生通过泛读了解文章大意，拓宽学生对环保问题的认识，让学生感受到环保涉及我们生活的方方面面，我们随时随地可以参与环境保护活动。然后让学生通过精读学会参与环境保护活动的方法，提高学生参与环境保护活动的能力、激发学生参与环境保护活动的积极性和创造性。在写作环节，通过"如何让学校变得更加环保？"这一话题的讨论，让学生从我做起，从身边做起，从小事做起，查找校园生活中还不够环保、有待改进之处，共同设计改进措施，共同参与改进活动，共同享受改进成果。最后将课堂延伸到社区，帮助学生将课本所学知识与生活实际相结合，在生活实践中深化拓展课本知识。天津正在推进垃圾分类，有的社区给各家各户免费发放垃圾分类的垃圾箱，但是人们的观念和生活习惯一时之间较难转变，影响了垃圾分类的效果。希望通过学生观念的改变带动家长观念的提升，通过学生的生活习惯的转变推进家长生活习惯的变化。

这一系列活动的设置目的就是帮助学生逐步树立社会参与意识，掌握社会参与能力，践行社会参与活动，享受社会参与带来的乐趣。

(三)活动实际效果

通过本节课的学习,学生们收获很大,各方面能力得到提高,主要体现在以下三个方面:

1. 初步具备社会参与的能力

学生通过课堂讨论、分层阅读、文字输出三个环节,听、说、读、写能力得到锻炼,基本能够听懂、表达跟话题内容相关的对话,能够掌握略读、泛读、精读的阅读技巧,能够掌握写作技巧,初步具备社会参与的能力。

2. 基本树立社会参与的意识

通过作业环节,学生了解到世界各国垃圾分类现状,找到我们学习的榜样(日本、丹麦)。通过与垃圾分类先进国家的对比,看到我们在垃圾分类上面临的困难、找出我们推进垃圾分类的突破口以及我们垃圾分类的努力方向,基本树立社会参与的意识。

3. 充分享受社会参与的乐趣

这节课学生们通过讨论、探索锻炼了他们思考问题的能力。通过小组活动提升了他们的团队意识和互助精神。通过完成作业,培养学生从其他渠道获取知识的能力;提升学生主动作为、履职尽责、对自我和他人负责的意识。通过深入社区进行义务宣传,将学生课堂所学应用到生活实际。社区邻里环境保护、垃圾分类意识的提升让学生感受到自己的社会价值,充分享受社会参与的乐趣。

四、讨论与反思

外研社版英语教材在天津已经使用了十多年,是一套比较成熟的教材。在这套教材的六册书中,处处渗透着对学生社会参与素养的培养内容,这些内容涵盖社会参与素养所包含的两大基本素养以及每个基本素养下的三个基本要点。比如自我介绍、介绍家人、介绍学校、介绍校园生活、如何为其他人选择礼物、失物招领模块就是在培养学生与人的交流能力,为学生社会参与素养的提高奠定基础。了解动物、保护动物模块是在培养学生热爱并尊重自然的社会责任。介绍中国年模块是在培养学生对国家的认同,帮助学生树立文化自信,传播弘扬中华优秀文化。教材中通过对莎士比亚的介绍、对西方音乐的介绍、对巴黎等城市的介绍、对金字塔等世界奇迹的介绍、对世界各国肢体语言的介绍、对人们生活习性的介绍,帮助学生了解西方文化,提高学生的国际理解能力,培养学生尊重世界多元文化。教材中通过一个学生独自在家生活的经历,教育学生要具有积极的劳动态度和良好思维劳动习惯,掌握一定的劳动技能。教材中通过介绍一个人被蛇咬伤后处理问题的方法,教育学生遇到特殊情况、紧急情况不要慌张,要在慌乱中选择制定合理的解决方案,要具备在复杂环境中行动的能力。如何使用电脑模块是在培养学生学习掌握技术的兴趣和意愿,提高学生技术应用的能力。

经过十多年的教学实践,笔者发现,对学生核心素养的培养仅仅局限于说教还是远远不够的,我们还要把课堂中学到的经验、理念、技能与我们的社会实践相结合。正所谓实践是检验真理的唯一标准。于是我们把课堂进行延伸,在课下开展了丰富多彩的活动。例如带领学生参与学校文化交流活动,让学生作为外国参观访问团的接待员,向外国友人介绍自己的学校、自己的城市和我们的祖国。再如我们带领学生讨论制定教学楼逃生路线以及具体方案,开展读英文版名著、看英文版影视等活动,帮助学生开阔视野,多方位了解世界其他国家的文化。我们还开展了环保宣传工作,学生们利用午休时间到食堂宣传"减少使用""重复使用"和"回收再利用"的理念,提倡光盘行动。我们到社区做保护动物的宣传活动,倡导关爱动物、了解动物、与动物和平相处的 3L(love the animals , learn about the animals , live in peace with the animals)理念。通过课上课下的培养,学生们社会参与的意识、社会参与的能力都得到了提高,作为一名英语教师,笔者也在通过阅读课培养初中学生社会参与素养的教学实践中收获了很多宝贵的经验,真正做到了教学相长。

时代主旋律之社会责任意识

——以"参与民主生活"教学为例

平玉霞

一、学科核心素养

核心素养是学生在接受相应学段的教育过程中,逐步形成的适应个人终生发展和社会发展需要的必备品格与关键能力。核心素养是关于学生知识、技能、情感、态度、价值观等多方面要求的结合体;它指向过程,关注学生在其培养过程中的体悟,而非结果导向;同时,核心素养兼具稳定性与开放性、发展性,是一个伴随终生可持续发展、与时俱进的动态优化过程,是个体能够适应未来社会、促进终生学习、实现全面发展的基本保障。

实现中华民族伟大复兴的中国梦,广大青年既是追梦者,也是圆梦者。青少年有梦想、有责任,国家的未来才有保障。增强青少年学生的责任意识是初中道德与法治课的重要目标。初中道德与法治课作为学校德育的主阵地,必须承担起培养学生责任意识的重任,促进思想理论课育人目标的实现。

二、教学内容分析

新时代需要增强对青少年社会责任意识的培养。责任意识是中华民族的历史传统和优秀美德,它不仅是团结全国人民同心同德为国家发展奋斗的凝聚力,更是公民道德人格的起点、公民应有的法律责任,也是新时代价值取向的主旋律。我们要强化社会责任意识、奉献意识,并使之成为培育践行社会主义核心价值观、推进社会主义精神文明建设的重要内容,从而为实现"两个一百年"奋斗目标、实现中华民族伟大复兴的中国梦提供强大精神力量。

本文探讨的"参与民主生活"是统编教材《道德与法治》九年级上册第二单元第三课第一框内容。本框题的教学内容分析:随着改革的不断深化,我国的政治生活越来越民主、公开、透明,人民当家作主的政治权利得到充分保障。作为公民,我们都是国家的主人。关心国家事务,参与国家管理,依法行使监督权,是我们参与政治生活的表现,也是我们对国家的责任。

从学生角度分析,随着学生生活范围的延展和能力的提高,本课程的学习逐步扩展到国家和社会。从生活经验来看,大部分中学生有参与班干部选举、给班级或者学校提建议的经验。但是中学生是未成年人,还没有选举权,缺少参与民主政治生活的直接经验。本课通过介绍社会主义民主制度的确立过程,中国特色社会主义民主的本质和实现方式,引领学生理解社会、参与公共生活,帮助学生认同民主的价值,引导学生做负责任的公民。

三、教学活动设计

(一)活动内容与实施

本课教学旨在引导学生在了解我国作为社会主义国家,在确认人民当家做主的政治地位的基础上,认识公民参与国家事务是实现其民主权利的必要途径。教学内容涉及两个问题:一是行使民主权利的意义和做法,二是增强民主意识的意义和做法。其中增强民主意识是本科教学重点。

1. 活动一:自主学习法

让学生通读教材内容,并自主进行知识梳理,对所学内容了然于心,从而培养学生的自主学习能力和总结能力,增强学生学习自信心,并在梳理知识的基础上构建知识体系,为下面的教学环节打下知识基础。

教师用多媒体展示自主学习的问题:

公民参与的含义是什么?

我国公民参与政治生活的主要途径有哪些?

民主选举的特点、形式及注意事项分别是什么?

民主决策的特点、制度保障及注意事项有哪些?

民主监督的特点及作用?

为什么要增强公民的民主意识?

公民应如何参与民主生活?

怎样增强民主意识?

学生自学教材,并回答问题。教师结合学生对问题的回答情况进行简单评价,并引导学生进行知识梳理。

2. 活动二:运用情境教学手段丰富所学知识

教师以情境教学的手段促进初中道德与法治教学中对学生公共参与素养的培养,需要结合多种思路与方法,创设多样化的教学情境,结合生活情境、问题情境、多媒体情境等多种方式,提升教学内容的趣味性和丰富性,激发学生兴趣,提高教学效果,刺激学生的感官体验,升华学生的思想认识和道德情感。

笔者充分利用教材教学情境,安排三个探究活动,学生以小组为单位进行探究讨论、交流,帮助学生把书本知识回归生活,使学生明确现实生活中"用权"渠道。学生在探究与交流中明确:民主意识中的权利意识、主体意识、平等意识、参与意识、法治意识都是在民主实践的过程中不断建立起来的。针对教材 42 页的"探究与实践",笔者用多媒体展示人们对谣言的看法,请学生思考自己是否同意这些人的观点,并说说理由。引导学生结合自己的生活经历和感受,讨论分析,增强学生分析判断能力,提高学生是非观,帮助学生建立正确的民主态度。最后教师总结:我们应自觉遵守法律和道德,对谣言应保持理性、负责任的态度,辨别真伪之后再做决定。

3. 活动三:延展所学知识,回归生活本真

核心素养的培养应是一种有目的、有计划、有组织的活动。只有让课堂教学回归生活本真,用学生身边的人和事感染、影响学生,才能吸引学生积极参与学习活动。学生只有通过自身在学习和活动中的观察、思考、参与、运用,才能把抽象的知识变成自己的东西。积极引导学生参与实践活动,培养主动参与、乐于探究、勤于动手的意识和习惯,切实提高学生的动手能力和实践能力,已成为核心素养培养的共识。道德与法治教学必须引导学生将触角伸向广阔的社会大课堂,进一步拓展生活,从中汲取生活的养料,从正在发生的、活生生的实际中检验和丰富所学知识,引导学生构建正确的世界观、人生观和价值

观。学生的综合能力得到了锻炼,核心素养也会随之进一步深化。

2018 年的全国"两会",收到了来自全国十所中学的五份提案。其中一份是广东实验中学和杭州二中联合提交的《关于规范家政服务人员准入和企业管理的提案》。有人问他们:"中学生为什么要做这种社会调查?"小组中的一位同学答道:"我们是社会的一分子,有责任去关注这些社会问题,为解决社会问题提出自己的建议。"笔者请学生通过这个事例思考:如何评价这些中学生的行为? 公民在社会生活中如何增强民主意识? 作为青少年学生,就你所关心的社会问题,会提出什么建议?

这样的活动延展,丰富了学生们对社会的观察,使其对社会中出现的一些现象进行思考、分析,并想办法解决,这种思维锻炼更加有利于日常的学习。从教育改革的角度来看,学生对于政治、对国家理论的认同,还有社会责任意识的培养都是需要家长、老师还有社会去关注和引导的。

(二)活动设计意图

引导学生通过创设情境材料等活动形式获取知识,以学生为主体,使学生的独立探索性得到了充分的发挥,培养学生的自学能力、思维能力和活动组织能力。通过学习,使学生明白:公民参与民主生活,要有社会责任感和主人翁意识,以理性、公正、客观的态度全面、深刻、辩证地看问题,立场正确、逻辑清晰地表达观点和意见,逐步提高依法有序参与民主生活的能力。

(三)活动实际效果

整个教学过程笔者主要采用了自主学习、情境合作探究、回归生活延展的教学方法,本着"在活动中体验,在体验中感悟,在感悟中成长"的理念去设计,在教学过程中有针对性地组织学生进行讨论和分析,充分利用教材中的案例、情境,最大限度地调动学生的参与积极性;要求学生在最后能进行知识迁移,联系自身实际,从学习、生活、社会等方面反思自己的民主意识,增强每个学生的民主意识;同时能学会运用所学知识正确看待社会现象,合理地将教学内容延伸,达到道德与法治课的教育目的,帮助学生加深对教学难点的理解,增强教材学科知识的说服力,达成本课情感态度价值观的目标。

四、讨论与反思

在新时期,学生的核心素养将成为其在未来成长过程中的一大助力,这对于学生的人格塑造、品性培养会产生很大的助力,也是学生获得人生成功、获得更加广阔发展的根本前提。

第二章
允能智慧篇

培养学生物理科学思维和科学探究能力的探索
——以"自由落体"一课为例

安　斓

一、学科核心素养

物理核心素养包括物理观念、科学思维、科学探究、科学态度与责任。新课程倡导自主、探究、合作的学习方式，更加呼唤教师设计好课堂，让学生在学习过程中逐步培养科学思维和科学探究能力。

"自由落体"这一课的设计思路为：前半部分是思想上的探究，以物理学史为线索，在知识探究的同时，强调思想上、观念上的探究，展示落体观念的演变过程，从亚里士多德对落体运动的结论出发到伽利略对此提出质疑，提出了自己的科学研究方法。进而展示伽利略对落体运动研究的思想方法，以此培养学生的科学思维，使其学习伽利略的科学精神。为了培养学生的科学探究能力，本节课的后半部分采取以学生为主体的对自由落体运动规律的实验探究。有了前半部分思想上的探究，通过用打点计时器实验观察与测量物体下落过程速度的变化规律，最后总结实验结果，得出科学结论。根据科学结论，分析自由落体运动的特点和规律。本节课以问题为中心，以教师为引导，以小组的合作为主要方式，让学生进行简单的实验设计，亲身体验科学实验探究的过程。通过这样一个教学过程，引导学生感受科学观念的演化过程并使学生获得科学探究的真实体验，逐步培养学生的物理观念、科学思维、科学探究、科学态度与责任。本节课充分体现了启发与探究相结合原则，取得了很好的教学效果。

二、教学内容分析

自由落体运动是高中物理课程当中非常重要的教学内容。本节课是学生学完匀变速直线运动规律后,知识的迁移和应用部分。从课程内容来说,由于还没有涉及牛顿第二定律,因此该课程只能够从运动学的角度出发,研究自由落体运动过程中的速度问题。本节课的教学目标和教学重点是理解自由落体的运动规律,明确重力加速度的概念。对自由落体运动的研究是难点,因为它与学生常见的生活中的落体运动并不完全相同,在教学过程中要转变学生的已有认识。强调通过探究落体规律过程,体会伽利略对科学权威的结论从质疑到提出逻辑推理,最后用实验验证这一现代科学研究的科学方法。

三、教学活动设计

(一)活动一:亚里士多德对落体运动的认识

师:同学们知道最早研究落体运动的学者是谁吗?

生:是亚里士多德(公元前384-322)。

师:亚里士多德的落体观念是怎样得出的?

直觉经验:自然界中的四元素火、气、水、土的分布有一定层次,火与气自发向上运动,水与土自发向下运动。(亚里士多德把那些在没有其他干扰的条件下总是向上运动的东西称为轻物体,总是向下运动的物体称为重物体)。归纳前提:四元素均各有其自然位置,火在最上、气次之、水再次之、土在最下。火、气、水、土四元素按其自然本性趋向其自然位置。

演绎结论:物体越重,则趋向其自然位置的倾向就越强,下落的速度就越快,所以重物自由下落的速度与其重量成正比。这就是著名的亚里士多德的落体观念。

师:难道亚里士多德不知道物体下落时会受到阻力吗?

师:亚里士多德认为,由于媒质的阻力,下落的速度应当变小。但是亚里士多德并没有做出进一步的推断:在没有任何介质阻力的真空,所有物体将以同样的速度下落——因为亚里士多德认为不存在真空。

师:亚里士多德的落体观念为什么能延续近两千年的时间？

由于亚里士多德的很多话都富有哲理,他的很多观点又与基督教的教义一致,亚里士多德不幸地被奉做了神明。在迷信权威及宗教干预下,亚里士多德的落体观念延续了近两千年。

通过不断的追问启发了学生的思维,在学习物理史的同时了解了亚里士多德研究落体运动的方法:从经验与直觉出发归纳得出前提,并作为绝对真理,然后在此前提的基础上进行演绎。教师总结此研究方法的局限:从经验直觉出发归纳出前提,而经验直觉有时不一定可靠,经验直觉可能掩盖事实真相。没有把理性思维与实验检验相结合,没有用实验进行检验理性思维结果。(由于当时的实验条件的限制,客观上造成了不注意用实验检验的现实。)科学要进步,就需要对传统错误观念发出挑战,进而引出伽利略的质疑和研究方法。学生可以将两种研究方法进行对比,加深对科学方法的认识,不断培养物理科学思维。

(二)活动二:伽利略对此提出质疑,并展示对落体运动研究的思想方法

师:伽利略冒着违反基督教教义的危险,对亚里士多德落体运动观念提出质疑。亚里士多德有这样的观点:"从100肘高处下落的100磅重的铁球,比从1肘高处下落的1磅重的铁球先落到地面。"这个观点引起了伽利略的怀疑。伽利略进一步利用"科学思辨与理想实验"对亚里士多德的落体观念进行驳斥。1638年,伽利略在写他的《两门新科学》一书中设计了一个"落体佯谬"的理想实验,来否定亚里士多德的落体运动观点。

师:在当时还不能获得真空的条件下,伽利略是怎样知道轻重不同的物体在真空里的下落情况呢?他设想了一个理想实验,用金、铅和木头做三个球。他让这三个球在水银、水里和空气中下落。在水银里,只有金球往下落。在水里,金球和铅球往下落,而金球下落得比铅球更快。在空气里,所有的球都下落。这时金球与铅球下落速度没有差别,只有木球下落得稍慢一些。接着,他做了如下巧妙的论证:如果我们事实上发现重量不同的物体在媒质中下落时,他们的速度差别随媒质的密度减小而减小,而且媒质非常稀薄时,这一差别非常小且不能被观察,于是就得出了物体在真空里下落的重要结论。他在《两

门新科学》中写道:"鉴于这点,我认为如果人们完全排除空气阻力,那么,所有物体将下落得同样快。"人们称他的这种推论方法为"外推法"。今天,我们用毛钱管实验、闪光照片和月球上的落体实验来证明在真空中不同物体自由下落的速度都一样。我们把物体只在重力作用下从静止开始下落的运动叫自由落体运动。

师:自由落体下落的速度越来越快,自由落体运动的性质如何?请同学们猜想一下:下落速度是与下落的距离成正比还是与下落的时间成正比?哪个假设更合理?伽利略很快发现:如果假设"下落速度与下落的距离成正比",这个假设会导致谬误。如果物体从静止开始,下落第一段距离 h 后得到某一速度 v,物体从静止开始下落第一段距离 2h 后得到某一速度 2v。伽利略认为,这将会得到物体由静止开始下落 2h 的距离所用的时间与物体从静止开始下落 h 距离所用的时间一样。这同客观事实不符,于是他转向了第二个假设。

师:在伽利略年代,技术上存在的困难是:没有直接测量瞬时速度的仪器,甚至连一座记录快速运动的好钟都没有,要直接测量迅速下落的物体各瞬时对应的位置是很困难的,当时只能测量运动较长距离及所用的时间。如何检验自由落体的速度随时间均匀增加?伽利略给出了转换问题的思路:根据某一假设所得到的推论如果严格符合实验结果,该假设的真实性便得到了确证。具体来说就是:如果是匀加速,则物体在一段时间 t 内所通过的距离 x,和以末速度 v 的一半作匀速运动在这段时间所通过的距离相同,即 $x = \frac{v}{2}t$,又 v = at,

所以 $\frac{x}{t^2} = a$(常量)。

在做了上述理论分析后,伽利略就力图用实验来验证这一关系。

师:直接针对自由落体运动来验证 $\frac{x}{t^2} = a$(常量)还是很困难,需要进一步转换,怎样转换呢?斜面上的实验用斜面来"冲淡重力、减缓"自由落体运动,为了减小阻力所占重力的比例用光滑斜面和光滑黄铜球,用滴漏来测量这一时间,经过反复调试(计时误差小于脉搏跳动时间间隔的 1/10),确定其可靠之后再进行实验。经过 100 多次的实验,得到了实验的结果:当斜面倾角一定时,下落的距离与所用的时间的平方之比为一常数;当斜面的倾角改变时,比值也随之改变,但规律的形式不变。进而证明:在斜面上的运动速度正比于时间。合理外推,将斜面立直,自由落体是匀加速直线运动。

师:虽然伽利略明确得出了自由落体是匀加速直线运动的结论,但是,伽利略在《两门新科学》中没有给出落体的加速度的任何观测数据。下面把这个任务交给同学们!

这部分的内容设计为了不断增加学生的思维深度,使学生理解伽利略合理的假设:在下落过程中物体得到的速度与下落的时间成正比即匀加速。这一设计使学生理解伽利略研究自由落体运动的方法:首先,观察现象,对错误观点提出怀疑;其次,进行科学思辨、理想实验、提出假设;再次,进行数学推理;最后,进行实验验证、合理外推。学生体会到伽利略研究方法具有的重要价值,为下面进行简单的实验设计、亲身体验科学实验探究的过程做好铺垫。

(三)活动三:我们的研究——用打点计时器研究自由落体运动

师:我们采用简单且易于操作的打点计时器来研究自由落体运动。

生: 学生分组实验,将纸带下端与重物相连,用手捏住纸带的上端,保持纸带竖直,启动打点计时器后松开手,让重物自由下落。

师:通过分析纸带能否确定自由落体运动为匀加速直线运动? 请分组完成测量工作,然后根据测量结果,在分析测量数据的基础上得出结论。

学生完成数据记录并分析计算,有的学生发现相邻相等时间间隔的位移差是一个常数,也有学生利用数表软件中的功能拟合出速度时间图像,在误差范围内,发现自由落体运动的速度时间图像成一条倾斜的直线,说明自由落体是匀加速直线运动。

师:请同学们求出自由落体的加速度。

学生进一步利用数据和所学公式得出结果,也有学生利用数表软件中的功能拟合出速度时间图像中的直线并求出斜率。在误差范围内,直线的斜率约为 9.8m/s^2,这就是自由落体的加速度。

现代社会的科技发展对于瞬时速度的测量已经有很多种方法,但对于中学物理教学而言,采用简单且易于操作的实验方法对于学生的动手能力培养、物理思想和图像的建立是十分有益的。因此这部分采用传统的打点计时器方法来测量物体自由落体运动时的速度变化。学生边实验边思考,引导学生来探索规律并让学生试着自己得出结论,最大限度地调动学生积极参与科学探究活动的积极性,并使学生对科学探究有一定的了解。激发学生的好奇心,使他们产生强烈的求知欲,积极主动地去探究问题。这样一个教学过程引导学生感受科学观念的演化过程并使学生获得科学探究的亲身体验,培养学生的科学探究能力得到了落实。

笔者在探究自由落体的运动性质时采取了分组实验的形式,让学生经历实验的设计、操作和测量、处理实验数据的过程。在做中学,让学生在师生和谐,互动的氛围中,愉快、自然、主动的探究新知识,通过学习,培养学生的科学思维和探究能力以及严谨的治学精神。

四、讨论与反思

经过本节课探究性的学习,使学生理解了自由落体运动加速度与重量无关,重力加速度概念,自由落体的运动性质、规律,更进一步理解了重力加速度这个物理量是说明轻重物体下落一样快的物理本质。在教学中,笔者着重将物理思想、物理文化相结合,将物理学史作为素材,重现当年伽利略研究问题时物理思想的孕育过程。通过展示探究落体规律过程,使学生学习伽利略的科学精神,通过观察现象、对错误观点提出怀疑,体会到伽利略的研究方法的精髓:理性思维与实验相结合。伽利略的研究方法具有重要的价值。伽利略在《两门新科学》写道:"我们可以说,大门已经向新方法打开,这种将带来大量奇妙成果的新方法,在未来年代里会博得许多人的重视。"爱因斯坦说:"伽利略的发现以及他所用的科学方法是人类思想史上最伟大的成就之一,而且标志着物理学的真正开端。"本节课充分体现了启发与探究相结合原则,取得了很好的教学效果。

课下还可以让学生去查阅伽利略对亚里士多德的评价,这样有助于培养学生的科学精神、科学态度与责任。伽利略对亚里士多德的评价为:"老实说,我赞成亚里士多德的著作,并精心地加以研究。我只是责备那些使自己完全沦为他的奴隶的人,变得不管他讲什么都盲目地赞成,并把他的话一律当作丝毫不能违抗的圣旨一样,而不深究其他任何依据。"伽利略一生与传统的错误观念进行了不屈不挠的斗争,由于他的科学主张违反了基督教教义,1633年,伽利略被判刑入狱。时隔 346 年,直至 1979 年罗马教廷才为他"恢复名誉"。伽利略坚持真理的勇气值得我们学习,科学需要探究的精神。在物理教学中培养学生的核心素养要以科学知识、技能为基础,以科学方法、科学过程为途径,以科学能力、科学思想科学观念、科学精神为内化成果。唯有以学生核心素养的形成和发展为本,才能让教育闪现出真正的光芒。

从生活中的情境入手，培养学生的物理观念
——以"摩擦力"一课为例

金 莹

一、学科核心素养

物理学的核心素养让学生具备物理观念，从物理学的视角说明自然现象，解决实际问题。本节课从日常生活中的情境入手，让学生发现和分析身边的摩擦力。认识摩擦力需要在大量体验的基础上进行概括归纳，由于学生在日常生活中往往缺乏这些体验和积累，因此，本节课在教学设计上突出学生参与、体验的环节，让学生通过这节课的学习，形成正确的物理观念，用科学的物理观念分析具体问题，解释生活中的现象。

在物理学科核心素养中，科学思维、实验探究、科学态度方面都包含质疑创新的要素。质疑是创新的基础，不断地质疑，才会发现问题、解决问题。本节课引导学生通过动手实验来解决学习过程中的问题。例如：摩擦力随拉力变化的关系图像，教材中有插图，也有解释，但是学生不明白图像为什么一开始是倾斜直线，后面图像又变成了一条平行横轴的直线。通过学生的实验、自己画摩擦力与张力变化的关系图像来解决疑惑，让学生不断发现问题，在解决问题的过程中提高科学探究的能力。

二、教学内容分析

"摩擦力"是人教版新物理教材必修一第三章第二节的内容，是在学习了重力与弹力后的又一种常见力。本节内容要求学生认识摩擦力，了解滑动摩擦和静摩擦现象。理解摩擦力的产生条件，可以判断摩擦力的方向，可以使用

动摩擦因数计算滑动摩擦力的大小。

本节教材在内容安排上,首先通过相对容易理解的滑动摩擦力入手,在初中摩擦力知识的基础上进行延伸和拓展,引入定量计算滑动摩擦力大小的公式以及动摩擦因数的概念,然后介绍静摩擦力的特点。整节课全程引导学生动手体验摩擦力的存在,感悟摩擦力的变化,探究摩擦力的性质。

三、教学活动设计

(一)活动内容与实施

1. 活动一:创设情境,引入摩擦力的概念

首先,让学生观察航空母舰的甲板、篮球的表面、轮胎的花纹和防滑链以及楼梯的防滑条。教师提出问题:"你知道为什么它们的接触面都很粗糙吗?竖直接触面,没有水平的力把物体挤压在墙面上,墙面和物体之间会不会产生摩擦力?"

教师请同学亲自动手实验一下,通过两次实验的对比得出结论。第一次用手把一包面巾纸抵在墙上,第二次撤去外力。

2. 活动二:实例分析、实验探究,研究滑动摩擦力

通过图片情景分析和视频实验观察,让学生思考如何分析滑动摩擦力的方向。通过个体模型的对比和实例的分析,总结出普遍规律。这体现了科学研究的方法。

讲解实验设计,引导学生亲自动手实验、采集数据,教授学生科学分析数据的方法。使学生通过科学的分析方法,得出滑动摩擦力大小的规律。

3. 活动三:情景分析、实验探究,研究静摩擦力

让学生观看利用静摩擦力吊起汽车的视频,并分析其中的科学原理。

引导学生设计探究静摩擦力的大小随拉力变化的实验,并通过实验数据拟合图像,将上一个环节学到的物理科学方法应用于新的实验。

4. 活动四:学以致用,用摩擦力的知识解释生活中的现象

首先,请学生分析生活中冰壶、滑雪、走路时受到的摩擦力情况。

接下来,请学生思考,静止的物体可以受到滑动摩擦力吗?运动的物体可

以受到静摩擦力吗?静摩擦力和滑动摩擦力都可以与运动方向相同吗?

5.活动五:课堂小结,梳理重、难点脉络

让学生总结本节课学到的知识与技能,物理思想与科学方法。

6.活动六:动手做做,叠网球塔

学生先观看视频中的九层球塔,然后分成两个小组,亲自尝试用网球叠球塔。

(二)活动设计意图

1.发现生活中的摩擦力,培养学生的物理观念

让学生理解物理在生活中的应用。如何利用科学方法使我们的生活更方便?培养学生以物理观念观察和思考生活中熟悉的现象,使学生逐渐形成科学思维。让学生在活动中领悟物理思想,体验物理知识发现的过程,增强学生的实践能力。真实感受物理学的魅力,提高学生的创造力,实践物理观念,促进学生核心素质的发展。

2.利用探究实验和科学分析数据的方法,培养学生的科学研究方法

本节课安排了两个探究实验,一是探究影响滑动摩擦力的因素,二是让学生通过实验绘制出摩擦力随拉力变化的关系图像。设计这两个实验让学生从具体现象中理解物理知识,从而增强学生的物理观念,提高学生的学习效率。利用探究实验和科学分析数据的方法得出结论,培养学生的科学研究方法,体现出物理实验科学的本质。

3.运用物理知识解释生活中的现象,培养学生的科学态度与责任

物理学习的主要目的就是让学生学以致用,能够运用所学的知识去阐述和解释生活中的现象,能够在实践中灵活运用知识,将知识转化为实践能力,将物理观念形成于日常的思维过程中,逐渐形成科学态度与责任。本节课的课堂小结环节,笔者让学生总结本节课的收获,巩固所学知识,提高知识掌握、分析和应用的能力。让学生动手搭网球塔,使学生了解到物理就在我们身边,激发学生学习物理的兴趣。锻炼学生的动手能力,使学生更深地融入课堂,球塔拼搭成功,让学生感受物理的魅力,体会成功的喜悦。

（三）活动实际效果

利用生活中常见的事物、细节引发学生的思考,迅速激发了学生的学习兴趣,引出了本节课的教学重点——摩擦力。在以往的教学中,如果从摩擦力产生条件来解释,学生能接受这个结论,但是仍会在这个问题上频频出错。本节课笔者设计了一个小实验,第一次让学生用手把一包面巾纸抵在墙上,第二次撤去外力。两次试验让学生通过手上的感觉以及面巾纸和墙壁摩擦的声音来判断摩擦力的有无。这样通过亲身的体验解决疑惑,比机械地记住结论让学生的印象更为深刻。

两个探究实验促进了学生科学思维的提高,锻炼学生归纳总结的能力,使学生了解到初高中知识的区别,得出滑动摩擦力的定量计算公式,掌握物理学研究中控制变量的思想和图像法处理数据的科学研究方法,开阔了科学思维,提升学生应用物理实验器材解决实际问题的能力。通过绘制图像,让学生巩固了用图像处理数据的科学研究方法,达到学以致用的目的。

本节课给学生展示了两段视频,通过第一段视频,引导学生从物理角度分析问题,展开科学思考,提高学生分析实际问题的能力。学生将掌握的概念应用于具体问题的分析,从物理观念出发,应用物理知识来解决实际问题的能力得到了提高。学生看完第二段视频中的九层球塔,完全靠摩擦力搭成,既觉得不可思议,又跃跃欲试,想动手试试。当四层的网球塔仅靠摩擦力的作用立在学生面前时,学生更真切地感受到了摩擦力的存在,成功的喜悦溢于言表,整节课达到了高潮。

四、讨论与反思

这节课充分调动学生参加课堂讨论和探究的兴趣,让学生勇于质疑,敢于尝试,乐于学习。由于一节课的时间有限,本节课学生动手实验、画图的时间比较多,最后总结、练习的时间相对较少,笔者计划在本节课后增加一节复习课,把本节的知识点、重难点再加以落实和巩固。

创新实验教学，提升物理素养

——以"磁场 磁感线"一课为例

李　如

一、教学内容分析

根据高中物理课程标准,在"磁场 磁感线"一节中,要求同学们能列举磁现象在生产生活中的应用,通过查阅资料,了解我国古代在磁现象方面的认识和应用,以及其对人类文明的影响。让学生通过实验认识磁场,会判断通电直导线和通电线圈周围磁场的方向,学会用磁感线描绘通电直导线和通电线圈周围的磁场。学生能够关注与磁现象有关的现代技术发展,体会物理模型在探索自然规律中的作用。

首先,笔者引导学生了解磁场是客观存在的,建立"场"的物质观念。在实验中通过磁性物质间的相互作用,形成运动与相互作用观念。通过实验了解电磁的可控性,并分析实验中能量的转化,培养学生的能量观念。

其次,通过观察磁场分布,引导学生利用磁感线描述磁场,建立物理模型。根据安培定则,从物理学视角对客观事物的内在规律及相互关系形成认识,培养学生的科学思维。对电磁弹射和电磁驱动、阻尼实验进行分析和论证,使用证据说明自己的观点。培养学生用科学的意识对研究的问题进行解释和判断,体会物理模型在研究具体问题中的重要作用。了解安培分子电流假说是一种创造性的见解,开阔科学思维,揭示事物本质。利用手机和自制教具进行科学实验,展现追求科技创新的意识。

再次,引导学生进行科学探究,实验得出磁铁与电流间以及电流与电流间的相互作用规律,培养学生实验设计、分析论证、反思评估等能力,体会科学实验在物理学发展中的重要作用。努力创设激发学生探究欲望的问题情境,让学生在实际中运用安培定则,培养用所学知识解释现象的迁移、运用的能力。

最后,介绍中华五千年对磁现象的认识及应用,并指出古人对本质研究的缺失。重视发挥物理学史的教育功能,通过介绍科学家对电与磁关联的探索历程,让学生认识到科学的发展不是一蹴而就的,形成正确的科学态度。电磁弹射、电磁炮、磁浮列车以及地磁场对地球的保护作用,让学生了解国内外科技发展的现状与趋势,理解科学、技术、社会、环境的关系,提高学生的保护环境、节约资源、可持续发展的社会责任感。

二、教学活动设计

(一)活动内容与实施

1. 活动一:创设情境,导入课程

播放北京奥运会开幕式中司南的视频,介绍中国古代对磁性的认识和应用,让学生了解到中国古代对磁现象本质研究的缺失。然后介绍现代我国的磁悬浮列车,中国的电磁弹射、电磁炮列装上舰,使学生认识到社会进步离不开技术发展和对科学的深入研究,也了解到我国强大的科技水平。

2. 活动二:实验观察,建构新知

首先,让学生了解磁体间相互作用是通过磁场产生的,利用磁场显示盘板观察永磁体磁场的模拟磁感线,对磁场形成直观的认识,建立磁场的物质观念。教师和学生一起分析条形磁铁、蹄形磁铁的磁场分布,掌握用磁感线描述磁场,强调磁体的内部磁感线是从 S 极到 N 极的,是一组闭合曲线。

其次,介绍科学家对电与磁关联的探索历程是经历了无数次失败的,甚至很多科学家都认为两者是完全没有联系的。直到 1820 年,丹麦物理学家奥斯特偶然间发现电流能产生磁场。然后进行创新实验,笔者用手机罗盘功能来演示奥斯特电流磁效应实验,同时还可以观察到所产生的磁场的强弱,帮助学生从理论上升到实践,形成直观的认识。

最后,学生分组实验,用铁粉观察电流磁场的分布情况,教师和学生一起分析电流磁场规律,用安培定则判断直导线电流、环形电流、螺线管线圈的磁场方向。教师利用弹簧近似模拟直导线磁场与环形电流磁场之间的关联,使学生掌握两个模型之间的关联,形成脑与学习上的正迁移。

3. 活动三:实验探究,追寻本质

学生了解了磁场的形成原因之后,进一步探究相互作用情况。组织学生分组实验,用线圈和磁铁探究磁力作用与电流方向的关系,再进一步用两个线圈探究平行电流间磁力作用与电流方向关系。请同学进行交流,用安培定则进行合理的解释,与磁铁间的相互作用对比,建立电流间相互作用模型,既锻炼了学生的动手能力,又培养了学生的科学思维。由此可以分析得出电磁替代永磁的可行性和优势,为实际应用打下理论基础。

学生可能会产生疑问:"为什么电流和永磁体都可以产生相同效果的磁场?"笔者在此介绍安培分子电流假说,使学生了解安培分子电流假说是一种创造性的见解,开阔学生思维,揭示磁性的起源,认识事物本质。同时为了体现物理是一门实验科学,教师可以使用磁铁和针进行磁化和消磁实验。

4. 活动四:联系实际,科技改变生活

通过实验,学生可以发现电流的磁场完全可以替代永磁体,并且与天然磁体的磁场相比,电流磁场的强弱更容易控制。近几年来随着超导、新材料等技术的运用,人们可以较方便地获得大电流和强磁场。使学生认识到电流磁场推动科技进步。

通过实验模拟电磁弹射,介绍中国电磁弹射、电磁炮的发展现状,让学生了解我国自主研制的电磁弹射与拦阻装置,经过数次地面试验,很可能会在第三艘国产航母上装备。另外,中国是全球首个将电磁炮小型化并已经安装上舰的国家,实现了世界顶尖科技方面的超越。提升学生的民族自豪感。

使用自制教具进行模拟磁浮列车的电磁驱动与阻尼实验,用线圈产生的电磁场代替传统实验中的永磁体磁场,并采用多级线圈加速,让学生理解列车通过的区域才会接通电磁铁,保证安全、节能,体现了电磁场的可控性,也培养学生的能量观念。引导学生分析物质运动必然有能量的变化,电源的电能通过线圈转化为磁场能,再通过磁场力做功转化为列车的动能。引导学生思考如何减小过程中能量的损失,可以改进铁芯、材料等。在解释、交流的过程中,将实际应用拆解成所学模型,分析磁场形成、受力方向,使学生认识到先进技术是建立在基础科学上的,培养学生形成正确的科学态度,理解科学与技术的关系,只有利用科学才能改进技术。教师还可以进一步扩展磁场变化还会形成电场,进而形成更多的应用产品。

课堂延伸,实验模拟地磁场的分布情况,利用自制教具进行学生活动——测量当地磁场方向,结合手机传感器测量地磁场的强弱,使学生对地磁场强弱以及北半球地磁场俯冲向下形成直观认识。最后观看视频《消失的地磁场》,激励学生产生对科学研究的兴趣,明白科技改变人类命运。

(二)活动设计意图

帮助学生形成物质观念、运动与相互作用观念,能量观念等,能解释自然现象和解决实际问题。如活动二中通过实验观察磁性物质的磁场分布,分析磁性物质间的磁力作用,根据力的物质性使学生形成场的物质观念。活动三中磁体与线圈间相互吸引或排斥以及活动四中电磁弹射实验、电磁驱动与阻尼实验,都可以体现运动与相互作用观念。活动四中介绍只有磁悬浮列车通过区域才接通电磁铁,分析各种能量的相互转化,培养了学生的能量观念。

培养学生的科学思维,对客观事物的本质属性,内在规律及相互关系,形成正确的认识。学会从实际情境中抽取、建构物理模型。如活动二中先对磁体的磁场形成直观的认识,再通过磁感线描述分析其特点,符合学生的认知规律。弹簧模拟磁感线的展示,帮助学生形象认识和理解,开阔学生的科学思维。手机演示奥斯特实验,体现了时代的进步、科技的创新。活动四中将实际应用拆解成所学物理模型进行分析,体现了知识的迁移,培养了学生对模型的抽取和建构能力。看到如何将理论实验转化为先进技术,培养科学思维。

培养学生的科学探究意识,使其能在观察和实验中发现问题,具有获取证据并做出解释的能力。如活动三中学生通过观察实验现象提出问题,分组探究磁铁与电流间相互作用规律和电流间相互作用规律,并进行猜想和解释。这培养了学生动手实验的能力和交流合作的意愿。

通过本课的学习,学生能够形成科学的态度与责任,能正确认识科学的本质。培养学生学习和研究物理的好奇心与求知欲,实事求是的态度,使其关心国内外科技发展现状趋势,认识到科学、技术、社会、环境的关系。如学生在活动一中在了解中国文化博大精深的同时,也能认识到自身存在的不足,做到"以古为镜"。活动二中介绍科学家对电与磁关联的探索历程,让学生认识到科学的发展不是一蹴而就的,需要坚持不懈的努力,机会是留给有准备的人的。活动三中学生了解安培分子电流假说是一种创造性的见解,揭示磁性的起源,体现了科学家孜孜不倦,追求事物本质的优秀品质。通过实验来和理论相印证,体现了物理是一门实验科学,也培养了学生的学习兴趣和实验精神。活动四中让学生了解电磁场的优势,以及用电磁替代永磁体的发展趋势,对国内外科技发展现状的了解,提升学生的民族自豪感。对磁悬浮原理的介绍,让学生了解到很多高科技的产品其基本原理就是我们书本所学的知识,明白科技就是第一生产力。通过对地磁场的了解,学生意识到地磁场对地球的保护作用,引起学生对环境的关注,节约资源、可持续发展的责任感。

(三)活动实际效果

使学生了解到电磁场的优势以及电磁替代永磁体的发展趋势。通过对磁悬浮原理的介绍,让学生了解到很多高科技的产品其基本原理就是我们书本所学的知识,明白科技就是第一生产力。利用直观的认识,帮助学生了解身边容易被忽略的物理现象,引起学生对环境的关注,提高学生的保护环境、节约资源、可持续发展的责任感。激励学生对科学研究的兴趣,明白科技改变人类命运。

三、讨论与反思

在新课程的教育理念下,本课突出物理学科核心素养,实验设计体现时代性、创新性,培养学生的科学思维和科学态度。通过对我国的先进技术的介绍,使学生了解国内外科技发展的现状,产生民族自豪感。通过实验让学生认识到事物的本质,同时又能够联系实际应用,了解科学、技术、社会的关系。教学过程中还可以让学生更多地参与讨论,表明自己的观点,提出自己的问题,介绍自己对磁现象的了解和认识,提出更多的设想,展开学生的创造力,也许能给我们带来更多的惊喜。

（本课例曾入选 2019 年全国三十节高中物理创新示范课,参加第八届全国中小学实验教学说课活动,进行全国现场展示)

浅谈科学探究中物理观念的渗透

—— 以"探究：加速度与力、质量关系"一课为例

林英才

一、学科核心素养

在高中教学中，培养学生的物理学科素养是提高学生核心素养的重要内容。物理学科是一门基于实验的自然科学，基于核心素养理论对物理实验教学案例进行探讨尤为重要。本节课以发展学生的能力为目标，以学生为主体，老师在教学过程中结合课程内容，让学生提出自己的猜想，然后引导学生进行实验设计。学生能够在物理实验现象的观察中，深入探讨其中的原理，在动手操作和实践练习中，培养和提升自己的物理学科核心素养。

二、教学内容分析

《普通高中物理课程标准（2017 年版，2020 年修订）》对"探究：加速度与力、质量的关系"实验有以下几项要求：

能明确科学探究实验所要解决的问题，知道制订实验方案是重要的，有控制变量的意识。会使用基本的力学实验器材获取数据，能用物理图像描述实验数据，能根据数据得出实验结论，知道实验存在误差，能表达科学探究的过程和结果。

本节课是人教版物理必修一第四章第二节的内容，是一节实验课，通过探究加速度与力、质量的关系，分析这三个物理量之间的定量关系，为后面学习

牛顿第二定律进行了铺垫。控制变量法和图像处理数据是本节课用到的探究方法。在高中物理的学习中以上两种方法都相当重要。因此教师要做好引导,让学生根据实验的目的自行探究实验方法、实验步骤、实验器材,调动学生的积极性,锻炼学生的团体合作精神。

三、教学活动设计

(一)活动内容与实施

1.活动一:创设情境,引入加速度与力和质量的定性关系

(1)教师带领学生回顾牛顿第一定律,思考三个物理量都与物体运动状态变化是否有关,如果有关系,那它们之间存在的是怎样的关系。

(2)比较比赛用汽车和家用汽车的力、质量、加速度。

教师活动:展示图片,比较比赛用汽车和家用汽车的力、质量、加速度。

一般汽车从静止加速到 100Km/h,需要十几秒的时间。F1 赛车从静止加速到 100Km/h,需要 2.3~2.5 秒的时间。

学生活动:观看图片,认真思考、得出结论。

教师鼓励学生积极讨论,进行合理的猜测:加速度的大小与受力情况有关,力越大,加速度越大。物体的质量也对加速度有影响,质量越大,物体的运动就越难改变。

教师提问:"那么,加速度和力与质量三者之间,究竟有怎样的定量关系?"

学生猜想:"加速度大小正比于物体所受的力,反比于物体的质量。"

2.活动二:设计实验方案,合理测量加速度、质量、力

(1)思考:质量、力与加速度分别如何测定?

F 一定时,研究加速度与质量的关系——

组织学生讨论:如何解决实验需要测量的物理量(质量、加速度、力)?

质量的测量:天平。

加速度的测量:①利用所学知识,通过打点计时器的使用计算加速度。②

让物体做从静止开始的匀加速直线运动,根据 $x = \frac{1}{2}at^2$,如果测出在一样的时间间隔内发生的位移,则位移的比值即为加速度的比值。

恒力的测量:绳拉小车的力。

(2)思考:如何处理摩擦力的问题? 实验的第一步应进行补偿摩擦力的操作,把木板的一侧垫高,以补偿小车所受的摩擦力及其他阻力。但是如何确定阻力是否被完全补偿?

教师提问:"要使绳对小车的拉力就是小车所受的合力,若不如此,就要计算滑动摩擦力,问题就更复杂,那么如何去掉摩擦力呢?"

引导学生从受力分析入手,积极思考,认真探究。

学生讨论得出:"可以用重力分力平衡掉摩擦力。可以使木板倾斜,直至将小车放上去以后刚好能静止或者轻推后能够匀速下滑。"

各小组设计实验,实施实验。

设计实验装置:

器材:一端带滑轮的长木板、小车、一根细线、槽码、刻度尺、打点计时器。

设计实验步骤:

①用天平测出小车和小桶的总质量,并把数值记录下来。

②将实验装置和实验器材按图进行安装,将有滑轮的长木板一端探出桌面。

③将一小木块垫在长木板没有定滑轮的一端下面,调节木板的倾角,来平衡小车所受的摩擦力。

④将细线跨过定滑轮并拴在小车上,同时调节定滑轮的高度直至木板与细线平行。

⑤将小车放在靠近打点计时器的一端,在小桶里放上砝码,先将电源接通,随后释放小车,得到一条打好点的纸带。

⑥保持小车的质量不变,将小桶内砝码的质量进行改变,再做几次实验。

3.活动三:认真分析实验数据,得出实验结论

(1)设计表格,把测得的同一个小车在不同拉力 F 作用下的加速度 a 填

在表格中。为了更直观地判断加速度 a 与拉力 F 的定量关系,可以利用图像法对数据进行处理分析。最后以加速度为纵坐标、以力为横坐标,建立平面直角坐标系。

从打出的纸带上选取一段点迹清晰、便于分析的部分,求出每条纸带所对应的加速度。

把多次实验中的数据进行记录和整理,小车所受的力认为等于小桶和砝码的总重力,进而画出 a 与 F 的图像。

(2)我们以加速度为纵坐标,以小车质量为横坐标对直角坐标系进行建立。根据各组实验数据在坐标纸上描点,用一条平滑的曲线对数据进行拟合。但是,我们很难直观看出图线是否为双曲线,这个问题应该如何解决呢?

我们可以保持小桶和砝码总质量不变,在小车里放入不同的钩码从而改变小车的质量,反复进行上面的实验。记录和整理各次实验中的数据,进一步做出 a 与 1/m 图像。

结论:小车的加速度与其所受的合外力成正比,与其质量成反比。

实验注意事项:

①要使小车的总质量远大于槽码的总质量。

②平衡摩擦力的操作中不要挂小桶,并且让小车连着纸带且让纸带穿过打点计时器的限位孔。

③调节木板上的滑轮,使拉小车的细线要与长木板平行。

④释放前,小车应靠近打点计时器,先将电源接通后再放开小车。

⑤注意小车不要撞到定滑轮。

4. 活动四:课堂反馈,巩固学习成果

展示例题,组织学生回答,并及时评价。

(1)在"探究加速度和力与质量的关系的实验中,需要平衡摩擦力和其他阻力,正确的操作方法是把长木板右端垫高,在_____砝码和砝码盘、小车_____着纸带、打点计时器_____的情况下,轻轻释放小车,如果小车能匀速运动,则说明已经补偿了摩擦力的影响。

(2)在接下来实验中,打出了一条如下图所示的纸带。计时器打点的时间间隔为0.02s,且相邻的计数点中间有四个点未画出。经测量得到各计数点之间的距离如图所示。则小车的加速度 a = _____ m/s2(保留 2 位有效数字的计算结果)。

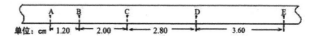

5. 活动五:课堂小结,梳理重、难点脉络

本节的重点是利用控制变量法对加速度、力、质量之间的关系进行探究。

本节课的内容回顾:

研究 a、F、m 三者的关系,利用控制变量法。

补偿摩擦力:将木板无滑轮的一端稍微垫高,用重力的分力来补偿摩擦力。

减小误差:小车的质量远大于重物的质量,即可认为悬挂物重力大小近似的等于小车所受的合外力的大小。

数据分析:图像法。

(二) 活动设计意图

活动一:使学生利用控制变量的研究方法对实例进行分析;了解物理就在身边,激发学生学习高中物理课程的兴趣;培养学生积极主动思考问题的习惯,并锻炼其思考的全面性、准确性与逻辑性。

活动二:指导学生定量探究加速度和力、物体质量的关系,知道用控制变量法进行实验;让学生了解物理与生活的密切关系,培养将物理知识应用到生活和生产实践当中的意识,勇于探索与我们平时生活息息相关的物理学问题。

活动三:让学生学会抓住主要矛盾、忽略次要矛盾的思想过程。通过实验探究,培养实事求是、尊重事物自然规律的科学态度。提高学生主动与其他人进行合作的精神,能积极将自己的见解与他人进行交流,敢于坚持自己的观点,勇于修正自己的错误,具有团队合作精神。在数据分析过程中,让学生尝试采用化曲为直的方法解决了实验中遇到的困难。学生掌握用图像分析问题的方法,提高科学研究的技巧。

活动四:巩固对知识的掌握、分析、应用的能力,了解学生的情况和存在的问题,并达到知识迁移的目的。学生会将掌握的概念应用到具体问题中,提升学生应用物理知识解决问题的能力。

活动五:通过总结加深对重点知识的掌握。提升学生归纳总结的能力,形成良好的学习习惯。

(三)活动实际效果

在新课引入过程,将不同的车辆性能进行比较归纳分析,使学生将所学的知识应用于生活实践。让学生了解到物理就在我们身边,激发其学习物理的兴趣。学生能够了解科学、社会的关系。

在实验探究环节,同学们以小组为单位,协同合作,积极参与,敢于提出自己的想法,从而培养了学生实事求是、尊重客观规律的科学态度。通过探究实验激起学生的创新精神和好奇心,培养与人合作的团队意识。

四、讨论与反思

学习情境的建立,是学习过程中相当重要的一环。教学情境创设合理,不仅能激发学生学习物理的求知欲,而且在教学过程中,能让学生带着问题去学习,做到有的放矢。

在本节课的教学中,学生勇于提出问题,并且通过合作探究的方式,自己想办法并利用实验器材,通过设计的实验得出正确的结论,达到非常好的教学效果。而教师作为课堂的组织者和情境的创造者,肩负着统筹场景、课程与学生的艰巨任务,既要通过课下多与学生沟通交流,明确学生的知识储备和学习特点,在课堂中创设适当的场景,又要在课堂中引导、点拨并协同学生在进行合理有效的思考。

构建多维高效教学模式,培养学生物理核心素养
——以"重力与弹力"一课为例

许效锋

随着新课改不断深入,高中物理教学模式也发生了变化,各地物理教学模式不断涌现,但无论哪种模式,目标都是营造高效的教学课堂,提高学生的物理核心素养。构建多维高效的物理课堂,是围绕学生开展的教学方式,是对传统教学模式的革新,能切实培养学生的物理核心素养。本文以新教材高中物理必修一"重力与弹力"这节课为例,浅谈如何构建多维高效教学模式,培养学生的物理核心素养。

一、学科核心素养

2017年版《普通高中物理课程标准》提出,物理课应该以培养学生正确的物理观念、科学思维为出发点,使学生在实验过程中提高科学探究能力以及科学态度与责任。

本课例涉及的学科核心素养如下:

物理观念

运动与相互作用观念。学生能够从运动与相互作用的视角正确描述重力、重心概念,形变及其种类,解释弹力现象,总结弹力概念及其产生原因。

科学思维

模型建构:重心模型,体现等效思想;放大法观察微小形变。

科学推理:悬挂法确定重心位置,二力平衡科学推理;分析弹力产生的直接原因,确定弹力方向与接触面的垂直关系。

质疑创新:塑性形变能否产生弹力。

科学探究

问题：明确问题——弹簧弹力与伸长量有什么关系？

猜想：提出猜想——弹簧弹力与伸长量成正比。

实验设计与方案：探究方案——运用二力平衡测量弹力大小，了解弹簧伸长量如何测量，能够运用图像法进行探究二者关系。

证据：采集和分析实验数据，利用图像法得出弹力大小与伸长量的正比关系。

解释：分组讨论实验设计案，并派代表进行实验操作与解释设计思路。

交流：设计方案探究弹簧压缩时两者是否也有正比关系？

科学态度与责任

科学本质：资料探究——弹力的本质是什么作用力？从微观的角度认识物理的科学本质。

科学态度：胡克定律适用于弹簧，还适合别的弹性物体吗？一个科学结论是否普遍成立，需要多方面的实验探究。

二、教学内容分析

"重力与弹力"是新教材高中物理必修一第三章第一节的内容，是力学的重要部分之一，也是以后正确受力分析的基础。本节内容包括重力和弹力两部分。教材首先以力的三要素为问题引入，回忆初中所学重力知识，目的是引导学生全面认识重力，按照一般力的思路呈现重力的内容。对于弹力部分，教材首先通过演示有机玻璃的微小形变入手，通过放大的思想方法观察"微小形变"，结合实例引出形变、弹性形变和弹力的概念。通过观察弹性形变恢复过程探究弹力的产生，通过研究弹性形变的方向探究弹力方向的特点，通过体验弹性形变的大小探究弹力大小规律。

教材突出介绍了科学探究实例——探究弹力大小与伸长量的关系，安排学生分组实验，在教学过程中凸显了科学探究这个物理核心素养，培养学生从提出问题、猜想假设、设计方案、进行实验采集数据、分析数据得出结论、交流评估进行科学探究。

三、教学活动设计

(一)活动内容与实施

1. 活动一:自学自讲式——编制预习卡,感知物理核心素养

学生课前阅读本节教材,在预习卡的指导下,能提前感知物理的四项核心素养,并要求学生在上课时进行展示讲解,这为课堂高效开展提供了扎实基础。为了编制好四项核心素养预习卡,教师需要认真分析学情,按照学生的认知心理规律,构建出核心素养的四个维度的具体内容。

2. 活动二:课堂体验式——理性认识物理概念

体验式教学适合学生在日常生活中有一定经验但不全面,缺乏与新知识相关的知识背景。这一活动模式的核心是"体验",关键是让学生体验知识的获取过程,帮助学生进行知识建构,特别适合物理观念的引入与物理概念的形成教学。课堂体验式能激发学生原有的知识背景,启发学生进行思考、辨析、论证、推理,从而完成对相关知识的建构。

本节课中的物理概念较多,如"重心"这个概念,比较抽象,通过学生体验平衡鹰的制作,来感知重心概念。对于"形变"这个物理现象,学生有生活经验与前概念,但都只是习惯性知道,对于形变的物理概念还是很模糊。课堂上,学生通过挤压海绵、拉伸弹簧、弯曲塑料尺、挤压水球、对折 A4 白纸等体验活动,亲自感知"形变"。对于微小形变的观察,启发学生运用放大的方法,进行间接观察,这也是重要的物理科学探究方法,并且对于不同情况下的微小形变,采取不同的放大方法,这也说明了模型建构的差异性。对于弹力的产生原因,通过学生体验活动,得出弹力是"由于施力物体的弹性形变要恢复而产生的"结论。对于弹力方向,学生与老师共同通过体验推理,形成物理概念——"弹力方向与施力物体弹性形变的方向相反",探究出弹力方向与弹性形变的方向的关系。接下来在分析接触面上的支持力、压力方向时,教师自制教具——弹力方向演示器,运用物理中转换思想,学生体验总结"小球运动方向就是压力方向"这个结论。

3.活动三:实验探究式——培养物理科学思维

科学探究提倡学生自主、探究和合作学习能力的培养。"重心"是本节的难点,除了课堂体验活动之外,还可以通过悬挂薄板的实验探究重心位置,培养学生二力平衡的科学思维。本节课的教学重点是通过实验探究弹簧弹力与形变量的关系。对于弹力的大小,本节课运用了科学探究的方法,来探究弹簧弹力的大小与弹簧伸长量的定量关系,进而认识并掌握科学探究过程——提出问题、猜想假设、设计方案、进行实验采集数据、分析数据得出结论、交流评估。本节课对于该探究采取学生分组形式,教师提出探究问题,学生讨论后猜想假设:弹簧弹力的大小与弹簧伸长量成正比,然后分组设计实验、采集数据、分析数据,最后进行课堂交流,各组进行评估。通过实验探究活动,一是培养了从定性到定量的研究思路,二是体现从运动和相互作用关系的角度研究弹力大小的物理思维。在实际教学中,考虑这一部分是本节重点,时间上花费较多,教师还应加强过程的调控。

4.活动四:讲授内化式——知识总结、思维内化

构建多维课堂,落脚点在高效,因此某种教学模式只要具有"高效"的特质,都可以采用。讲授式教学是传统的课堂模式,有利有弊,讲授式方式是建立在前人知识固化的基础上的,教师能快速将知识结果呈现出来,但弱化了学生的认知心理以及知识构建过程,有"填鸭式"教学之嫌。在高效课堂里,采用的是"讲授内化式",在经历自学自讲式、课堂体验式、科学探究式这些过程之后,再进行教师讲授、学生内化,这就水到渠成了,也体现了知识建构过程。可见,讲授式只要用对环节,展示知识结果之前多层次铺垫,就能使学生对知识顺利接受并能对思维进行内化,达到高效的目的。讲授内化式一般以知识联系图、思维导图形式呈现。

(二)活动设计意图

课前自学预习卡,课堂开始时让部分同学先来讲解自己的预习体会。这样,一则督促学生养成自学的习惯,另一方面教师可以准确判断学情,有利于后续高效教学。

新课标提倡"探究式学习",这种学习模式能使学生在了解知识的发生与

形成过程中,获得比较完整的学习经历,从而能模仿科学家饶有兴趣探究物理规律的本质,激发学生强烈的求知欲。科学发展思维能力主要内容包括模型建构、科学推理、科学论证与质疑创新。

物理是实验科学,每一个物理定理定律都是物理学家多次探究而来的,因此实验探究是培养学生物理素养的重要方式,沿着前辈的足迹去探寻物理内涵,模仿或重现科学家科学探究的历程,尊重构建知识的过程,能培养学生真正有效的探究素养。

(三)活动实际效果

本节课力图营造多维高效课堂,课堂模式体现"以学生为本"的理念,培养学生物理核心素养。教师需要精心备课,以物理四项核心素养为依据,核素素养穿插到整个课堂,课堂高效。

通过预习卡的学习,学生也明确了本节课的核心素养。以学生认知规律进行体验概念、实验探究,能很好地把前概念与本节课概念进行对比,同时以生活经验作为参考,完善自己的思维过程,学生思维有序。

对于本节课的课堂体验,学生能够动手去试验、比较,很好地体会到弹性形变的恢复过程,从而探究出弹力产生过程与弹力的方向规律。同时,通过实验探究,学生能很好地掌握科学探究的方法与过程,能模仿科学家构建胡克定律的心路历程,可以有效加强知识的内化。

四、讨论与反思

物理课堂教学的目标是培养与提高学生学习物理的核心技术素养,加强物理核心素养认识及对学生发展核心素养培养的策略,这是一个不断深入的过程,需要不断地探索、思考和实践。

从传统的夯实"双基"到落实"三维目标",再到现在培养"核心素养",这些变化反映着时代对培养学生的不断要求,目前我们要着眼于培养学生应具备的终身发展和社会发展的必备品格和关键能力。因此课堂模式也应该围绕核心素养展开,并考虑课堂教学的时间特性,必须营造高效的教学氛围。

作为新课改的先行地区,我们要勇挑课堂模式改革的重任,必须"以学生为本", 为学生的主动发展奠基, 以学生认知物理规律的心理作为基础, 结合建构主义教学理论建立多维高效课堂, 笔者坚持尝试与创新, 以多维模式层层推进教与学, 效果渐佳。

促进学生主动发展，提升直观想象素养

——以"指数函数"一课为例

郝 娜

一、学科核心素养

数学课程目标就是要培养学生的数学学科核心素养，学生通过学习数学的过程，能够循序渐进地形成具有数学基本特征的思维品质，并逐步培养一定的数学能力，如逻辑推理、数学运算、数据分析等，进而在情感、态度与价值观等方面得到升华。数学学科的核心素养是一个有机的整体，数学抽象、直观想象、逻辑推理、数学建模、数学运算和数据分析这些数学核心素养，它们看似独立，其实互相交融。

在数学学科核心素养体系中，直观素养是具有重要的地位的，它将空间想象、几何直观和空间概念整合在一起，是发现、提出、分析、解决问题的重要手段，它为进行数学推理、探索和形成论证思路以及构建抽象结构提供了思维基础。我们平时强调的要提升学生的数形结合的能力，其实质就是形成学生的数学直观，提升其直观想象素养。

二、教材内容分析

指数函数与对数函数在高中阶段是两类重要且应用广泛的基本初等函数，它们之间紧密联系，互为反函数。在人民教育出版社 A 版高中数学必修第一册的整体教材设计中，第四章"指数函数与对数函数"是继第二章一元二次函数、第三章函数的概念与性质、幂函数之后，学生要认识的一个新的函数。作为一种特殊的函数，指数函数刻画了呈现"指数增长"的运动变化现象，这种运动变化现象在现实世界中很常见,如自然条件下,细胞分裂、人口增长、放射性物质的衰减等,通过图象让学生直观地感受指数函数的变化规律,切身体会到了数学的广泛应用。

作为"指数函数"的第一课时,本节课的教学重点是研究指数函数的定义和图象性质。学生们通过这节课的学习,不但可以更好地理解与认识函数概念,而且可以通过类比指数函数的研究过程去探究对数函数的相关内容和结论,起到了承上启下的作用。

三、教学活动设计

(一)活动内容与实施

整节课由六个活动组成:

1. 活动一:创设情境

"猫和老鼠的合约问题":老鼠 Jerry 和猫 Tom 签订了一个月的合约。在这一个月里,Jerry 每天给 Tom 十万元,Tom 在合约的第一天给 Jerry 一分钱,之后的每一天给 Jerry 的钱数是前一天的二倍。合约到期时,谁赚钱了?

(学生自主发言,教师不给出明确答案,让学生带着问题进入后面的探究阶段。)

2. 活动二:探究新知

(1)探究指数函数的概念

由撕报纸、截木棒的例子引出指数函数的定义:一般地,函数 $y = a^x (a > 0$,且 $a \neq 1, x \in R)$ 叫作指数函数(板书)。

(2)引导学生观察定义,强调指数函数的三大特征:①指数是自变量 x;②底数 $a > 0$,且 $a \neq 1$;③ a^x 的系数为 1。(教师总结。)

(3)概念剖析:为何 $a > 0$,且 $a \neq 1$? (学生讨论分析、教师参与其中。)

(4)学生独立完成两道思考题。(教师提问,学生口答。)

思考 1:请指出下列函数是不是指数函数?

① $y = x^3$ _____;② $y = (-3)^x$ _____;③ $y = -3^x$ _____;

④ $y = 3^{x-1}$ _____。

思考2:若函数 $y =(2a - 3)^x$ 是指数函数,则 a 的取值范围是_____。

2. 探究指数函数的图象和性质

(1)学生通过列表、描点的方法,做出 $y = 2^x$, $y = \left(\dfrac{1}{2}\right)^x$, $y = 3^x$, $y = \left(\dfrac{1}{3}\right)^x$ 这四个函数的图象(课前完成)。

(2)引导学生观察图象,完成两道思考题。(首先学生讨论分析、教师参与其中,然后学生叙述讨论结果,教师配合动态演示。)

思考1:上述 4 个函数图象有何共同特征?

思考2:根据图象变化趋势,能否将上述 4 个函数进行适当分类?根据你的分类原则, $y = \left(\dfrac{5}{2}\right)^x$ 应该归为哪一类?

(3)学生独立完成指数函数图象和性质的表格。(完成后,教师提问,学生口答。)

3. 活动三:讲解例题

例1:比较大小(1) $0.8^{-0.1}$ 与 $0.8^{-0.2}$;(2) $2.1^{0.4}$ 与 $3.3^{0.4}$;(3) $2.7^{0.3}$ 与 $0.5^{1.7}$。(学生先独立完成,然后老师找学生板演分析。)

例2:若 $f(x)$ 是 $(0, +\infty)$ 上的减函数,且 $f(a^{2x-7}) < f(a^{4x-1})$($a^x > 0$,且 $a \neq 1$),求 x 的取值范围。(根据学生情况,教师予以思路点拨。)

4. 活动四:课堂反馈

完成四道小题:

函数 $y = (m^2 + m + 1)\left(\dfrac{1}{5}\right)^x$ 是指数函数,则 $m =$ _____ ;

函数 $y = a^{x-2} - 3(a > 0$ 且 $a \neq 1)$ 必过定点_____;

不等式 $\left(\dfrac{1}{3}\right)^{x-8} < 3^{-3x}$ 的解集是_____;

已知 $a = \left(\dfrac{3}{5}\right)^{\frac{2}{5}}$, $b = \left(\dfrac{2}{5}\right)^{\frac{3}{5}}$, $c = \left(\dfrac{2}{5}\right)^{\frac{2}{5}}$,则 a, b, c 的大小关系是_____。

5. 活动五:归纳小结

6. 活动六:布置作业

必做题:完成书后练习。探究题:在开头故事中,Tom 如果想赚钱,最多只能签多长时间的合约?

(二)活动设计意图

1. 创设情境,激发兴趣

"猫和老鼠"是学生非常爱看的动画片,通过这样一个贴近学生生活的小故事,不但引出了本课标题,而且提高学生的学习兴趣,激发其参与数学课堂的积极性和主动性。

2. 促进学生主动发展,提升直观想象素养

探究指数函数的概念部分,笔者通过"由撕报纸、截木棒的例子引出指数函数的定义→突出指数函数的三大特征→讨论剖析:为何 $a > 0$,且 $a \neq 1$? →独立完成思考题"这四个步骤,深化学生对指数函数概念的理解。

探究指数函数的图象和性质部分,为了符合学生的认知规律,笔者采用由特殊到一般的教学过程,通过设计层层深入的问题,引导学生思考,从而得到相关的结论。

整个探究阶段,既有自主学习又有合作探究,充分发挥学生的主体地位,提升学生直观想象素养。

3. 延展知识、渗透数学思想方法

例 1 的三道小题风格不同,学生在总结比较两个幂大小的方法的同时,体会了数形结合的数学思想。学生通过板演、讲解,在收获知识的同时,还获得了成就感,增加学习的动力。

例 2 将前面所学的函数单调性与指数函数相结合,不但将知识加以拓展延伸,还渗透了分类讨论的数学思想,让学有余力的学生有一个上升、提高的空间。

笔者在例题阶段,注意分层教学。

4. 课堂反馈,考察学生的掌握情况

四道小题各有侧重点,考察了学生对本节课内容的掌握情况,其中第 4 小

题是一道高考题,将两个幂比较大小问题上升到三个幂比较大小问题,有一定难度,采取学生课下完成的方式,一方面是让学生充分思考,另一方面也为第二课时的学习进行铺垫。

5.归纳小结、突出重难点

学生通过总结本节课的学习内容,进而能够掌握本节课的重点,这也为后面的学习做好了铺垫。

6.布置作业、夯实知识点

将作业分为必做题和选做题两个部分,必做题面向全体学生,注重知识反馈,选做题更注重知识的延伸性和连贯性。

以上六个环节,层层深入,教学中笔者始终以学案为抓手,以问题为驱动,来激活学生思维,达到促进学生主动发展,提升直观想象素养的目的。

(三)活动实际效果

抽象、概括指数函数的概念和性质是本节课的难点,教师以学生的认知规律为出发点,按照"背景—概念—图象和性质—应用"的路径,通过具体的问题和图象来引导学生观察、分析、探究等一系列的思维活动,从而得到有关概念和性质。在整个教学过程中以学生活动为主线,力求构建促进学生主动发展的和谐课堂氛围,注重提升学生的直观想象素养。学生通过自己动手画图,进而自主观察图象,最后认真思考问题并得到结论,一步一个脚印地经历了整个知识的形成和发展过程,符合学生的认知过程,使得他们在获取知识的同时,感受到学习的乐趣。

四、讨论与反思

(一)可取之处

用小故事引出课题,由具体的撕报纸、截木棒的例子引出指数函数的定义,不但生动有趣、便于动手操作与观察,而且能够让学生体会到古今生活皆有数学。

给出指数函数定义后,引导学生思考"为什么规定"。笔者采取学生间分组探究的形式,同学间知识和思维互补,在探讨中碰撞出火花,可以有效地课堂活跃气氛,进而达到激发兴趣的目的。清楚认识底数的特殊规定,不但能使学生深刻理解指数函数的定义域,而且为指数函数的图象和性质的学习埋下伏笔,有利于锻炼学生思维。

学生亲自在课前完成四个指数函数的图象绘制,而不是教师比较生硬地用电脑进行展示,这样做不但培养学生的动手用脑的实际操作能力,而且让学生对图像的印象更加深刻,时刻渗透了数形结合数学思想方法。

通过研究几个特殊底数的指数函数得到一般指数函数的规律,符合学生由特殊到一般、由具体到抽象的认知规律。

(二)不足之处

例 1 将教材内容进行拓展延伸,目的是归纳比较两个幂大小的方法;例 2 将函数单调性融入指数函数中去,有一定难度,目的是提高学生灵活运用的能力。在授课时还应更加关注学生的认知水平,采用不同的讲解方式,注重分层教学。

在今后的教学中,笔者将继续站在学生学的角度设计教学,促学生先学,让学生多动笔、多探究、多交流,努力构建促进学生主动发展的和谐课堂氛围,提升学生的数学学科素养,丰富学生的认知情感,培养学生勇于质疑、善于探索的思维品质。

高中数学概念教学中数学抽象与直观想象素养的落实探究

——以"抛物线及其标准方程"一课为例

刘　妍

一、学科核心素养

普通高中数学课程标准提出了六大学科核心素养,包括数学抽象、逻辑推理、数学建模、直观想象、数学运算和数据分析。数学是思维的科学,概念是思维的细胞,概念形成的过程是最典型的数学抽象与直观想象的过程。下面笔者以"抛物线及其标准方程"一课为例,说明在概念教学中如何落实数学抽象和直观想象的核心素养。

二、教学内容分析

"抛物线及其标准方程"是人教版高中数学选择性必修第一册第三章"圆锥曲线与方程"第3.3.1节的第一课时的内容。抛物线是学生在初中学习的二次函数的图像,同时也是高中学习中继椭圆、双曲线之后研究的又一圆锥曲线。探究抛物线的定义并利用定义推导出标准方程,为进一步研究抛物线的几何性质,起到了一个承前启后的作用。

三、教学活动设计

(一)活动内容与实施

1. 活动一:创设情境,引发探究

创设情境:以一幅美丽的小村庄的风景画引出实际生活问题:有一个美丽

的小村庄,村里有一条河和一口井两处水源,人们用水需要到这两个水源处挑水,村里人们规定取水的原则是就近取水。

问题 1:你能否按照就近取水的原则,结合两处水源的位置,帮助村庄里的人们画出一条取水分界线?

引导学生将实际问题归纳为数学问题:这条曲线就是平面内与一个定点和一条定直线(定点不在定直线上)距离相等的点的轨迹,学生可用手粗略比画出曲线的大体形状。创设的实际生活情境,引发了学生的探究兴趣。

问题 2:初中学习的二次函数的图像是什么曲线? 你能说说生活中出现的抛物线吗?

在学生回答的基础上,引导学生观察赵州桥抛物线形的桥拱,并为学生介绍赵州桥是世界上建造最早、跨度最大的单孔敞肩型石拱桥,1400 多年过去了,如今它依然能巍然地挺立在河北省洨河之上,这充分彰显了我国古代劳动人民的智慧。笔者向学生介绍探照灯、太阳灶、卫星天线等的轴截面轮廓中可见抛物线,这些正是应用了抛物线的性质原理设计的,可见抛物线来源于生活又应用于生活,同时向学生渗透了数学文化和爱国主义的教育。

2.活动二:动手实践,探究新知

实践准备:课前笔者购买了软质三角板,并精心在一个锐角顶点处打眼儿,系上了彩绳,且截取绳长等于打眼点到直角顶点的距离,为学生制作好了多套画图套装。

探究实践:同桌二人合作,一人将直尺固定在学案上直线 l 的位置上,另一人将三角板的一条直角边紧贴直尺,将另一条直角边上系的彩绳的另一端安在直线 l 外的点 F 处,用一支铅笔紧贴着三角板的这条直角边并绷紧彩绳,然后沿着直尺上下推动三角板,笔尖处便描出了一条曲线。同桌二人按照上面的作图规则,共同动手实践画出抛物线,同时多媒体动画展示作图过程,进行协助指导。

问题 3:作图过程中,直尺、三角板、铅笔尖、点 F 中,哪些在动,哪些没有动?

问题 4:作图过程中,绳长、$|AC|$、$|MC|$、$|MF|$、$|MA|$ 中,哪些量变

了？哪些量没有变？

问题5：笔尖所对应的点 M 满足怎样的几何关系呢？

通过一系列问题的引领，引导学生在亲自动手画图的基础上，分析、探究，得出结论：动点 M 满足的几何关系是动点 M 到定点 F 的距离等于它到直尺的距离。

问题6：能否给出抛物线的定义？

问题7：为什么定点 F 不能在定直线 l 上？在学生归纳概括抛物线定义的基础上，进一步点拨完善，最终形成概念，从而加深了学生对抛物线定义的理解。

3. 活动三：合作交流，升华新知

问题8：抛物线上动点 M 的轨迹方程是什么呢？

利用坐标法求方程，关键是建立平面直角坐标系，引导学生探讨不同的方案。对于 x 轴的选择，学生们通常会统一，即以过焦点且垂直于准线的直线为 x 轴，但在 y 轴的选取上会有所不同。方法1是以准线为 y 轴，方法2是以过焦点且垂直于 x 轴的直线为 y 轴，方法3是过点 F 做线段 FK 垂直准线 l 于点 K，以线段 FK 的中垂线为 y 轴建立直角坐标系。

引导三大组的同学分别就三个不同的建系方案给以推导，得到的抛物线的方程分别为 $y^2 = 2p(x - \frac{p}{2})(p > 0)$，$y^2 = 2p(x + \frac{p}{2})(p > 0)$，$y^2 = 2px$ $(p > 0)$。

问题9：三个不同的方程是否都是抛物线的方程？哪种方案下的方程更简洁呢？

引导学生说出因为不同的建系方法，导致推导出的方程不同，其中方案3的方程形式上最简洁，引出抛物线的标准方程的定义。

问题10：抛物线的顶点在坐标原点处，焦点在坐标轴上，则对于开口向左、向上、向下的抛物线，其标准方程分别是怎样得出的呢？

学生先独立思考，再小组合作交流，有的学生会想到再重新建立坐标系进行推导，还有的学生会想到在以顶点在原点，焦点在 x 轴正半轴上的抛物线标准方程的基础上,利用对称性的知识得到。

问题 11:如何根据抛物线标准方程来判断抛物线的焦点位置及开口方向?

引导学生通过观察、思考、合作探究,归纳出抛物线的开口方向、对称轴、焦点位置与其标准方程中的一次变量之间的关系。

(二)活动设计意图

1. 创设问题情境,渗透直观想象的核心素养

通过一幅美丽的风景画引出实际生活中的一个问题,将学生置身于喜闻乐见的问题情境之中,引导学生通过直观想象,把一条河抽象成数学中的一条直线,一口井抽象成一个点,进而画出取水分界线这个实际问题就转化成了数学问题,并由学生用手粗略比画出曲线的大体形状,让学生直观感知这条曲线就是初中接触过的抛物线,从而引出课题。再引导学生说一说生活中的抛物线,看一看生活中的抛物线的图片,如中国的赵州桥、北京奥运会主场馆的拱顶等,让学生感受到身边的抛物线,欣赏到抛物线的美丽,体会到抛物线来源于生活又应用于生活。创设的情境加强了学生对抛物线的感性认识,引导了学生用数学的眼光去观察世界,激发了学生的好奇心和浓厚的探究欲望,培养了学生直观想象和数学抽象的核心素养,同时也对学生渗透了数学文化和爱国主义教育。

2. 动手探究实践,促进数学抽象和直观想象素养的形成

"眼过百遍,不如手做一遍",笔者选择了抛物线的一种便于操作的画法,引导学生动手实践,探究画出抛物线。学生们同桌两人一组合作画图,同时辅以多媒体视频演示进行引导,让学生们充分经历概念得出的全过程,在反复的动手操作中获取丰富的表象和体验,引导他们用数学的思维去思考世界,积累了学生数学活动的经验。

3. 问题引领课堂,将数学抽象和直观想象的素养落地

在导入环节以及学生动手画图实践的基础上,笔者精心设计了一系列的问题。问题串的引领,启发了学生的思维,激发了学生的自主探究、合作交流,学生能水到渠成地发现抛物线的几何特征,并用自己的语言去描述心中的抛

物线,在学生归纳概括的基础上,进一步点拨完善,最终形成概念。问题串的引领,让学生在感性认识的基础上,把具体直观的图形抽象成代数方程,形成理性认识,引导学生用数学的语言去认识世界,增强了学生分析问题和解决问题的能力,落实了数学抽象和直观想象的核心素养。

(三)活动实际效果

课堂上学生兴趣浓厚,积极参与,氛围活跃,通过教师的导学,学生能充分地动手实践、动眼观察、动脑思考、动口表达,经历完整的数学抽象的全过程。学生在几何问题代数化的研究过程中体会到了解析几何的核心思想,即数形结合的思想,体会到了标准方程形式上的简洁美,抛物线图形上的对称美,数与形完美结合的统一美,激发了学生学习数学的兴趣,提高了学生的审美情趣,并且将思政教育很好地融入了课堂。例题和课堂反馈环节中,学生能利用数形结合等思想分析解决问题,积极思考、勇于探究,实现了举一反三、触类旁通的效果,高效地完成了本节课的教学目标,学生的数学抽象和直观想象的核心素养得到了充分的提升。

四、讨论与反思

波利亚指出,要让学生看到数学建造过程中的"脚手架",而不是现成品。教学中,笔者没有直接给出学生抛物线的概念,这样看似效率挺高,但是学生不会真正理解概念,难以领悟其中所蕴含的数学思想,学生会逐渐丧失自主探究的学习能力,更谈不到核心素养的提升了。笔者加强了抛物线概念的抽象过程,放手让学生去探索实践,在创设了丰富的问题情境以及学生动手实践的基础上,以问题来引领课堂,引导学生进行生生间和师生间的互动交流,启发学生的思维,通过一系列的数学活动,使学生通过观察、分析、感悟,不断形成并完善抛物线的概念,推导出抛物线的方程,建构自己的知识体系。让学生从生活中寻找抛物线、发现抛物线、探究抛物线、认识和掌握抛物线,即让学生经历完整的数学抽象的全过程,在过程中完成对抛物线从直观到抽象,从感性认识到理性认识的转变,提升学生的数学抽象、直观想象等数学核心素养。

虽然本课培养了学生数学抽象和直观想象的核心素养,但仍有不足之处。

课堂容量稍大,留给学生观察思考的时间略显不够,在今后的教学中,笔者还要在这个问题上注意改进和提升。

培养空间想象能力,体现直观想象核心素养

——以"直线与平面垂直的判定"为例

叶盛平

一、学科核心素养

立体几何是高中数学中非常重要的一部分内容,是数学在高考题目中重点考察的内容之一。在立体几何的教学中,可以逐步培养学生的空间想象能力和逻辑推理能力。高中数学要培养学生具有数学抽象、直观想象、逻辑推理、数学运算、数学建模、数据分析六大核心素养,提高学生的数学核心素养需要教师在教学设计时充分把握好,只有利用课堂教学充分激发学生的学习兴趣,让每一个学生都能积极参与教学过程,才能更好地体现数学的核心素养及其价值。直线与平面垂直关系的证明过程,渗透了数学的建模思想,可以培养学生逻辑推理的能力,还可以考查学生发现问题、解决问题的能力,学生通过寻找直线与平面垂直的定义及满足证明直线与平面垂直的条件的过程,掌握了定义的严谨性及定理五个条件缺一不可的必要性,从而可以培养学生有逻辑地表达和交流数学问题。学习立体几何的过程中,学生能够更好地体会由二维平面到三维空间,由具体实例到抽象理解,由直观观察到逻辑推理的过程。通过培养学生的数学核心素养,能够提高学生的综合素质。立体几何能更有效地启发学生的数学思维,从而带动学生学习数学的兴趣,提高数学的整体能力。

二、教学内容分析

本节教学内容选自《普通高中课程标准数学教科书必修第二册》(人教 A

版)第八章"立体几何初步",本节课的教学重点及难点就是直线与平面垂直的判定定理及其应用。线面垂直这部分内容在教材中起着承上启下的作用,由于立体几何中平行可直接观察到,学生很容易掌握,但是垂直关系不易观察,甚至看到的直角往往都不是垂直的,必须依靠推理证明,因此本节内容也是立体几何难度的转折点。利用线线垂直,可推出线面垂直,线面垂直又可以推出面面垂直,后续直线和平面所成的角、平面与平面所夹的角等知识都需要线面垂直这一前提条件,因此,本节课学生的掌握情况对后面的教学至关重要,对每一个学生而言也很重要。因此本节课的教学要尽可能培养学生敢于提出猜想、大胆验证猜想、善于发现生活中的数学,通过观察实例培养空间想象能力,再将立体图形通过降维转化展现在平面上。在数学教学的知识板块中,立体几何一直是比较困难的,由于对学生的逻辑推理能力要求高,很多学生还没有充分培养空间想象力,建立好空间概念,尽管在本节之前,学生已经学习了证明平行和平行的性质,有一定的基础。可是相比较而言,线面垂直的难度较大,因此教学中如何降低难度、便于学生理解是本课的关键。

三、教学活动设计

(一)活动内容与实施

1.活动一:复习回顾,温故知新

教师提问:空间中直线与直线,直线与平面有哪些位置关系?

2.活动二:检查预习作业

教师提问:生活中哪些物体是相互垂直的?

3.活动三:探索新知

(1)通过生活中的实例,学生们能给出直线与平面垂直的定义吗?

(2)直线与平面垂直的画法是什么?

(3)请大家拿出准备好的纸,如何把纸立在桌面上?

(4)不借助外物,只可以将纸折叠,能把纸立在桌面上吗?

(5)(教师提高要求)把纸立在桌面上后,比比谁的折痕最少?

(6)定理研究:一对线线垂直可以吗? 必须两条相交线吗? 五个条件缺

一不可吗?

4.活动四:例题讲解

【例1】求证:如果两条平行直线中的一条直线垂直于一个平面,那么另一条直线也垂直于这个平面。

已知:如图,$a//b,a \perp \alpha$,求证:$b \perp \alpha$.

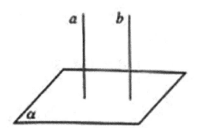

5.活动五:课堂检测

(1)直线 $l \perp$ 平面 α,直线 $m \subset \alpha$,则 l 与 m 不可能(　　)

A.平行　B.相交　C.异面　D.垂直

(2)垂直于梯形两腰的直线与梯形所在平面的位置关系是(　　)

A 垂直　B.相交但不垂直　C.平行　D.不确定

(3)在正方体 $ABCD - A_1B_1C_1D_1$ 中,求证:$A_1C \perp$ 平面 BC_1D。

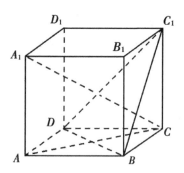

6.活动六:课堂小结

直线与平面垂直的概念;直线与平面垂直的判定定理。

(二)活动设计意图

1. 直接观察,动手动脑

这个环节要求学生用笔摆放直线与桌面的位置关系。通过这种直接观察,学生更容易理解,加深印象,同时通过复习前面的知识,为这节课做好铺垫,建立知识间的联系。

2. 打开思路,空间想象

升旗时的旗杆和地面、铅笔插入橡皮、甚至物理中地球引力和地球表面……让学生畅所欲言,充分打开了学生的思维,为接下来的教学做好热身。

3. 概括定义,简单明了

通过观察具体实例,让学生思考如何给出直线与平面垂直的定义,由学生自己组织语言,不赘述,有益于提高学生概括问题,分析问题的能力。

4. 强调画法,空间想象

学生多一些动手操作,加深理解线面垂直的定义。通过画图训练,培养学生的空间想象能力。

5. 利用游戏,探究结论

学生热情高涨,开始分组讨论。学生之间相互探讨,相互协作。用这种自然的学习方式,满足了好奇心。学生在这个过程中不仅获得了证明所需的条件,更在探究的过程中获得了极大的激励,这对学生的发展产生重要影响。

6. 设置关卡,提高兴趣

对于定理的理解,有些学生往往是死记硬背,容易记错,条件不全,而通过问题的设置,层层递进,引导学生逐一思考,能够加强逻辑思维的严谨性。学生在层层问题的推进中,逐步思考,进而充分理解定理,掌握五个条件缺一不可,就像游戏中的闯关从易到难,最终体会到成功的喜悦。

7. 典型例题,理解定理

例题的选择很重要,由于初学,学生对定理掌握不熟练,如何严谨推理还需加强,因此笔者选择了书上难度不大的一道例题。同时笔者也希望学生通过这个练习获得成功,掌握定理。

8. 课堂练习,展示成果

练习题目要合理安排层次,通过不同难度等级的题目训练,激发学生挑战难度的欲望。利用多媒体及时将学生的结论展示出来,并让学生有机会向他人表达自己的观点。

9. 课堂总结,巩固知识

在课程结束之前,让学生再次回顾线面垂直的定义和判定定理,加深印象,进而提高学生的概括能力,提高学生的数学运算能力和逻辑推理能力。让学生对本节课进行总结,也是对自我的及时反思。

(三)活动实际效果

在本节教学开始,笔者布置了预习作业,让学生观察生活中哪些物体和地面是垂直的,或者有没有可以抽象成直线和平面垂直这样的直观现象。在课堂之初,学生们就非常积极地发言,比如升旗时的旗杆和地面、用铅笔插入橡皮、物理中地球引力和地球表面,等等,这些都充分打开了学生的思维,不仅有直观看到的,还联系到其他学科知识抽象出数学中的线面关系,这些都为接下来的教学做了良好的铺垫。由于这些知识都是学生自身已经具备的,学生能够感受到学习的内容与自己的生活紧密相连、与自己的能力相适宜,这极大地调动起学生学习的积极性。接下来,就是及时抛出问题,激发学习兴趣。"如何证明线面垂直呢?""一对线线垂直可以吗?""必须两条相交线吗?""五个条件缺一不可吗?"通过合理难度的问题,引导学生逐一思考,加强逻辑思维的严谨性。

通过直观现象,学生很自然地得到线面垂直的定义。接下来就是研究如何判断线面垂直。学生在引入中已经了解了线面垂直的直观形象,那么很自然地很迫切地想知道这些为什么就是线面垂直、用什么方法能够证明,此时学生们带着这样的迫切心情,很自然地就进入到本节课的关键环节——探究线面垂直的判定定理。接下来笔者安排学生做实验:让每个学生事先准备好一个多边形,并提出问题:"如何让这张纸立在桌面上?"由此课堂进入高潮,这也正是立体几何的重中之重、难点之一。学生并没有觉得枯燥困难,反而非常积极地投入到实验中。学生很自然地发现,一张纸是不可能独自立在桌子上,必须借助外物。而此时笔者提出了要求，不能借助外物，只可以将纸折叠。这时学生们开始折纸，发挥各种想象，此时的一张纸已经变成各种事物，摆在桌子上。接下来，笔者又提高要求，比谁的折痕最少？这一下，学生的热情空前高涨，不自觉地开始组队讨论。在这样的操作过程中，同学们之间互相讨论，相互协作。用这种自然而然的学习方式，满足了好奇心。学生在这个过程中获得的不仅是探究的内容，而在探究的过程中获得了极大的激励，这对学生的发展产生重要影响。

学生有尊重与自尊需要，更有成功的需要、展示自我才华的需要。因此，习题的选择就显得很重要，学生希望通过练习获得成功，展示自我，因此题目层次就要合理安排，笔者针对不同层次的学生安排 A、B、C 不同难度等级的训练，既满足教学大纲的基本要求，又可以选拔出对立体几何掌握更好的优秀的学生；既满足大众学生获得知识的需求，也满足一部分学生的更高要求，大家在不同的层次中体会着各自的快乐。并且，利用多媒体可以及时将学生的成果展示出来，让学生有机会向他人表达自己的观点。这样的课堂不再是一个静态课堂，上课不再是教师一个人的独角戏，而是一个师生共同参与、充满互动的课堂，是一部学生和教师共同上演的大片，师生之间共同学习、相互交流、平等分享。

四、讨论与反思

笔者曾经遇到过这样一个学生，他数学一直比较薄弱，直到在立体几何的学习过程中找到了方法，极大地激发了学习兴趣，从此找到了学习数学的方法，其他版块的知识也都融会贯通，在最后的高考数学中取得了优异的成绩。这对于笔者起到了很大的启发作用。通过这个事情，让笔者充分感受到作为教师，我们不能只是片面地去看学生的成绩，不能因为某一章节学生成绩薄弱，就给学生贴上标签。学生数学素养的培养，确确实实需要一个过程，在整个高中数学体系完成之后，学生可能才能够逐步具备我们期望的应该具备的这些素养。任何一个知识板块，可能都会触动某些学生，进而提高其整体的数学的能力。比如立体几何，某些同学的空间想象能力强，那么在这一章中就得到了充分的体现,而这样的学生在他逐渐成功之后,也会随之激发学习数学的兴趣,促进其他板块知识的学习,进而使得整个数学能力得到提高。

作为教师,我们要清楚地知道数学的核心素养,将核心素养扎根在每节的课堂教学中,科学合理地安排好教学过程,力争使每位学生不仅只是多会背一些数学概念、公式,多会做几道数学题,更是要让我们的学生在获得知识的同时提高能力,学会学习,提高素养。

高中数学课堂中数学建模与
数据分析素养的落实研究
——以"用二分法求方程的近似解"为例

周　娜

一、学科核心素养

培养学生数学建模素养:本课教学中,笔者引导学生利用图形计算器的"图象"功能获得目前还不能画出的函数图象,利用函数模型使学生直观感受具体函数零点的存在、个数和所在区间等,加深对变号零点概念的理解,印证零点存在性定理。

培养学生数据分析素养:学生利用图形计算器的"表格"功能实现了函数值的快速运算,只需定义好变量,确定好函数解析式,依据二分法思想在表格内输入函数自变量,函数值就会自动生成,这样不仅增强了学生借助数学工具处理数据的能力,而且提高了计算效率与课堂效率。

二、教学内容分析

本课选自《普通高中课程标准数学教科书必修第一册》(人教 A 版)第四章 4.5.2,是在学生学习了函数的零点与方程的解的关系之后,以连续函数的零点存在性定理为依据,打开了求解方程的新思路,体现了方程和函数之间的联系。它引入了程序化解决问题的方法,根植传统算法,体现了现代课改精神,为高中算法内容的教学做了铺垫。它包含了函数与方程思想、数形结合思想、极限思想和算法思想等,真实地让学生在学习中感受"整体到局部""定性到定量""精确到近似""计算到技术""技法到算法"这些数学思想发展的过程,具有萌发数学思想萌芽的数学教育价值。

三、教学活动设计

(一)活动内容与实施

1.活动一:预习导学

(1)教师提问:"下列函数有零点吗? 如果有,你能求出零点吗?"

①$f(x) = 2x + 1$ ②$f(x) = x^2 - x - 1$

③$f(x) = x^3 - 2x^2 - x + 2$ ④$f(x) = x^3 - x - 1$

(2)教师提问:"你对上述问题有疑惑吗?"

2.活动二:温故知新

(1)概念:一般地,如果函数 $y = f(x)$ 在实数 a 处的值等于_____,则 a 叫做这个函数的_____。

(2)求法:函数 $y = f(x)$ 有 $\Longleftrightarrow$ 零点_____。

$\qquad\qquad\qquad\Longleftrightarrow$ 零点_____。

(3)性质:如果函数 $y = f(x)$ 在一个区间 $[a,b]$ 上的图象不间断,并且在它的两个端点处的函数值_____,即 $f(a)f(b)$ _____ 0,则这个函数在这个区间上_____,即存在一点 $x_0 \in (a,b)$,使_____。

(4)分类:函数的零点分为:_____和_____。

3.活动三:探索新知

(1)探索一:函数 $f(x) = x^3 - x - 1$ 有没有零点? 有几个? 所在区间是?

师生活动:

教师提问:"求这个零点之前我们没是不是应该先弄清楚这个函数是否有零点? 有几个? 所在区间是? 可以有什么解决办法呢?"

通过学生小组讨论、代表发言,教师依据学生回答情况,适时引导学生从代数法和几何法两个方面考虑,突出等价转化与数形结合的数学思想。教师带领学生用图形计算器画出 $f(x) = x^3 - x - 1$ 的图象,确认以上三个问题。

(2)探索二:如何求函数 $f(x) = x^3 - x - 1$ 零点的近似解? (精确度为 0.05)并完成表一。

师生活动：

教师讲清区间一分为二的思路后，提出精确度，明确计算停止的条件，从而得到满足精确度要求的零点近似解。教师带领学生一起来用图形计算器计算功能，进入菜单中的 7 表格—设—（1，2，0.5）—EXE—F6 制表—获得区间端点与中点的函数值的符号。

表1　求函数 $f(x) = x^3 - x - 1$ 零点的近似解

端点或中点横坐标	计算端点或中点的函数值的符号	确定区间	区间长度

（3）探索三：什么是二分法？

①学习二分法的定义

师生活动：学生根据 PPT 的内容和教师引导进行定义填空，此时教师分析二分法求零点近似解的前提条件和实质并板书。

②深化剖析二分法的定义：二分法求函数零点近似解的前提条件和实质是什么？二分法能求出函数在区间上的所有零点吗？

师生活动：教师强调注意事项，二分法只能用于求出变号零点的近似解。

（4）本课小结：用二分法求函数零点近似解的一般步骤。

师生活动：

教师提问："那么谁能来总结一下二分法求函数零点的一般步骤呢？"

教师提问："第一步做什么？"学生："先得找个区间。"

教师提问："谁所在的区间？"学生："零点所在的区间。"

教师提问："区间边界的函数值得满足什么条件？"学生："函数值异号。"

教师："不错！接下来做什么？"学生："取区间中点，计算它的函数值并判断符号。"

教师提问:"怎么判断下一个区间?"学生:"看中点的函数值与左边界函数值异号,还是和右边界函数值异号。"

教师提问:"那会不会出现中点处的函数值就得 0 呢?"学生:"也有可能。"

教师:"很好! 接下来要做什么?"学生:"继续重复刚才的步骤……"

教师提问:"什么时候停下来?"学生:"当区间长度小于精确度时,就停止。"

教师提问:"那谁可以是函数零点的近似值?"学生:"区间中任意一个值都可以是。"

教师:"把区间不断一分为二,历经取中点、看正负、缩区间、判断精确度的重复操作,反映出二分法是一种程序化的算法,我们可以通过编写让计算机能够识别的语句,通过计算机的强大功能来代替人的大量重复运算,并且实现用二分法解决零点近似解的一类问题,大家可以在今后的数学学习中继续体会算法的思想。由函数零点与相应方程解的关系,我们可用二分法来求方程的近似解。"

4. 活动四:学以致用

典型例题:用二分法求方程 $x^3 + x^2 - 2x - 1 = 0$ 的一个正数近似解(精确度0.1),并完成表二。

表2 求方程 $x^3 + x^2 - 2x - 1 = 0$ 的一个正数零点的近似解

端点或中点横坐标	计算端点或中点的函数值	确定区间	区间长度

师生活动：

教师："下面大家以小组为单位，三人分工合作，体验操作用二分法求上述方程的一个正数近似值。"学生上台展示填写好的表 2 内容，并简述过程与所得近似解. 教师适时点评。

5. 活动五：总结升华

引导学生从知识和数学思想方法两个方面总结。

师生活动：

教师请学生发言，在教师的引导下，学生能够分别从所学知识方面，还有数形结合、一分为二、逐步逼近、算法等数学思想中有所感悟。

教师："今天我们经历了一次二分法求零点近似解的历程。实际上，在求函数零点的道路上，许多数学家相继付出了很久的努力，经历了艰难又曲折的历程，正是因为他们坚忍不拔、一丝不苟的钻研精神，才能获得一个个人类数学史上的巨大成就，得到了三次、四次方程的求根公式，不过这些公式很复杂，不适用于平时的计算，而且也得出结论，四次以上的方程是不存在求根公式的，所以求方程的近似解是数学中的一个重要课题。其实数学就在我们身边，它来源于生活又服务于生活，只要大家善于发现、善于思考，善于利用研究工具，一样也可以在某个数学领域有所建树。"

（二）活动设计意图

1. 形成认知冲突，激发学生的求知欲

如活动一的预习导学中，学生体会求零点的方法可以解对应方程的根，可以用因式分解、求根公式和配方等方法。同时发现上述方法并不能解决最后一个函数的零点，从而形成认知冲突，激发学生的求知欲。教师明确学生的最近发展区，激励学生利用所学知识，动手动脑研究问题，展示研究成果，勇于交流想法，有信心解决新问题。

2. 运用"问题串驱动"，发挥学生的主观能动性

如活动二的温故知新中，教师通过追问的方式使学生的心理倾向保持适度状态，引导学生系统地回顾旧知，加深对旧知的理解，为后面探索新知做好充分的准备，同时让学生体会函数与方程、数形结合的数学思想。

如活动三的探究新知中的探究二中,引导学生了解精确度的意义,如何确定零点近似解使之满足精确度。在以教师问题串引导的探究中,进一步体会把区间一分为二的思想,体会逼近的思想,体会近似与精确的辩证统一。再如探究三中,通过学生对二分法定义中关键词的自我总结,通过一连串的问题,有意识地让学生体会二分法的应用条件、实质和注意事项,更好地理解二分法原理,达到带领学生剖析深化二分法定义的目的。又如本课小结中,教师通过问题串的提问方式,引导学生得到二分法求函数零点的一般步骤,重在让学生提炼方法,使学生在探索中领会,在总结中提高。

3. 师生互动提升学生数学建模、数据分析的科学素养

本课教学在各个活动中的设计均体现教师培养学生数学建模和数据分析的科学素养。如活动一的预习导学中,教师引导学生利用图形计算器的"图象"功能获得目前学生还不能画出的函数图象,利用函数模型使学生能够直观感受具体函数零点的存在,个数和所在区间等。如活动三的探究新知中,四个探究活动均体现教师指导学生使用图形计算器的"图象"和"表格"功能探索新知,运用恰当的数学工具帮助学生提升数学建模以和数据分析的能力。在活动四的学以致用和活动五的总结升华中鼓励学生进一步深入挖掘图形计算器在研究数学问题中的重要作用。

(三) 活动实际效果

本节课采用问题启发式与学生探究式相结合的教学方法,教师通过"问题串"的形式,让学生层层解决学习中遇到的难点,教师通过与学生的问答交流发现其思维过程,向学生提供具备启发式和思考性的问题,运用"问题驱动"实现师生共同探讨,充分发挥学生的主观能动性,提高学生的探索、推理、分析和总结归纳等方面的能力。

学生在问题启发中层层深入解决问题,学生通过亲自动手操作图形计算器、小组合作探究、展示成果、自我测评、自我总结的一系列过程提高由发现问题到提出问题再到解决问题的能力。

四、讨论与反思

本节课的教学设计,通过适当创设情境,调动学生的学习兴趣,然后以问题做链,环环相扣,运用引导发现式及探究式教学法,使学生的探究活动贯穿始终。从实际问题的解决到高次函数的零点求解都是在问题的指引下,通过教师的适度引导、侧面帮助、不断肯定,由学生探究完成并走向成功。

教学不仅应向学生传授知识,而更重要的在于让学生参与获得知识的活动。教师应使学生在解决问题的过程中积极思考,使其在动手、动口,动脑的过程中懂得如何学习数学,体会数学知识的来龙去脉,体验探究学习带来的成功喜悦,从而培养其主动获取数学知识的能力,同时通过数学来源于生活的教学设计,增强学生热爱数学、热爱生活的情感。

建立学生生命观念,优化高中生物课堂

——以"细胞器之间的分工合作"为例

马　静

一、学科核心素养

什么是生命观念?《普通高中生物学课程标准》中凝练了关于生命观念的概念:"生命观念"是指对观察到的生命现象及相互关系或特性进行解释后的抽象,是人们经过实证后的观点,是能够理解或解释生物学相关事件和现象的意识、观念和思想方法。[①] 由此可以看出,生命观念不仅是一种观点或概念,还应该包括意识、观念和思想方法,生命观念形成的过程需要进行抽象,而抽象的对象是观察到的生命现象及相互关系或特性。

《普通高中生物学课程标准》中提到的生命观念包括结构与功能观、物质与能量观、稳态与平衡观、进化与适应观。除此之外,生命观念还包括生命的系统观、生态观、物质观等。由此可见,生命观念是一种高度抽象概括而形成的对生命现象和本质的认知。生命观念形成的过程中,需要进行科学思维和科学探究,最后会形成相应的社会责任,从而外化在行动中。

二、教学内容分析

本节课为高中生物必修一"分子与细胞"第三章第二节"细胞器之间的分工合作"的内容。该节主要包括"细胞器之间的分工""细胞器之间的协调配

---

① 中华人民共和国教育部.普通高中生物学课程标准(2017 年版)[S].北京:人民教育出版社,2018:4.

合""细胞的生物膜系统"三部分内容,可以帮助学生从系统角度认识细胞,是第三章的重点内容之一。本节课是第二课时,主要内容是以分泌蛋白的合成和运输为例,讲述细胞器之间的协调配合,并且在结构和功能两方面认识到细胞的生物膜系统是互相联系的。本节课的内容同时也为后面学习植物细胞吸水和失水、细胞呼吸、光合作用、有丝分裂等内容打下基础,在整本教材中有着重要意义。

细胞作为最基本的生命系统,是由很多组分构成,各组分之间不仅分工明确,还需要协调配合才能完成一系列生命活动。离开了细胞这一整体结构,各组分是不能单独实现其功能的,这就体现了整体结构的功能大于局部结构的功能之和,即整体大于部分之和。细胞内的生物膜一般是由蛋白质和脂质组成的,具有一定的流动性,正是由于生物膜的这种结构,使它具有了物质运输、能量转化和信息传递等功能,由此可见,结构与功能是统一的,结构决定功能,功能是结构的外部表现。

三、教学活动设计

(一)活动内容与实施

1. 活动一:创设情境,导入新课

笔者播放关于 C919 飞机制作的视频,展示我国新一代大型客机 C919 飞机的研制过程。研制 C919 飞机需要若干部门分工合作,如整体研发设计、特种材料及工艺技术等。教师引导学生思考,如果缺少其中的某个部门,C919飞机能不能研制成功? 如果将细胞比作飞机,那么在细胞中也存在着若干"部门",这些"部门"通过协调配合来生产产品,分泌蛋白就是一种细胞生产的产品。最后引出分泌蛋白的概念。

2. 活动二:分析资料,小组讨论

笔者先请同学回忆学过的蛋白质,举出实例,再给出分泌蛋白的概念,判断这些例子中哪些是分泌蛋白,接着引导学生分析研究分泌蛋白的方法——同位素标记法。笔者引导学生阅读教材 51 页"分泌蛋白的合成与运输",并组织学生小组讨论下列问题:

科学家向豚鼠胰腺泡细胞中注射 ^3H 标记的亮氨酸 3 分钟后,有什么实验现象,说明了什么?17 分钟后,又有什么实验现象,说明了什么?117 分钟后,有什么实验现象,又说明了什么?分泌蛋白合成和分泌的过程中需要能量吗?能量由哪里提供?

小组讨论结束后,教师展示相关实验过程,各小组派代表回答上述问题。

教师播放分泌蛋白运到细胞外的过程示意动画,学生阅读教材 52 页,并结合动画,思考讨论核糖体、内质网、高尔基体和线粒体在分泌蛋白合成和运输过程中分别起到了什么作用,小组代表回答问题,教师继续引导学生思考,内质网与高尔基体、高尔基体与细胞膜不直接相连,如何发挥作用。最后,教师明确分泌蛋白合成和运输的全过程。

3.活动三:构建模型,小组展示

学生分组活动,利用课前准备好的彩色橡皮泥和白纸,模拟分泌蛋白合成和运输的过程。学生在白纸上画出这个过程涉及的细胞器以及细胞结构,用橡皮泥捏出分泌蛋白在各个细胞器中的形态,小组代表通过投影模式,向大家解说分泌蛋白合成和运输过程,教师补充总结。教师引导学生思考,该过程中内质网、高尔基体、细胞膜都具有膜结构,各个结构的膜面积是如何变化的,在该过程中膜结构又是如何发挥功能的,引出生物膜的概念。

4.活动四:对比归纳,综合分析

学生观察"内质网膜与细胞膜、核膜的联系"示意图,思考内质网与核膜、内质网与细胞膜是如何联系的。这些生物膜的组成成分和结构很相似,引导学生回忆细胞膜的组成成分与结构。最后,引导学生归纳概括出生物膜系统在细胞生命活动中的重要作用。

(二)活动设计意图

1.创设情境,渗透系统观

在导入环节,播放我国研制 C919 飞机的制作过程,在该虚拟情景中,学生认识到飞机的制造过程需要各个部门分工合作,这些部门有各自的职能,同时又协调配合共同生产产品,提高工作效率,进而理解"整体大于局部"的观点,渗透系统观。

在提问环节,以"内质网、高尔基体、细胞膜是如何联系和发挥功能"的设问引导学生思考,通过学习生物膜系统,认识到系统有自己的组分、结构及功能特点,系统的各组分既独立又相互协作,共同完成生命活动。引导学生利用"系统"的观念认识细胞是最基本的生命系统。

2. 建构模型,初步形成结构与功能观

课堂活动中,用橡皮泥模拟分泌蛋白形成过程、画相关细胞器及细胞结构,学生体会到生物体的各个结构既独立又相互协作,共同完成生命活动。教师进一步提出膜面积如何变化,将学习情境向深层次引领,使学生认识到,功能是结构的外部表现,一定条件下反过来影响结构的变化,初步形成结构与功能观。

(三)活动实际效果

科学家向豚鼠胰腺泡细胞中注射 ^3H 标记的亮氨酸的实验,学生在实验过程中不仅了解了分泌蛋白合成与运输过程需要多种细胞结构协作,还体会到了科学家的研究思路、研究方法——同位素标记法,更是感悟到了科学家的精神,科研不仅需要科学技术与科学知识,更需要坚持不懈和与人合作的精神。

模拟分泌蛋白合成与运输过程,是成果展示的重要部分。小组的四名成员,一人负责画出该过程涉及的细胞结构,一人用橡皮泥捏出分泌蛋白在核糖体和内质网中的形态,一人捏出分泌蛋白在高尔基体和细胞膜中的形态,一人负责解说。整个过程不仅可以形象直观地表现出分泌蛋白合成与运输的过程,还使学生认识到细胞器虽然各有功能,但也要相互协作。分泌蛋白的合成是核糖体、内质网、高尔基体密切配合的产物,如果离开了细胞这一整体结构,这些细胞器是不能单独实现分泌蛋白的合成及运输过程的,研究生命现象时既要关注整体,也要研究局部,学生的整体与局部观得到深化。

细胞内各种生物膜有很多特点,它们的组成成分很相似,一般都是由蛋白质和脂质组成。生物膜的结构也很相似,为流动镶嵌模型。结合已学过的内容,学生可以得出"膜结构具有一定的流动性是实现其功能的基础"的结论,结构决定功能,结构与功能相适应,进一步形成了结构与功能观。

四、讨论与反思

　　生命观念包含的一系列观念又各有对应的内涵。建立生命观念,要在概念形成的基础上,经过抽象和概括的过程,才能形成生命观念。本节课从分析科学家实验开始,通过科学探究,初步形成了细胞各结构既分工又合作的概念。创建分泌蛋白合成和运输的模型,使学生初步形成了结构与功能观。概括分析生物膜的功能,深化了结构与功能观。本课呈现出从科学事实到概念再到观念的过程,使学生理解了细胞器之间的分工合作,还阐明了结构与功能相统一,强化结构与功能观。然而要建立全面的生命观念,还需要在后续的学习中进一步深化。

生物课中科学思维的训练与社会责任的培养
——以高一生物必修一"细胞核的结构与功能"的教学为例

翟文赞

一、学科核心素养

科学思维是本节重点发展的核心素养。如"尝试制作真核细胞三维结构模型",落实了"模型与建模"的科学思维。该节"问题探讨"中特别选取目前克隆牛的几个问题作为背景,有助于有效激发和引导学生深刻关注这个时代社会的一切事物,形成学以致用的正确思维、表达方式与社会实践活动能力,进而有效培养社会责任并履行社会责任,本节课为学生提供了众多科学探究历史资料,其中蕴含了丰富的科学研究方法与技术,体现了科学探究所需的探索精神以及科学思维和科学技术手段的完美融合。

二、教学内容分析

本节先通过问题探讨,创设情境说明细胞核的重要性,接着教材布置了"细胞核有什么功能"的思考讨论等教学活动,意在帮助大家构建"细胞核控制着细胞的代谢和遗传"这一重要的概念。教材中根据本章所学的基础知识内容,进一步归纳总结了"细胞是一个基本的生命系统",其结构复杂而精巧,各个组分之间分工协同地形成一个系统性的整体,使得生命活动都能够从不断发展的时间节点内进行自我调节、高度有序地进行,从而使学生们形成了系统观。

三、教学活动设计

(一)活动内容与实施

1. 新课导入

笔者以"讲故事、提问题"的形式导入新课。以科普小故事的形式讲述了培育克隆牛的过程,激发起学生的学习兴趣。用问题引导学生思考克隆动物性状与细胞核间的关系,为细胞核功能的分析做好铺垫。让学生在回答问题的过程中意识到细胞核的重要性,从而想了解细胞核的功能。

2. 讨论细胞核的功能

笔者使用PPT逐一呈现"思考讨论"中的素材,并设计一系列问题串让学生回答,通过对资料的分析和回答老师的问题来增强学生的观察、思考、讨论、交流、总结等综合性能力。通过对四则资料列表归纳总结细胞核的功能,激发学生的注意力和记忆能力,从而帮助巩固知识,让学生充分认同细胞核的功能:细胞核直接控制着每一个细胞的遗传和新陈代谢,因此有人将其比喻成细胞的大脑,它是细胞的控制中心。

过渡:根据结构和功能相互适应的理论观点,引发对于细胞核结构的学习。

3. 讲授细胞核的结构

核膜(其上有核孔)、核仁。

引导学生阅读教材,并启发学生总结出以下内容:染色质的定义、染色质的化学组成、染色质存在形态、染色质和染色体之间的关系。

细胞是微观生理组织结构的一个基本单元,也是微观生理新陈代谢及其遗传过程的一个基本单元。要让学生充分感受到虽然细胞微小,但其结构、功能、调控等多个方面是一个统一的整体。

此处进行思政教育:随着我国科技的迅猛发展,2018年,我国科学家首次培育出了灵长类体细胞克隆动物——克隆猴,这充分彰显了我国科技实力。请学生们阅读教材上的《世界上首例体细胞克隆猴的诞生》,并思考我们对克隆人应持什么态度。现在每一位同学都努力学习,将来才能够在世界的科技舞台上为中国增光添彩。

4. 制作细胞结构模型

笔者首先向学生介绍模型的种类,接着带领学生制作细胞模型。

笔者首先向学生展示事先设计和制作的一个细胞核模型,给学生以启发,让他们结合自己在本章前两节课中所讲述的细胞膜、细胞器内容,尝试制作一个基于真核细胞的三维结构模型。这就要求我们的学生在设计并研究真核细胞模型时,需要尽量准确地描述和概括各种真核细胞的基本特点,科学性应该是第一位的,其次才是模型的完整性和美观与否。制作要求:分别用不同颜色的彩泥捏出不同的细胞器,摆放在塑料碗中。

(二)活动设计意图

以培养克隆牛为主要切点导入新课时,笔者向学生详细介绍了我国科研人员培育克隆牛的过程,让广大学生认识到我国的科研实力并增强中华民族的自豪感。在向学生详细讲授完细胞结构之后,又向学生们详细介绍了本节课教材的生物科学技术进展——《世界上首例体细胞克隆猴的诞生》,在体细胞克隆猴的研究培育过程中,我国的科学家攻克了三道难关,将体细胞克隆技术的研究上升到一个新的层面。克隆猴的诞生,标志着我国将克隆技术的应用推向了新的高度。这些内容可以让学生们为祖国的科研和技术发展而感到骄傲,同时也鼓励广大学生更加努力地去学习,为祖国科学研究和技术进步而奋斗,奉献自己的一分力量。同时,我们要向学生说明,体细胞克隆猴成功了,从其原理和科学技术两个方面来看,克隆人是一定能够做到的,但是,克隆人将给我们带来严峻的社会和道德伦理问题,因此,我国政府明确规定禁止克隆人,我国的科学家也坚定反对这种克隆。通过这部分内容的介绍,使学生们的心中升腾起强烈的社会责任感。

在初中的生物教学活动中,并没有让我们的学生掌握分析实验的一般途径和方法,在我们的教学实践中,学生往往并不是完全自主地从对实验的理论分析中获得正确的答案和结论,甚至还不知道怎样进行分析,因此本次的教学设计尝试通过提出的问题串,让学生们初步掌握和运用现代科学的方法来理解和分析实验的设计并获得正确的结论。

讲述完细胞核的功能之后要提问学生："本节课的题目是细胞核的结构和功能,为什么我们上来先讲功能而后讲结构呢?"这是因为细胞核的功能从一系列的实验结果能看到其宏观现象,对于学生来说容易接受和理解。随着技术的不断发展,我们制造出了观察微观结构的工具,如光学显微镜、电子显微镜,借助工具我们才能够深入微观领域研究细胞结构,从而让学生理解科学和技术的关系。

在"细胞核结构"这部分内容的教学中,笔者安排了两个可以让我们的学生动手操作的环节,一个就是让学生们自己用毛根模拟演示染色质和染色体不同状态,这样学生不仅可以迅速地理解染色质和染色体之间的关系,而且可以记牢该知识点。二是让学生使用彩泥来做出一个真核细胞的三维结构模型,在学生动手制作之前,提醒学生制作细胞结构种类要齐全,形态要准确,比例要恰当;学生完成作品之后,教师要对学生作品进行充分的肯定。在制作过程中学生们实事求是、认真严谨的科学思维得到了训练。

(三)活动实际效果

本节课在讲授细胞核的功能时,学生自己阅读教材中的四则资料之后,在老师设计的一系列的问题串的引导下均能顺利得出结论,该环节中的分析多个经典实验的设计思路对学生科学思维的培养起着潜移默化的作用。对本节重、难点即设计制作真核细胞三维结构模型的处理则是以学生活动为载体,在动手制作模型的过程中进一步熟悉细胞核的结构。要求以小组为单位,每位学生在课堂上制作一到两个细胞器,小组成员共同完成一个完整的细胞结构。这个活动能引起学生们的兴趣并且使他们积极地参与其中。在活动中,学生们能充分地交流沟通并分享自己的学习体会,教师能及时给予指导和纠正。以毛根来模拟染色质与染色体的关系起到了事半功倍的效果,学生记忆深刻。比如,有的同学在制作细胞核模型时用两种颜色的彩泥去制作,这说明他牢牢地记住了核膜是双层的。有的同学把核膜的外层做得很光滑,在老师的提醒下,他在核膜的外层加上了一些核糖体。还有的同学没有注意到应该把核膜的外层与内质网膜相连,在老师的指导下进行更改。这些细小的知识点如果不是亲手制作细胞三维结构模型,学生很难一下子记住。

四、讨论与反思

本节教学有三个主要的环节:

首先,学生在阅读教材的基础上和教师的引导下,不仅分析得出了实验的结论,而且在分析实验的过程中充分认识到经典实验的严谨性和科学性。

其次,通过学习细胞核的结构,尤其是对于染色质的了解,学生们知晓了把细胞核比作细胞大脑的原因,用毛根模拟染色质与染色体的关系,使学生理解这一知识点非常顺利。在比较细胞膜与核膜的基础上,学生很容易就理解了核膜的功能,并对核孔的作用理解得也很透彻,从中深刻体会到结构与功能是相适应的。

最后,学生通过亲手制作真核细胞三维模型并向全班展示交流,更加深刻地对真核细胞的整体结构有了感性的认识,从而更深刻地理解了细胞是一个统一的整体。

本节课亮点有以下两个:

首先,现了生物学科的核心素养,训练了学生的科学思维,培养了学生的社会责任感。让学生自己制作细胞结构模型、亲自动手感受染色质和染色体的关系,这都体现了对学生科学思维和动手能力的培养。

其次,本节课中渗透着思政教育,如我国科研人员培育的克隆牛和体细胞克隆猴,彰显了我国的科技实力,激励学生为我国的科技发展努力学习。

"素养为本",结构化课堂的教学设计与实施

——以"沉淀溶解平衡"为例

沈 辰

随着新时代的到来,人才竞争的国际化趋势越来越明显。近年来,我国的教育体制改革、深入实施新课程标准等措施的目的是把学生教育培养成符合时代需要的未来型人才,提升人才核心素养则成为未来型人才培养的关键。

在高中阶段,化学作为必修课程之一,在高中的教学体系中举足轻重。根据课堂教学发展的需要,在新时代的课堂教学过程中,教师既要重视提高学生的学习水平,又要注重学生核心素质的培养,只有这样才能提高学生的综合能力。

一、学科核心素养

核心素养是指接受学习和教育的过程中为满足个人终身发展和社会发展的需要必须具备的综合素质及关键能力。核心素养并非遗传而来,而是由教育获得。因此,如何以知识教学为载体实现学科核心素养的习得是每一位教育者都在思考的问题。

新修订的《普通高中化学课程标准》中,要求教师开展素养为本的化学课堂教学。素养为本位是素养取向的化学课堂教学所秉持的基本理念。笔者认为,"沉淀溶解平衡"这节课的素养功能在于通过探究沉淀溶解平衡,进一步深化学生已经具备的"宏观辨识与微观探析""变化观念与平衡思想"。通过具体的实验活动发展学生的"实验探究与创新意识",通过实际问题的解决发展学生的"科学精神与社会责任""证据推理与模型认知"等化学学科核心素养。

二、教学内容分析

本部分是人民教育出版社普通高中课程标准教材《化学反应原理（可选）》中沉淀溶解平衡在离子反应和水溶液中溶解平衡的第四部分，是本章的最后一部分，包括降水溶解平衡和降水溶解平衡的应用。水中的沉淀还建立了一个动态平衡，它与化学平衡和电离平衡一样，对应于平衡的基本性质和平衡变化的基本定律。学生能经过"沉淀溶解平衡"相关学习，得到更全面的知识，了解水溶液中离子平衡发展相关理论，更加全面透彻理解溶液中发生离子反应的原理，从而深化认知体系。另外，从社会意义来说，由于沉淀溶解平衡在化工生产和实际生活中都有着十分重要的用途与影响，我们非常有必要对这部分内容进行深入研究。

三、教学活动设计

（一）活动内容与实施

1. 环节一：宏观现象（情境引入）——学生通过一个真实的情境感受沉淀溶解平衡的存在

教师进行情境引入："今年夏天，老师去海边玩儿，在参观一个水产养殖场的时候，发现渔民们在向海水中撒一种白色的粉末。这是在做什么呢？"

由此提出了本节课的第一个任务，推测用作水质改良剂的白色粉末可能是什么物质。学生对于这个问题不知该从哪儿去入手。于是笔者通过两个问题，白色粉末的用途是什么、它具有怎样的性质，将用途体现性质的化学认识视角显性地抽取出来。借助这个视角，学生根据白色粉末可以沉积在水底，让海水的 pH 值保持在 9 左右，推测出白色粉末应该难溶而且具有碱性。通过讨论以后，学生认为它可能是氢氧化钙、氢氧化铝或者是氢氧化镁。进一步的探讨之后，学生们认为氢氧化钙不是难溶物，氢氧化铝会在水体中引入铝离子，对水产品有影响，最终将目标锁定在氢氧化镁。随后，教师给出文献，证实了学生们的猜测。

2. 环节二：微观本质——分析沉淀溶解平衡的本质

这个问题成了本节课的第二个任务。解决这个问题的关键有两点：第一，难溶的氢氧化镁如何使海水保持一定的碱性？第二，如何使 pH 值保持在 9 左右？教师设计了两个教学活动，针对第一个问题，做演示实验：利用手持技术数字传感器，绘制了向水中加入氢氧化镁固体时溶液 pH 值变化的曲线。学生通过观察发现，烧杯中的固体未能完全溶解，但是 pH 值曲线先上升，后成为稳定的直线。这个时候教师提出了一个问题："pH 值曲线为什么会发生这样的变化？"这个问题将学生从对观察现象的低阶思维转入解释说明的高阶思维。通过对曲线上升部分的分析，学生体会到难溶的氢氧化镁也能溶解于水，溶解时还会发生电离。通过对曲线平台部分的分析，学生意识到此时溶液中还存在离子结合生成沉淀的变化，平台意味着某种平衡，结合烧杯中还有未溶解的固体，学生大胆推测出这里应该存在一种建立在未溶解的固体和它电离出来的离子之间的平衡，这是一种新的平衡。沉淀溶解平衡的概念就这样顺理成章地构建了起来，同时也突破了本节课的难点。

不过这个活动只能够解决氢氧化镁使海水保持一定碱性的问题。对于它的 pH 值能否保持在 9 还要进行定量的思考，所以笔者又设计了本环节中的第二个教学活动：计算海水的 pH 值。

3. 环节三：问题解决——感受沉淀溶解平衡的应用

虽然学生通过前面的学习知道了氢氧化镁确实能使海水的 pH 值保持在 9 左右，可是如果海水因为某些原因酸化了，它的 pH 值还能在 9 左右吗？于是，教师又使用氢氧化镁的悬浊液模拟撒有水质改良剂的海水，用稀硫酸模拟海水酸化，设计了本节课的第三个任务，使学生推测向氢氧化镁的悬浊液中滴入少量的酸，溶液的 pH 值将发生怎样的变化；如果进行实验验证的话，除了氢氧化镁、水和稀硫酸，还要用到怎样的试剂。学生通过小组讨论和分享，亲手做实验，验证了猜想，并且对观察到的现象进行了深度的解读。

（二）活动设计意图

环节一宏观现象（创设情境），让学生们在真实的情境中学习化学。通过对水体改良剂的选择，确定了学生对水溶液体系的认知，并发展了学生解决问题的认识思路和结构化水平。

环节二微观本质,通过探究氢氧化镁使溶液保持一定碱性的原因,诊断并发展学生对沉淀溶解平衡的认知水平,即由物质水平到微粒水平,再到定性水平,最终到定量水平;基于化学平衡知识关联结构化水平和对化学平衡认识思路的结构化水平。

环节三问题解决,通过探究氢氧化镁用作水体改良剂的原理,诊断并发展了学生对水溶液体系的认识水平、实验探究水平和对化学价值的认识水平。

(三)活动实际效果

环节一:学生们的知识并没有增加,但是从面对实际问题的束手无策到发表观点时的头头是道,体现了学生的认识视角和思路的提升。这样一个从实际问题到化学问题的结构化的认识思路,对学生解决真实情境下的实际问题有着至关重要的作用。

环节二:在沉淀溶解平衡建立过程中,学生从对宏观现象的感知,转入对微观本质的分析,手持技术的使用,让之前较难察觉的沉淀的溶解与电离直观地呈现在学生面前。对于 pH 值变化原因的分析,发展了学生的变化观念与平衡思想,以及证据推理与模型认知的化学学科核心素养。在 pH 值为 9 的定量计算的过程中,学生的思维从定性转入了定量。情境中的认知冲突,引发了学生的深度的思考,从化学平衡常数到溶度积常数,学生的知识关联结构化水平得到了发展。通过借助化学平衡解决实际问题,同学们水溶液中离子平衡的认识思路结构化水平得到了提升。

环节三:本环节对于 pH 值变化的预测,发展了学生的变化观念与平衡思想。对于试剂的选择,发展了学生科学探究的定量思维。对于现象的解释,发展了学生证据推理与模型认知的化学学科核心素养。同时学生们也体会到了化学对社会的重要作用,发展了对化学价值的认识水平。

通过本节课的实践,教学采用问题解决、素养达成的结构化教学能够获得较好的效果。

四、讨论与反思

沉淀溶解平衡是化学平衡学科主题最后一个部分,同时也是最难理解的部分。借助结构化的化学平衡,模型对于新平衡的构建和分析都能够起到事半功倍的效果。与具体的知识相比,视角的转变与思路的形成才是素养为本的化学课堂带给孩子们最好的礼物。学生在课堂上的每一次尝试都是对未知的探究,每一次思考都是对自我的挑战,学科素养也就悄悄地在课堂上形成、发展。

基于科学探究与创新意识素养的高中化学教学研究
——以金属钠的教学为例

魏　露

一、学科核心素养

当前教育的核心任务是培养和发展学生的核心素养,核心素养是学生未来发展及自身综合素质的重要体现。化学是与生活、实践密切相关的一门自然科学,传统模式教学限制了学生们对化学知识的深度探究,新课标要求创新模式,重视学科素养的培养,引导学生对课程知识进行探索,将理论与实践互补,生活与化学相联系,构建趣味性教学。改革以往教学理念,学生能够用所学内容解释生活中的问题,提升学习热情,实现培养化学学科核心素养的目的。化学常识、实验和概念等不同类型的知识,要采用不同的策略、方法,培养学生五个不同方面的化学核心素养,科学探究与创新意识便是其中之一。作为教师,我们应激励学生从实践、创新的视角去思考问题,加强对社会发展的科学认知和理解,增强科学探究和勇于创新的精神。

教师引导学生们主动进行实验探究,使他们对学科知识的深度认知有所提高,提出问题,增强学生的求知欲望。明确了探究目的,对实验设计进行优化,对于学生了解科学探究一般方法有着较大的帮助。通过实验探究验证基础理论知识,增强学生的实践动手能力,同时完成知识理论的学习。新课改的推行,开展课堂实验知识讲解,培养实践操作技能,让学生对知识体系深刻认识。以金属钠的性质教学为例,教师改进教学方法,开展课堂实验,讲解知识,培养学生的实践操作技能,让其对知识体系深刻认识。具体的实验操作,提高学生们对化学学科的学习兴趣,同时观察学生在实际实验中动手操作的过程。

经过本节课的思考与交流后,让学生对于金属钠有全面的认识:物理性质、化学性质,如何保存金属钠。教师在实践课堂中引导实验进程,推导实验原理,完成知识内容的讲解,使学生在完成实验的同时,更深刻地理解化学反应,提高学生的学习兴趣,增强其求知意识。激励学生从实践、创新的视角去思考问题,加强对社会发展的科学认知和理解,增强科学探究和勇于创新的精神。

二、教学内容分析

本课注重对金属钠的实验探究,学生可体验到探究乐趣。通过课堂中思考与交流以及观察实验现象,可以在科学探究与创新意识方面,以科学探究的形式来培养学生们发现问题、分析问题、解决问题的能力。学生们具有一定技能,分组后可以合作进行简单的实验操作。通过对于钠的相关化学实验学习以及实验的操作还有现象的描述,学生展开具体的相关学习,能够提高化学的学习兴趣,科学的素养也有所增强,勇于科学探索的精神得到较好的培养。

三、教学活动设计

(一)活动内容与实施

1. 活动一:通过引人入胜的视频引入

视频:漆黑的夜晚,公路上开启了路灯。照明高手——高压钠灯是我们的首选。高压钠灯有很多优点:亮度高;虽然体积小但是效率高;有良好的透雾性能,使用寿命长。所以,不仅仅是道路,机场跑道等地方也少不了高压钠灯的身影。通过日常生活的场景,激发学生的求知欲望。

2. 活动二:钠的氧化实验

请同学们用镊子从煤油中取出金属钠,用滤纸吸干金属钠表面的煤油,用小刀切下一小块,观察现象。放置在空气中一段时间后,同学们再观察钠在空气中的变化。教师组织学生分工合作,并指导实验操作的规范性,共同完成实验任务。实验完成后,请同学讨论并将所观察到的钠被切开后发生的变化描述出来。

3.活动三:钠的加热氧化实验

切下一小块钠,加热后,钠会如何反应? 会有什么现象呢? 教师提醒同学们注意安全,观察在加热过程中,钠会有怎样的变化。在实验中教师应该提醒学生及时移开酒精灯,注意实验的安全性。

4.活动四:钠与水的反应

学生分小组实验,取钠,加入盛有少量水的培养皿中,观察反应的现象,分析得出结论,并尝试填写实验报告。教师适时提问与引导学生,让学生主动合作分析这一反应现象,得出结论。这个实验活动在教学过程中还可以做如下延伸:教师给出材料:大雨天气,存放危险化学品的仓库漏雨后,存放的金属钠着了火,引发了爆炸。请大家从安全的角度思考,金属钠的存放有危险吗? 金属钠若着火后,用于灭火的方法是什么?

(二)活动设计意图

创设现实生活中场景,使学生感受到的化学一直在生活中,激发学生学习的欲望,从而导入新课教学。

钠和水反应的这个实验环节的设计意图是,培养学生细微的观察能力,使大家再一次感受到化学实验的精彩,通过实验操作培养学生的合作精神;引导学生们学会科学探究的基本思路,即先提出合理的假设,再通过实验进行验证,通过实验现象分析得出正确的实验结论。对于实验现象的描述,可以锻炼学生们的语言表达能力,规范其化学用语,全面性的思维训练,提高了学生的逻辑性。

(三)活动实际效果

同学们分析并得出实验结果:煤油里取出的钠是灰色的,用小刀切开,说明了它质地软。大家观察到金属钠有着银白色的断面,这时还带有金属的光泽,但是会变暗,并且变暗的速度非常快,颜色很快成为灰色。引导学生推测,这化学反应的主角是氧气与钠,这次生成的固体是氧化钠 Na_2O,白色固体。

活动三完成后,学生发现:加热后,坩埚里的钠熔成小球后,突然剧烈燃烧,火焰是黄色的,燃烧生成了淡黄色的固体。这生成的固体是淡黄色的过氧化钠 Na_2O_2。化学方程式(氧气与钠的反应的两个方程式):室温生成白色固体:$4Na+O_2=2Na_2O$。在加热条件下,生成固体为淡黄色:$2Na+O_2=Na_2O_2$。

通过活动四的实验,可以观察到:水面上漂浮着金属钠,它熔化成小球,迅速游动在水面上,同时发出咝咝的响声(爆鸣声)。小钠球会逐渐变小,直至消失,滴入酚酞后,溶液变成红色。分享小组讨论结果:根据氧化还原反应的基本知识以及元素守恒、电子守恒等理论,推断产生的气体是氢气,而不是氧气。写出化学方程式:$2Na+2H_2O=2NaOH+H_2\uparrow$。在水面上漂浮着的金属钠,说明钠的密度小于水($0.97g/cm^3$),而这熔化的小钠球,说明钠的熔点低,同时,这个反应也放出热量。学生通过实验后可以了解,硫酸铜溶液与钠反应,有蓝色的沉淀(氢氧化铜)和气体(氢气)产生,推测钠应该是与水先反应,产生了氢气和氢氧化钠。

四、讨论与反思

这节课培养学生敏锐的观察能力,体会活泼金属是怎样的,使同学们再一次感受到化学实验的精彩,激发学生的好奇心与求知欲。笔者引导并总结了科学探究的思路:首先要有合理的假设,用实验验证假设的真实性,观察实验现象,分析总结实验结论。

以生活中常见的高压钠灯引入新课,采用一个真实生活案例,学生能深切体会到学好化学的用途。教学设计中从金属钠的存储要求、不同条件的氧化过程以及与水的反应,分组进行探究实验,逐步引导,以学生实践为主,大家观察实验现象,分组讨论探究金属钠的相关物理和化学性质,培养学生的分析和解决问题能力。相关实验操作培养了团队的合作精神,学生深切体会到严谨求实的科学态度,并提高安全意识。

笔者在教学中确立培养学生化学核心素养的目标,解析并构建教学目标,积极改进内容,突出可测性、可操作和整体性的优势,明确知识学习与探究活动的关系,用评价效果作为衡量标准。通过考察课堂实验探究任务、问题和习题的检测,评价学生的表现,评估学生的化学核心素养。

以宏观现象探析微观本质,用变化观念理解平衡思想

——以"难溶电解质的溶解平衡"教学为例

魏娜宇

一、学科核心素养

本课的教学设计以学生身边的常见现象为情境引入,利用类比学习的方法,以易溶电解质的溶解平衡引出难溶电解质的溶解平衡,让学生以小组为单位设计实验,通过实验探究层层深入,学生在教师设计的问题引领下,将实验现象层层剖析,将变化观点与平衡思想渗透于整节课的教学过程中,使学生充分理解溶解平衡的微观本质与宏观现象之间的相互关系。学生通过动手实验,观察宏观实验现象,对微观原理进行讨论推理论证,逐步养成科学探究的研究思想和证据推理的学习能力,使化学学科核心素养逐步形成。

二、教学内容分析

本课时教学内容是四种水溶液中存在的离子平衡的最后一种,安排在化学选择性必修一的教材中。学生已经学习了化学平衡和其他三种水溶液中的平衡,基本掌握了平衡思想。在本课时中,学生将继续运用动态平衡的有关思想,研究难溶电解质是否也存在溶解平衡,从而更完整地了解水溶液中的离子平衡,对平衡的思想理解得更为透彻。

本课时的教学内容是对上一章所学化学平衡有关知识的延伸。在本课时的学习过程中,理论知识的学习、生活中的应用以及实验技能全部都包含在内,这充分体现了化学理论指导生产生活实际的作用。学习完本课,可以使学生高中阶段平衡思想的体系更加完整,构建起"世间万物皆平衡,平衡无所不

在"的思想意识。

三、教学活动设计

(一)活动内容与实施

1.活动一:创设情境——引入新课

教师活动:播放"京东大溶洞"的视频,提出问题:"能不能从化学角度解释溶洞形成的原理?"

学生活动:观看视频,惊叹大自然的鬼斧神工,溶洞的形成如此神奇,祖国的美景令人神往。

2.活动二:动手实验——验证推测

教师活动:【实验一】将浓盐酸滴入饱和氯化钠溶液中,会发生什么现象呢?

学生活动:学习小组内对可能产生的现象进行推论和预测;分小组进行实验;仔细观察实验现象;小组派代表解释现象。

教师活动:(问题引领)通过实验可以发现,氯化钠属于可溶性电解质,存在溶解平衡,那么难溶电解质是否也存在溶解平衡呢? (实验探究)难溶性物质碘化铅是否存在溶解平衡? 设计实验方案,选择实验药品,设计实验步骤,记录现象。

教师活动:【实验二】实验检验,将碘化铅固体溶于水,让固体充分溶解,然后用离心机进行离心处理,取上层清液,请学生推测上层清液中可能含有什么离子,可以用什么实验检验出来?

实验仪器与药品:药匙、试管、胶头滴管、碘化铅固体、蒸馏水、0.1mol/LKI溶液、0.1mol/L硝酸银溶液、过氧化氢溶液、淀粉溶液。

实验步骤:

首先,取少量难溶的碘化铅黄色固体于试管中,加入约 3 毫升蒸馏水,充分振荡后静置,将上层溶液转移到离心试管中,用离心机分离获得上层清液。

接下来,用试管取上层清液,用胶头滴管向其中逐滴滴加溶液,观察记录现象,说明清液中存在什么离子。

学生活动:按学习小组分组设计不同的实验方案;记录实验现象;小组内通过实验现象讨论实验结论。

3.活动三:问题引领——探究结论

教师活动:逐层提出问题:

(1)取上层清液滴加溶液后,产生什么现象?

(2)上层清液中生成的是什么物质?

(3)说明上层清液中含有什么离子?

(4)这种离子是如何产生的?

(5)可以得出什么结论?

学生活动:不同的组展示不同的实验设计及实验现象,并在问题的引领下做出解释。

学生分组设计实验,检验碘化铅饱和溶液中存在 Pb^{2+} 或 I^-,记录现象。

学生实验后讨论总结:

(1)取上层清液滴加溶液后,产生黄色沉淀/淀粉溶液变蓝。

(2)上层清液中生成的是 PbI_2 固体/AgI 固体/碘单质。

(3)这说明上层清液中含有 Pb_2^+ 或 I^-。

(4)这种离子是由 PbI_2 固体溶解出的。

(5)可以得出难溶电解质存在溶解平衡这一结论。

4.活动四:回归教材——归纳总结

教师活动:回归教材,回忆之前学过的知识。教师提问:"将硝酸银溶液与氯化钠溶液混合,会有什么现象发生?如果两者的物质的量浓度、体积均相同,我们是不是可以认为两者恰好完全反应了呢?结合刚才做的碘化铅的实验,大家分析一下,结果应该是怎样的? 这是不是违背了我们之前所学的知识呢?"

学生活动:分组讨论,每个学习小组派代表发表自己学习小组的观点。

教师活动:请学生回忆化学平衡的相关知识,应用 v-t 图讲解难溶电解质溶解平衡的定义,并尝试说明外界因素对溶解平衡的影响。

5. 活动五:反馈练习——达成目标

教师活动:创设情境,让学习小组讨论,试着运用本节所学知识解释溶洞是如何形成的? 龋齿的形成原因和防治方法是什么?

学生活动:在教师的引导下进行小组讨论,并派代表发言,解释溶洞的形成以及龋齿的形成原因和防治方法。

(二)活动设计意图

1. 活动一

(1)创设情境,引入新课,以身边的景色引入,减少学生对新课的陌生感,激发学生的学习兴趣,让学生带着问题进入新课,学习目标更加明确。

(2)让学生领略祖国的大好景色,惊叹大自然的鬼斧神工,激发学生的爱国热情,增强自豪感。

2. 活动二

(1)本环节为新课的过渡,用可溶性电解质在溶液中存在溶解平衡,引出下一环节。

(2)通过发散性的实验设计,不仅培养了学生探究的意识,同时使实验更全面,结论更有说服力。

3. 活动三

通过由表及里逐层的问题引领,使学生得出结论"难溶电解质在溶液中存在溶解平衡"。问题由浅入深,学生很容易接受。

4. 活动四

回归教材,通过沉淀溶解平衡概念的建立过程,加深学生对物质"溶"与"不溶"的理解,物质的溶解是绝对的,溶解程度的大小是相对的,难溶不等于不溶。使学生体会辩证唯物主义的相对论。学生在掌握了化学平衡相关知识的前提下,总结归纳出知识点不是很困难,这样即复习了旧知又掌握了新知。

5. 活动五

(1)将化学知识应用于生活中现象的解释是本节课的重点,这能够让学生充分感受化学与生活的紧密联系,同时"龋齿的防治"又为下一课时的引入做了很好的铺垫。

（2）突出化学学科与生活生产是密不可分的，化学是服务社会的。

（三）活动实际效果

首先，使用知识迁移的方法，通过实验使学生明白，易溶电解质存在溶解平衡，然后引出问题，"难溶电解质情况如何呢？是否也存在溶解平衡？"这样可以达到水到渠成的效果。

其次，通过实验可以让学生充分理解我们之前学习的都是建立在一种理想的条件下的实验条件，而本课时的实验事实，可以使学生在分析问题时更加具有辩证性，能够更加全面地思考，引起学生重新审视自己之前所学的知识，激发学习的动力和兴趣，愿意更加深入地探究科学原理的真相。

再次，让学生以小组实验为方式，进行研究性学习，这样不仅可以激发学生学习的兴趣，更可以锻炼其动手能力，培养科学的探究精神，渗透科学研究方法。在教师提出问题之后，学生通过小组学习来设计实验方案，并且探讨实验方案的可行性，最后实施实验方案得到实验结果。通过这一系列的学生活动，促进学生主动构建知识体系，提高学生发现、分析、解决问题的能力，使科学素养落到实处。

最后，理论联系实际，学生以本课时学习的理论知识来解释实际生活生产中所遇到的现象和问题。通过难溶电解质的溶解平衡知识，让学生解释引入新课时提出的溶洞是如何形成的，然后结合书中提供的资料，总结出龋齿的形成原因以及防治龋齿的方法。突出化学学科与生活生产是密不可分的，化学是服务社会的。

四、讨论与反思

本课时的教学任务是在学生已经学习了化学平衡和溶液中的其他三种平衡的基础上展开的，学生基本掌握了平衡思想。为了使学生更加完整地、通透地理解、掌握和运用平衡思想，在本课时的学习中，学生将继续研究难溶电解质的溶解平衡。

在教学过程中，笔者以"京东大溶洞"引入，既接近生活，又激发了学生的学习兴趣。接着以实验一"饱和氯化钠溶液溶解平衡实验"，引出问题"可溶性电解质溶液中存在溶解平衡,难溶电解质情况如何呢?"从而进行第二个实验"碘化铅固体的溶解平衡",通过实验现象以及设定的逐层的问题情境,最终得出结论,即难溶电解质也存在溶解平衡。至此,完成了我们的教学难点,"难溶电解质溶解平衡的建立"。接下来是应用难溶电解质的溶解平衡去解释生活中一些常见的现象和问题,通过这些问题的解决,使学生更加深入透彻地理解了溶解平衡,达到了化学来源于生活又服务生活的目的。

本节课教学充分体现了新课程理念,充分提高了学生的实验探究能力和思维探究能力,教学设计中注重让学生尝试自主探究式的学习,充分考虑了学生的个性体验,使学生的学习主动性和积极性得到了很大的激发。在教学过程中,教师以化学知识为载体,积极创设问题情境,让学生自己思考设计实验方案,充分发挥学生的主体地位,多让学生或引导学生书写或表达,强化思维加工和知识获取的过程,让学生在自主探究和问题驱动下感悟知识、形成方法,使知识结构化,最终让学生得到了知识和获取知识的方法,体验获得成功的学习乐趣。在学习过程中,学生以小组为单位,合作学习,动手实验,分享研究结果,提高了学生的综合素质,使科学素养在潜移默化中得到落实。

宏观辨识与微观探析在课堂教学中的实践

——以高中化学必修一"离子反应"为例

张 玥

一、学科核心素养

《普通高中化学课程标准(2017 年版)》提出教育的基本理念,以发展化学学科核心素养为主旨,重视"素养为本"的教学。宏观辨识与微观探析是化学学科核心素养之一,它要求"学生能从不同层次认识物质的多样性,能从元素和原子、分子水平认识物质的组成、结构、性质和变化,能从宏观和微观相结合的视角分析与解决实际问题"。"离子反应"在必修教材中,必修模块教学重在提供基础知识,普及全民科学素养,所以在教学中注重控制难度和广度,要求学生通过离子反应的学习,能根据实验现象从微观上分析物质及其反应,能用规范的化学用语描述物质及其变化,能用分类的思想看待反应,能运用宏观与微观结合的视角,对物质及其变化进行合理的表征。

二、教学内容分析

"离子反应"是高中化学教材必修第一册第一章第二节。本章第一节为物质的分类,结合分类的思想可根据反应中是否有离子参加或生成,分为离子反应和非离子反应。本节要求学生通过分析酸、碱、盐之间的反应事实,了解离子反应,归纳总结离子反应发生的条件,并能正确书写离子方程式。结合旧知,通过实验,运用常见离子的检验方法解决问题,并进一步理解离子反应。必修模块重视初高中知识的衔接,本节要求学生能从宏观物质角度认识反应转换为用微观的视角去分析和认识物质在水溶液中的行为,最后达到应用宏观与微观相结合,解决实际问题。本节很好地发展学生认识物质或反应的角度,即从宏观的视角向微观视角转化,从孤立的角度看待事物上升到转化联系的视角,培养学生宏观辨识与微观探析的核心素养,也为学生今后从定性分析向定量分析转变打下良好的基础。本节课分为二课时,即电解质的电离和离子反应及其发生的条件、离子方程式及其书写。学好这节课,学生能很好揭示溶液中化学反应的本质,既巩固了已学过的电离初步知识,又为继续学习元素化合物以及选修模块的电离平衡、盐类水解、电化学等知识奠定了一定的基础。本文主要是对第二课时的教学做一说明。

三、教学活动设计

在建构主义教学理论的基础上,促进学生认识方式的转变的教学设计。学生的科学概念学习是逐步建立、健全的,学生是主动建构者,教学设计目标就是通过对各种过程和资源的设计支撑学生的建构活动。本节即让学生能从宏观、微观、符号三个方面建立对离子反应的认识。在设计时,主线如下:一个是教学内容的知识线索,即理清教学的知识脉络;二是认知线索,即分析学生的已有认识与科学概念间的差异,确定教学中学生的认知脉络;三是活动线索,即确定符合学生知识和探究能力的问题线索开展活动,并考虑是否需要为学生提供解决问题所需的证据,如果需要,以哪种方式向学生提供等。具体包括以下三部分:

(一)活动内容与实施

1.活动一:$CuSO_4$ 溶液和 $NaCl$ 溶液混合前后分析

教师提问:"在溶液中两个溶质是以分子形式存在,还是以离子形式存在? 为什么?"

分别取两溶液大约 2 毫升(约 2.5 滴管),倒入小试管中混合,振荡,观察现象。教师提问:"请解释现象的产生原因,说明混合后溶液中的离子主要有哪些。"

2.活动二:$CuSO_4$ 溶液和 $BaCl_2$ 溶液混合前后分析

在离子反应概念建立初期,使用伴有沉淀生成等明显现象的反应。

教师提问:"$BaCl_2$ 是电解质吗?如果是,请写出其电离方程式。"

分别取两溶液大约 2 毫升(约 2.5 滴管),倒入小试管中混合,振荡,观察现象,解释现象的原因。学生实验后,教师继续追问:"白色沉淀是什么?是什么微粒在作用(引出离子反应的概念)?参加反应的离子反应后数目、浓度如何变化(引出离子反应的实质)?请用化学符号表示(引出离子方程式的书写,结合预习材料和教材上的书写要求完成)。"与活动一对比(引出复分解型离子反应的条件),引导学生从宏观、微观、符号三个方面认识化学过程。

教师提问:"混合后溶液中的离子主要有哪些?如何判断(延伸到离子反应的应用)?"

3. 活动三:学习评价和反馈设计

教师将活动二——离子反应的应用设计成由学生讨论设计实验方案,大家交流。选择合适方案,教师进行演示。过程中师生互动、生生互动,共同解决问题,共同练习书写与实验相关的离子方程式。教师引导学生在获取知识后,体会方法,初步建立观念。

(二)活动设计意图

1. 创设情境

运用音乐创设情境,激发学生学习兴趣,引出水溶液中化学反应的"离子观"。

2. 实验探究

电解质溶液反应的本质——引出离子反应的概念、实质和离子方程式的概念,落实水溶液中化学反应的"离子观"。

离子反应的条件——得出复分解型离子反应的条件。

3. 学生自学、归纳、反馈、评价

学生阅读教材,结合预习材料,在教师指导下自学离子方程式的书写步骤,书写简单离子反应方程式。

学生讨论归纳离子方程式与化学方程式的不同,得出离子方程式的意义。

通过跟踪练习,学生设计,教师演示离子检验的实验,加强学生对离子反应及其发生的条件的巩固与应用。

（三）活动实际效果

导课：笔者采用课初引导性无意注意，播放了学生感兴趣的歌曲的化学版，改编版的歌词所包含的化学信息调动了学生的旧知，引出本节的新知，现场效果很好。

新课：整节新课内容都在旧知的基础上，完全从实验探究的过程和实验结果的分析中流畅自然地给出，并严格遵循认识本质、表达本质，即由宏观现象到微观理论解释再到用准确的化学用语表达，科学严谨性较强，旧知新知联系紧密，分组实验、问题设计合理，笔者恰当地使用多媒体、大屏幕等手段，为课堂提供了尽可能多的信息量。

教师演示实验是将离子检验的理论知识与实际操作相结合，从过去教学中的纸上谈兵实现了课堂上的活灵活现，此实验需要取反应后的上层清液进行离子检验，这是大多离子检验试验中一个很重要的环节，在有限的课时内，可使用离心机，让沉淀迅速沉降。实验采用学生设计方案，教师操作的方式，明显的现象加深了学生对旧知的印象，也将本节课内容上升到了离子反应的应用阶段，同时还解决了课上学生的一个问题——白色沉淀悬浮于有色溶液中，干扰了对沉淀颜色的观察，效果很好。

小结和巩固练习：课上练习采用做后立即反馈，错误的同学分析错误原因，采用自评、生评和师评相结合的形式。

四、讨论与反思

（一）对教学目标、重难点的反思

该课的授课对象是刚升入高一的学生，他们正处于初高中衔接的关键时期，元素化合物知识不是太丰富，个别同学离子符号的书写还不是很好，本节知识对学生来说达到深刻理解和较熟练地掌握是有一定难度的。所以笔者在讲解时循序渐进，以提高学生的科学素养为宗旨，教学上注重趣味性，注重培养学生的自主学习的能力和实验探究的精神，以帮助学生获得未来发展所必需的化学知识、技能和方法。

离子反应的知识可以说是高中化学的工具型知识，地位非常重要。离子方程式是重要的化学用语之一,但对于刚接触离子反应的学生,教学重心则偏重于使学生建构和形成水溶液中化学反应的"离子观",即能够有意识地从宏观物质的角度过渡到现在从离子的角度看待比较熟悉的化学反应,这是高中化学重要的学科核心素养之一。对于离子方程式会表达常见反应即可,因此在处理上采用了预习和课堂自学纠错的形式,从课上效果看,学生能通过上述环节达到目标要求。对于书写的更多细化要求会在今后的学习中逐步渗透。基于高一必修要求,本节课定位于能从离子水平上理解电解质溶液中的化学反应,清楚离子反应的实质,了解复分解型离子反应的发生条件以及能书写常见离子方程式。

(二)对教法学法的反思

高中化学必修课程旨在促进学生的终身学习,激发学生的创新潜能,提高学生的实践能力,同时也为学习相关课程和其他化学模块提供基础。必修课程的教学设计应注重学生科学探究能力的培养,重视基本概念和实验等,本节内容理论性强,较抽象,高一学生易感觉困难和枯燥,故需要在新授课上严格控制知识内容的深度和广度,保护学生学习积极性,有效使用多样化的教学方式等。本课采用恰当的创设情境、启发诱导,利用多样化的学习方式维持学生的学习兴趣。笔者引导学生通过实验探究、分析判断、讨论交流、应用反馈、归纳总结等多种方式学习体验,提高学习能力,并以多媒体、演示实验等手段辅助教学。

总之,教师要转变教育观念,重视开展"素养为本"的教学,同时利用先进的教学设备和媒体等教学资源为之服务,以期完成教学的预设和目标,将学生的学科核心素养的培养落到实处。

核心素养视角下数学建模能力的培养策略

——一元一次方程与实际问题的探究

陈慧颖

一、学科核心素养

林崇德教授主编的《21世纪学生发展核心素养研究》一书对"核心素养"进行了界定：核心素养是要求学生得到全面发展，在不同学段和情境掌握不同的知识和技能，能够满足个人和社会发展的需要所应具备的品格与关键能力。

数学学科核心素养是用数学的眼光，在数学视角下，用数学思维和观点阐述客观存在的事物，运用数学特定方法解决问题的能力。初中数学将研究范围扩大，由有理数到实数；计算层面由单纯的数字扩大到字母和式子；图形的认知方面由直线的平面图形发展到空间几何图形；要求全体学生学会数学基础知识、基本方法和技能；使不同的学生群体得到训练和培养；提升数学应用能力。

数学建模是让学生把数学知识与生活实践结合探索运用。数学建模是把抽象问题用不同角度描述成特定的对象，通过数学模型、数学语言表达抽象问题的过程。在学习中，能够充分利用信息辨别模式，用不同的方法将问题进行重新排列，用多种方式对问题进行重新组合，达到利用数学建模思想解决问题，能够将数学问题转化为实践应用。

数学建模是从数学的角度质疑、提出问题、分析问题、构建模型、探究推理、验证结论。初中数学教学中，最为常见的模型有：方程(方程组)模型、不等式(不等式组)模型、几何(距离)模型、只含有一个自变量的函数模型等。

二、教学内容分析

本节课研究的是列一元一次方程解决实际问题。本课以"方案选择"问题为载体,渗透了建立方程模型解决实际问题的数学思想。通过学生合作交流、共同探索"方案选择"的问题,使学生感受到数学建模思想的魅力,让学生感受数学建模在应用中的价值,增强学生分析问题的能力,体验数学带来的无限乐趣。让学生感受到运用代数方法解决问题时的优越性,把未知事件转化为已知可能的辩证思想,通过知识的应用,培养学生唯物主义的思想观点。

在学习本节课之前,学生已经学习了代数式、一元一次方程及一元一次方程的解法,经历并感受运用一元一次方程解决问题,知道寻找等量关系是解决问题的关键。但对于绝大多数学生来说,通过建立等量关系来分析一些较复杂的实际问题还存在一定的困难。在活动实践上,学生间有了思考、探究和交流意识,在实践过程中能够积极质疑、大胆推断、合作研究,并在解决问题的过程中积累了一定的方法技巧和数学活动经验。

让学生观察利用图表,积极思考如何解决实际问题,产生数学知识解决问题的意识,提高学生运用能力,渗透建模思想;让学生能思考、会解题、找规律,再遇到同种类型的试题时,能够运用所掌握的方法加以解决,达到提高数学学科综合素养的目的。

三、教学活动设计

(一)活动内容与实施

1.活动一:情境引入

(1)教师播放视频,与学生共同回顾"长征五号"搭载"嫦娥五号"飞向月球那激动人心的时刻。

(2)班里小唐和小白两位同学是火箭模型的爱好者,计划同时攒钱收集"长征五号"火箭模型。小唐原有 200 元,以后每月存 50 元;小白原有 150 元,以后每月存 60 元。设两人攒钱的月数为 x (x 为整数)。

问题1:在第几个月时小唐与小白攒钱的总数相同?

问题2：若这种火箭模型的价格为780元，他们谁能够先买到该模型？

2.活动二：合作探究

用A4纸复印文件，在甲复印店不管一次复印多少页，每页收费0.1元。在乙复印店复印同样的文件，一次复印不超过20页时，每页收费0.12元；一次复印超过20页时，超过部分每页收费0.09元。设在同一家复印店一次复印文件的页数为x（x为非负整数）。

问题1：请根据题意，填写下表：

一次复印页数（页）	5	10	20	30	……	x
甲复印店收费（元）	0.5		2		……	
乙复印店收费（元）	0.6		2.4		……	

问题2：当x取何值时，在甲、乙复印店的实际花费相同？

问题3：当x=70时，顾客在哪家复印店复印花费少？

3.活动三：跟踪训练

某游泳馆每年夏季推出两种游泳付费方式，方式一为先购买会员证，每张会员证100元，只限本人当年使用，凭证游泳每次再付费5元。方式二为不购买会员证，每次游泳付费9元。设小明计划今年夏季游泳次数为x（x为正整数）。

问题1：请根据题意，填写下表：

游泳次数	10	15	20	……	x
方式一的总费用（元）	150	175	＿＿＿	……	＿＿＿
方式二的总费用（元）	90	135	＿＿＿	……	＿＿＿

问题2：若小明计划今年夏季游泳的总费用为270元，选择哪种付费方式，他游泳的次数比较多？

问题3：当x>20时，小明选择哪种付费方式更合算？为什么？

(二)活动设计意图

1. 情景再现,激发爱国情怀

落实立德树人是当代中学生发展核心素养的根本任务,教师应探索具有中国当代特色的育人模式。中学生发展核心素养体系植根于中华文明和优秀的传统文化中,既具有中国文化底蕴,又有时代特征,二者相互融合,彼此支撑。

继承和发扬中国优秀的传统文化,能够使学生获得深刻的精神命脉和精神追求,形成中国基础教育课程改革的突出优势。要深化课程改革就要明确我国当前的教育核心:爱国主义教育。

我国的探月工程是几代人共同努力的智慧结晶。仰望星空是我们追逐梦想的开始,脚踏实地是我们实现梦想的途径。作为当代中学生,学习"追逐梦想、勇于探索、协同攻坚、合作共赢"的探月精神,能够引起他们对学习的兴趣、增强他们对学习的好奇心。因此,笔者带领学生共同回顾"长征 5 号"搭载"嫦娥 5 号"飞向月球那激动人心的时刻。

2. 生活实践,渗透建模思想

以学生的生活实践为讨论话题展开课堂教学研究,寻找学生身边的生活实例,让学生通过感知、思考、推理、运用,用已知的数学知识解决问题,感知生活中遇到的问题用现有的算数知识难以解决或带来不便,从而引出方程思想和模型,激发学生的探究兴趣和求知欲。

要培养中学生建模思想需要较长的时间和过程,我们应从简单问题入手,师生、生生共同营造探究式课堂教学模式,创建数学模型,为了达到预定的教学目标,做出必要的情景设计,运用恰当的数学工具或结构,启发学生运用数学思想和理论描述实际问题,促进对数学知识产生新发现、新思考、新描述。

3. 思维迁移,深入建模意识

数学建模是数学的一种思考方法,是运用数学语言和形式。数学建模即用数学语言及方式对某种现象进行描述的过程;构造出数学模型,能够培养学生积极思考和参与创造的意识,随着经验和能力的不断增加,以小组合作探究的形式,由学生进行分析讨论,分析出有效的、共性的、规律的数学模型,通过提出质疑,反复修改,多次论证,得出是否有进一步扩展和推广的意义。

数学模型实际上是解决生活中存在的某种问题的手段和过程,这个过程就是数学建模的过程,解决过程中运用到的数学结构即为数学模型。数学建模问题与其他数学问题又有不同,数学建模过程中的结果本身没有对错,但有优劣之分。建立数学模型不是很困难,但需要建立的数学模型能有效地指导解决实际问题比较困难,这也正是数学建模的难点所在。

(三)活动实际效果

通过学生合作交流、共同探索"方案选择"的问题,使学生感受到数学建模思想的魅力,让学生感受数学建模在应用中的价值,增强学生分析问题的能力,体验数学带来的无限乐趣。

列一元一次方程解决实际问题对培养学生的方程思想和建模能力,发展数感、符号感,提高分析问题、解决问题的能力有着不可替代的作用。

四、讨论与反思

本课以"方案选择"问题为载体,渗透了建立方程模型解决实际问题的数学思想。对于运用方程模型解决实际问题,要把教学重点放在引导学生分析和理解题意上,可以借助图表形式把握题意、分析数据,从多维度思考问题,寻找等量关系,选择适当的未知数,列出方程,列出方程的理论依据就是寻找并分析出的等量关系。

活动经验方面,师生之间、生生之间已产生并存在合作交流意识,能在学习过程中积极思考、大胆实践、勇于探索,并在解决问题的过程中积累了一定的方法技巧和数学活动经验。课堂上学生间积极参与、合作交流,通过讨论解决生活中存在的实际问题,体会如何选择最佳方案,使学生的知识得到巩固的同时,提高生活经验、学习方法,形成正确的价值观。

善用直观感受兴趣，提升数学抽象素养
——以"直线、射线、线段"一课为例

冷　琳

一、学科核心素养

提升中学生数学抽象核心素养，是以全面发展学生为核心。数学抽象是数学的基本思想。随着新课改的大力推进，人们的教育观念从只注重成绩逐渐向关注学生核心素养的养成转变，中学生核心素养的培养是极其重要的，而数学抽象是排在所有数学核心素养之首，是其他数学核心素养的基础，数学本身研究的就是抽象的东西，而数学研究最重要的基本思想也是抽象的。提高学科核心素养就是提升 21 世纪国家人才的竞争力。

二、教学内容分析

"两点确定一条直线"是人们在长期生产生活实践中总结出来的基本事实，这个事实很好地刻画了直线的特征，是数学知识抽象性与实用性的典型体现。"两点确定一条直线"是图形与几何领域首次用"公理"的方式确定的一个结论，是公理化思想的起点。

直线、射线、线段都是重要而基本的几何图形，它们之间既有密切的联系，又有着本质区别。它们的概念、性质、表示方法、画法、计算等，都是重要的几何基础知识，是学习后续图形与几何以及其他数学知识必备的基础。直线、射线、线段的表示，是"图形语言→文字语言→符号语言"层层抽象的数学语言的运用的一个典型例子，掌握这些表示方法是学好图形与几何知识的必备条件。

三、教学活动设计

（一）活动内容与实施

1. 活动一：以旧悟新，探求新知

情境创设：我们已经学习了平面图形、立体图形、体等概念，这让我们对周围世界有了新的认识。这节课，我们要着重研究直线、射线、线段，学习它们的表示方法、性质特点、实际应用等，加深我们对这些基本几何图形的认识。

教师设问："我们在小学学过直线、射线、线段，你能说出它们的联系与区别吗？"

师生互动：学生独立思考后交流。

教师进一步设问："请大家探究并回答下面的问题：经过一点 O 画直线，能画几条？经过两点 A、B 呢？请大家动手画一画、试一试。经过两点画直线有什么规律？请大家用简练的语言概括。"

师生互动：学生画图后在小组内讨论交流，然后派学生代表在全班交流，教师点评，将感性认识提高到理性认识，把几何图形抽象成几何语言。

师生共同归纳总结：经过两点有一条直线，并且只有一条直线。简单来说就是两点确定一条直线。

教师："如果经过两点任意画曲线或折线，请大家试一试能画几条，想一想这说明了什么。"

师生互动：学生画图后互相交流。

教师提问："怎样理解'确定'一词的含义？"

师生互动：学生独立思考后讨论交流，并尝试阐述。

教师总结："'确定'可以解释为'有且只有'，'有'意味着'存在'，'只有'意味着'唯一'。"

教师："大家想一想，生产生活中还有哪些应用'两点确定一条直线'原理的例子？请大家与同学们交流一下。"

师生互动：教师参与学生讨论交流，举出生活中的实例：把墨盒两端固定，木工师傅就可以弹出一条笔直的墨线；用两个钉子可以将木条固定在墙上；植树时只要定出两个树坑的位置,就能使同一行树坑在一条直线上……

2.活动二:学习语言,丰富新知

教师设问:"为了便于说明和研究,几何图形一般都要用字母来表示。用字母表示图形,要符合图形自身的特点,并且要规范。通过以往的学习,我们知道可以用一个大写字母表示点,那么结合直线自身的特点,请同学们想一想,该怎样用字母表示一条直线呢?"

师生互动:结合以上问题,请同学们阅读教科书,然后独立完成下面的任务:

(1)判断下列语句是否正确,并把错误的语句改正过来:

①一条直线可以表示为"直线 A"。

②一条直线可以表示为"直线 ab"。

③一条直线既可以记为"直线 AB"又可以记为"直线 BA",还可以记为"直线 m"。

(2)归纳出直线的表示方法。

学生独立思考后,进行小组内交流、并纠正。

教师参与学生讨论,提高学生观察能力,并明确直线的表示方法,从而提升学生数学抽象核心素养。

(3)教师提问:"想一想,用两个点表示直线合理吗? 为什么?"

师生互动:学生独立思考后讨论交流,并尝试阐述用两个点表示直线符合"两点确定一条直线"的基本事实。

情境创设:学习几何图形与几何知识,不仅要认识图形的形状,还要学习图形之间的位置关系。

(4)教师请学生们根据下列语句画出相应图形:

①点 A 在直线 l 上;②点 B 在直线 l 外;③直线 EF 经过点 C。

师生互动:学生画完后,互相比一比,教师指导纠正,并总结点与直线的位置关系。

尝试用不同颜色相交的两支笔,让学生体会它们所在的直线 a 和直线 b 的位置关系,与同学交流一下。

师生互动:学生分小组讨论,教师在点评的基础上明确:"当两条不同的直线有一个公共点时,我们就称这两条直线相交,这个公共点叫做它们的交点。"

(5)教师请学生根据下列语句画出图形:

①直线 AB 与直线 CD 相交于点 P;②三条直线 m、n、l 相交于一点 E;③三条直线 a、b、c 分别两两相交于点 A、B、C。

师生互动:学生完成画图并相互纠正,教师板书示范。

3. 活动三:类比迁移,拓展新知

教师设问:"射线和线段都是直线的一部分,仿照直线的表示方法,请大家想一想应怎样表示射线、线段?"

师生互动:学生阅读教科书,自主探索射线、线段的表示方法,然后回答下列问题:

射线和线段的表示方法与直线的表示方法一样吗?"一条射线既可以记为射线 AB 又可以记为射线 BA"的说法对吗?为什么?怎样由线段 AB 得到射线 AB、射线 BA、直线 AB?

教师检查学生学习情况,强调表示射线时应注意字母的顺序。

4. 活动四:综合练习,巩固提高

(1)教师请学生判断下列说法是否正确:

①线段 CD 与射线 CD 都是直线 CD 的一部分;②直线 MN 与直线 NM 是同一条直线;③直线的一半就是射线;④延长直线 AB 到点 C。

(2)教师请学生按下列语句画出图形:

①点 A 在线段 MN 上;②射线 CD 不经过点 A;③经过 M 点画三条直线 a、m、n;④线段 AB、CD 相交于点 B。

5. 活动五:新知总结,课堂反馈

教师请学生根据本节学习内容,回答下列问题:

你掌握了关于直线的哪一个基本事实?简单陈述一下直线、射线、线段的表示方法。

教师检测设计,比赛哪组全对的同学多:

(1)下列语句准确规范的是(　　)

(A)直线 a,b 相交于一点 m 　　　　　(B)延长直线 AB

(C)延长射线 AO 到点 B(A 是端点) 　　(D)直线 AB,CD 相交于点 M

(2)画图:A、B、C 三点在一条直线上。

①图中有几条直线,怎样表示它们?

②图中有几条线段,怎样表示它们?

③射线 AB 与射线 AC 是同一条射线吗?

(3)在同一平面内有三个点 A、B、C,过其中任意两个点画直线,可以画出直线的条数是(　　)

(A)1 　　　(B)2 　　　(C)1 或 3 　　　(D)无法确定

(4)先在平面上任意画不在同一条直线上的四个点 A、B、C、D,再根据下列语句画图:

①画直线 AB,CD 交于 E 点;②连接线段 AC,BD 交于点 F;③连接线段 AD,并将其反向延长;④作射线 BC。

(二)活动设计意图

1.善用直观图形,感受数学兴趣

从学生原有的直线、射线、线段知识出发,激活学生原有的知识结构中的有关认知。通过动手实践画图,由学生自主发现"两点确定一条直线"的基本事实,使学生对数学产生浓厚的兴趣,从而加深对这一基本事实的理解;让学生经历"动手实践→抽象概括"的认知过程,将感性认识上升到理性认识,体会知识的产生和发展。学生通过亲手画经过两点任意曲线或折线,使学生直观看到与"两点确定一条直线"形成鲜明对比,让学生理解这个基本事实是对"直线"特性的刻画,从而更准确把握直线的性质。

2.运用媒体课件,直观数学抽象

为了让学生准确把握"确定"一词的双重意义——"存在"且"唯一",在此展示多媒体课件和实物教具,使学生直观数学抽象,并体会这一事实的应用价值。

3. 发挥学生潜能, 提升数学抽象素养

通过学生自主探索与合作交流相结合得出直线的表示方法, 教师再结合学生易犯的错误加以规范, 这样既发挥了学生的潜能, 又提高了学生数学抽象能力, 更利于学生准确掌握直线的表示方法。

(三) 活动实际效果

学生的主体作用得到了充分发挥, 自主探索并掌握点与直线的位置关系、直线与直线相交的概念; 通过及时练习, 学习图形语言、文字语言和符号语言的转化, 培养学生几何语言表达的数学抽象能力。

四、讨论与反思

数学抽象的特点决定了在数学课堂教学中培养学生的数学抽象核心素养, 数学抽象有利于学生真正理解数学知识, 通过引导学生观察、动手操作, 采取直观教学, 容易激发学生的学习兴趣, 养成独立获取数学知识的能力。获得数学学习的体验, 并从中提升数学抽象核心素养, 其目的不仅是学好数学的概念, 更重要的是认识数学抽象的实质, 学会数学抽象的方法, 以便更有效地培养学生的数学抽象素养。

抽象是数学的本质特征, 数学抽象素养是学生在中学阶段必备的核心素养之一, 实现学生抽象素养培养的方法有很多种, 将数学抽象素养的培养融入课堂教学, 是提高数学抽象素养的最佳途径。让学生感受数学抽象的思维历程, 把数学抽象贯穿于数学学习的整个过程, 学生在体验数学情境和愉快的数学活动中提升数学抽象核心素养。

善用方程思想，提升数学建模素养

——以"一元二次方程的应用"为例

栾爱婧

一、学科核心素养

在科学技术飞速发展的现代社会，我们的中学教育的核心就是"培养全面发展的人"，注重中华五千年优秀传统文化的传承与发展，为新的百年腾飞培养合格的人才。所谓核心素养，笔者认为就是底蕴深厚、自主学习、科学认知、独立见解、善于实践，将生活经验提炼为知识理论，并且能够重新应用于生活，创新于生活，最终提升生活。数学学科就是学会学习，将知识反哺生活的一个重要的学科，是所有学科的重中之重。基础知识、基本技能等方面是提升初中学生数学能力的核心所在。创建数学模型的方式在进行初中数学教学的过程中被广为使用，因为其能够将众多数学思想融入其中，清晰明了地解决生活中可能出现的相关问题，是学生学会学习、学会应用数学知识的一个良好的契机。

二、教学内容分析

在对初中学生进行数学能力培养的过程中，教师通常会借助一元二次方程这一数学模型。该模型的运用不仅能够提升学生的数学素养，还能够确保学生在学习过程中将知识与生活紧密结合。本节课是九年级上学期"一元二次方程的实际应用"的第二课时，这一节课的主体思想是在前面学习的基础上，完成有关几何图形的面积的再计算，这一部分知识不仅是单纯的数学建模的思想的培养，同时也是数形结合的拓展和延伸，既考察了学生从实际问题中提炼出数学知识的能力,也考察了学生对基本几何图形的理解和认识,在掌握解法的基础上,使学生完整地经历"问题情景—建立模型—求解验证"的学习过程,从而培养模型思维,逐步形成应用意识。

三、教学活动设计

(一)活动内容与实施

本节课采用引导提问、动手操作、分组学习、讨论验证相结合的方法完成课堂教学,在此过程中,教师必须充分发挥自身作用,成为课堂的组织者,结合生活实际提炼数学问题,构建轻松活泼的课堂氛围,确保学生能够获得更多的知识。除此之外,教师也必须培养学生的问题意识,在帮助学生解决问题之后,也要推动学生总结归纳蕴含其中的数学思想。

1. 活动一:实验操作,以趣导学

问题设置:制作包装盒。在同学们的日常生活中,包装盒随处可见。学校在开展劳技课的过程中,教师要求学生利用一张长为 40 厘米,宽为 25 厘米的硬纸片做一个包装盒。如何展开具体的操作活动?

设计制作方案:方案一:通过裁剪五个长方形并将它们粘贴,就能够做成一个无盖的包装盒;方案二:将长方形硬纸片的四个角截去边长相等的正方形,然后将它们折叠成包装盒。

观察思考问题:各小组制作的纸盒大小是否相同? 为什么大小不同? 造成大小不同的原因是什么? 若确定小正方形边长为 4 厘米,还能计算哪些量? 若需要折叠底面面积为 400 平方厘米的无盖纸盒,求这个纸盒的高。

2. 活动二:探究应用,巩固新知

探究教科书中问题三的解决方案,小组之间需要合作进行:设计封面长宽分别为 24 厘米与 21 厘米的书本封面,在设计过程中封面的正中央必须拥有一个与封面长宽具有相同比例的矩形。在对其进行设计的过程中,封面也必须满足如下要求:四周的彩色边衬的总面积要占整体封面的 25%,除此之外,上下左右的边长宽度也必须相等,求具体的设计方案。

方案设计练习:人民公园有一项修建小路的工程,修建的三条小路需要满足如下要求:三条小路中两条与宽平行,一条与长平行;修建位置是一个长与宽分别为 60 米和 35 米的矩形;在道路两侧种植面积均为 156 平方米的草坪,求小路的宽。

提高性训练:对矩形图案进行如下设计:图案中具备两条横线和两条竖线,他们的宽度比例为 2:3,需要在长宽分别是 30 厘米与 20 厘米的矩形图案上制作。要想使得所有彩条的面积能够达到矩形面积的三分之一,那么请求出彩条的宽度大小。

3. 活动三:拓展交流,体验成功

各小组归纳总结完成一元二次方程应用的基本步骤,并且进行小组交流;各小组委派学生代表展示本组的谈论结果和收获;教师引导完善一元二次方程建模的基本要求和解题规范。

课后拓展习题:青光养殖场内有一道墙长为 25 米,需要构建矩形养殖场,工作人员手中有 40 米长的篱笆作为原材料,养殖场的宽与墙垂直,请根据生活实际设计出不同的方案,并求出相应的养鸡场的宽度是多少。

(二)活动设计意图

1. 通过动手实践,培养学生数学建模能力

学习的过程是一个人体感官和思维的认知提升的过程,学习是学生手、口、眼、耳、脑的综合活动,人的认知首先是从形象感知开始,所以,以动手带动动脑,在解决具体数学问题时,采用直观画图、动手折叠的方法从现实直观入手,为了进一步提升学生的理解能力,需要将抽象问题进行形象化的演绎。

2. 构建合理的问题情境,提升学生的数学建模能力

要想在课堂实践过程中提升学生的数学建模能力,那么必须采用提出问题、解决问题的方式将抽象问题形象化,以此构建与生活实践中的联系,进而创造出简单易懂的数学模型,再将数学模型应用于生活,从而达到将生活数学化。在创设问题情景的时候,一定要注意情境的设置的本质是为了教学的顺利进行。

3. 科学搭建梯度,强化学生数学建模的解题能力

学生的知识和能力都是在不断的生长过程中,我们的教学活动不能人为

地拔高或者是嫁接,必须要给学生一个循序渐进的过程,所以我们要合理科学地搭建问题框架,铺设好知识学习的梯度和难度,给孩子们一个相应的台阶,方便学生顺利掌握新知识,并且不断提高学生的解题能力。

(三)活动实际效果

1. 结合生活实际,提高建模能力

初中数学不同于小学数学,初中数学的学习已经有了一定的难度,对学生在学习过程中的抽象思维的要求也越来越高,这就要求教师要有一定的将生活场景转化为数学知识的能力,能够从生活实际中抽取出相应的数学问题,培养学生利用数学思维解决生活实际的能力。只要这样,才能将生活中的实际转化为数学问题,从而完成数学建模。

2. 小组互助学习,提高解题能力

根据不同学生的不同情况将学生合理分组,以小组互助的形式开展课堂教学活动,充分调动学生的自主学习能力,引导学生在解决已有的数学问题的基础上,尝试发现生活中的其他数学问题,就如本节课的拓展练习中,设置开放性题目,让孩子们根据自己对生活实际的认知和理解,设计出不同的方案,并进行相关的数学计算,提高解题能力。

3. 多元课堂活动,提高应用能力

在进行课堂教学的过程中融入多姿多彩的活动,能够使学生更快地融入课堂。在这些教学活动中教师特别要注意的就是设置好问题情景和问题串,以问题互动调动学生与教师的交流互动,从而达到引导学生发现问题、解决问题,最终能够从生活实际场景中发现新的问题,提出新的问题。而教师在这个过程中能够发现学生在知识的掌握中存在的问题和思维的长处,从而有的放矢地进行整体教学设计。

4. 专题个性指导,提高思维品质

数学知识具有很强的连贯性和基础性,每一章节的知识都具有各自的特征,紧密相连,不可分割。教师在教学过程中注意专题加学生个体的差异辅导,往往会取得事半功倍的效果,本节课就是在都是矩形的背景图形下进行的有关实际问题的建模学习,具有很强的启发性的问题的设计,以及针对学生不同情况而设置的开放性训练题目,不仅激发了学生的学习兴趣,也赋予了课堂教学的差异性特征,从而对不同学生给出了不同的学习体会,不同程度地提高了学生的思维品质。

四、讨论与反思

通过这节课的教学,笔者意识到要想在课堂教学过程中提升学生的数学思维和建模能力,必须要处理好以下四种关系:

(一)正确处理生活与数学的关系

将数学知识常识化,是培养学生应用数学的意识和能力的一个重要方法。在这一章节的教学中,教材的编排力图把方程的应用渗透在各节之中,但是教师在教学的过程中,绝对不能简单地把教材的编排理解为数学知识和生活内容的互换,用"生活"取代数学内容特有的"数学逻辑"。教师要尊重生活实际,也要突出数学特性。

(二)处理好"趣味性"与"本质性"的关系

以趣激学、以趣导学、以趣促学等方法的最终目的都是激发学生的学习意愿,促使学生主动参与到学习活动中来,在教学活动的安排和创设中,必须避免为了激趣而激趣,为了趣味性而趣味性,要明确所有的趣味性都要服务于教学活动,要服务数学学习的本质性,两者必须做到和谐统一。

(三)处理好"群体性"和"个体性"的关系

课堂教学是一个群体活动,我们在教室中要面对的是四十多个甚至是更多的学生,所以教学活动必须具有明显的群体性特征,但是每个学生又是个性鲜明的个体,所有教学活动必须要体现群体性的特征,同时也要兼顾个体的良性发展,所以,教师设计的教学活动、给出的学习材料要满足整体结构的要求,也要兼顾每个学习个体的差异,尽最大可能给每个孩子以思维发展的空间。

(四)处理好"教的主体"和"学的主体"的关系

在开展课堂教学活动过程中,不管是学生还是教师都必须融入其中,因为他们才是课堂教学的主体。笔者认为,所有的教的主体都应该服务于学的主体,都应该是利于学的主体的发展,教的本质是学生完成学的的任务的保证,所以,设计教学活动的本质是"如何利于学的发展"。

一元二次方程是数学建模思想的形成的一个重要的知识内容,其教学方式也很多,各有千秋。不论如何,利于学生发展、利于学生数学素养的提高就是最好的方法。

借力几何画板发展几何直观

——以"一次函数的图像和性质"为课例

孙 菁

一、学科核心素养

几何直观是数学十大核心概念之一,也是初中生所必备的核心素养之一。《数学课程标准(2011 年版)》明确指出:几何直观主要是指利用图形描述和分析问题。借助几何直观可以把复杂的数学问题变得简明、形象,有助于探索解决问题的思路,预测结果。几何直观可以帮助学生直观地理解数学,在整个数学学习过程中都发挥着重要的作用。几何直观是一种方法,是一种能力,更是一种有效的思维方式。那我们应该如何发挥几何直观性的教学价值,培养学生的几何直观能力呢?

二、教学内容分析

"一次函数的图像和性质"是义务教育教科书人教版数学八年级下册第十九章第二节第二课时的教学内容。主要包括两个知识点:一次函数图象的画法、一次函数的性质。一次函数是初中阶段研究的第一个函数关系,它在实际生活中有着广泛的应用。它的研究方法具有一般性和代表性。本节课是在认识了函数和学习了一次函数的定义以后对其图像及其性质的探索,它既是正比例函数的图象和性质的拓展,也为后面反比例函数、二次函数的研究奠定基础,并在今后学习高中代数、解析几何及其他数学分支打好基础。同时,在整个初中阶段:一次函数的图象和性质的学习还为一元一次方程、二元一次方程组、一元一次不等式及不等式组的解法提供新的途径。所以本节内容起着承上启下的作用,是培养学生数形结合意识和发展几何直观的很好素材。

三、教学活动设计

(一)活动内容与实施

1.活动一:常规作图,性质初探

【例1】画出函数 $y=-6x$, $y=-6x+5$, $y=-6x-5$ 的图像(在同一坐标系内)。

我们可以利用几何画板快速做出函数图象,体现出作图当中列表、描点、连线的过程以及函数图象生成的过程。我们在模板的左边可以看到函数的常数。这里,我们通过填写 k、b 的值来确定一次函数的表达式,笔者选取的 k 为 2,b 为 1,x 是确定从最小的多少开始取点。描点大小表示点在图象上的大小。确定以后,我们的表格就生成了:拖动列表,y 的值就自动生成了,这里体现了列表的过程,接着拖动描点,我们对应的点就在下面的坐标系中生成了,最后拖动连线,我们的函数图象就生成了。在这里,通过利用几何画板,让学生感受到了函数图象的生成以及一次函数的图象是一条直线。同时,我们可以让点取得更加多一些,这样比我们在课堂上常规黑板上画五个点或者七八个点更加有说服力。

【思考】请比较上面三个函数的图象的相同点与不同点,填写观察结果:

这三个函数的图象形状都是_____,并且倾斜程度_____;函数 $y=-6x$ 的图象经过(0,0);函数 $y=-6x+5$ 的图象与 y 轴交于点_____,即它可以看作由直线 $y=-6x$ 向_____平移_____个单位长度而得到的;函数 $y=-6x-5$ 的图象与 y 轴交点是_____,即它可以看作由直线 $y=-6x$ 向_____平移_____个单位长度而得到的。

【猜想】联系上面例题,考虑一次函数 $y=kx+b$ 的图象是什么形状,它与直线 $y=kx$ 有什么关系?

学生小组合作归纳平移法则:

一次函数 $y=kx+b$ 的图象是一条_____,我们称它为直线 $y=kx+b$,它可以看作由直线 $y=kx$ 平移_____个单位长度而得到(当 b>0 时,向_____

平移;当 b<0 时,向_____平移)。

2. 活动二:简单作图,性质再探

教师:"对于一次函数 y=kx+b(其中 k、b 为常数,k≠0)的图象,你认为有没有更为简便的作图方法?"

教师:"请分别画出下列函数的图像(在练习本中完成)。"

(1) $y = x + 1$　(2) $y = 2x - 1$　(3) $y = -x + 1$　(4) $y = -2x - 1$

分析:由于一次函数的图像是直线,所以只要确定两个点就能画出它,一般选取直线与 x 轴,y 轴的交点。

【思考】请比较上面四个函数的图象,填写观察结果:

(1)y=x+1 经过_____象限;y 随 x 的增大而_____,函数的图像从左到右_____;(2)y=2x-1 经过_____象限;y 随 x 的增大而_____,函数的图像从左到右_____;(3)y=-x+1 经过_____象限;y 随 x 的增大而_____,函数的图像从左到右_____;(4)y=-2x-1 经过_____象限;y 随 x 的增大而_____,函数的图像从左到右_____。

3. 活动三:动画展示,总结性质

在研究一次函数的性质的时候,我们利用几何画板来研究,让学生通过观察函数的图象变化来感受一次函数的性质。在研究函数 b 值对一次函数性质的影响的时候,利用几何画板来实现的步骤如下:

(1)打开几何画板在,菜单栏上选择"绘图",然后选择其中的"绘制新函数"。

(2)在弹出的窗口中输入第一个函数,然后选择"方程"一栏,点击里面的"符号 y="确认后,一个基本的正比例函数图象就被做出来了。

(3)在菜单上选择"数据",然后选择其中的"新建参数",建立参数 b。

(4)重复绘制新函数步骤,不过这次我们绘制函数时,在输入 b 的时候,只需点击坐标的参数 b 就可以了。

(5)右键单击位于左边的参数 b,选择"生成参数的动画",通过动画,我们就可以看到 b 的变化对于函数图象的影响了。

同样的,我们可以利用几何画板研究 k 值对于函数图像的影响,由此可以

得到直线 $y = kx + b(k \neq 0)$ 中,k ,b 的取值决定直线的位置:

$k > 0, b > 0 \Leftrightarrow$ 直线经过 ＿＿＿＿＿＿ 象限。

$k > 0, b < 0 \Leftrightarrow$ 直线经过 ＿＿＿＿＿＿ 象限。

$k < 0, b > 0 \Leftrightarrow$ 直线经过 ＿＿＿＿＿＿ 象限。

$k < 0, b < 0 \Leftrightarrow$ 直线经过 ＿＿＿＿＿＿ 象限。

一次函数的性质:

当 k>0 时,y 随 x 的增大而＿＿＿＿,这时函数的图像从左到右＿＿＿；当 k<0 时,y 随 x 的增大而＿＿＿＿,这时函数的图像从左到右＿＿＿。

(二)活动设计意图

1. 重视操作体验,拓展学生想象力

这节函数课程,利用传统的办法,一节课大概有一半的时间在和学生一起画函数图像,学生对于函数图像如何画掌握得很不错,但是对于函数的性质和特点就感觉比较模糊,而结合几何画板,二十多秒就能画出一个函数图象,更多的时间留给学生观察函数图像特点,并加以归纳总结。同时画板可以改变不同函数图像的颜色,这样让学生从同一个图中进行比较,性质更加突出,克服了课堂耗时、费力、不准确的弊端,省时高效地完成从具体到抽象再到具体知识的过程,拓展学生的想象力。

2. 动静结合,培养直观洞察能力

学生通过活动一分析这些函数的基本图形可以得到一些基本特征和性质,但是却不能直观感受到变量对于函数图像的影响。所以笔者借助几何画板控制变量的大小来向学生动态展示一次函数的变化过程。几何动态展示,不断强烈的感官刺激,把知识化抽象为形象,化枯燥为生动,学生理解得更深刻,记忆得更牢固。

3. 数形结合,提升直观核心素养

在学生完成了第二活动的基础上,我们利用几何画板,将原来仅仅是单一的一两个函数的对比变为了无数个函数的对比,学生通过观察图象,更加容易清晰、明了地理解常数 k 与 b 对于函数图像的影响,图像在变化过程中 k、b 的变化。整体感知类比,总结一次函数的性质。从"形"的角度到两个变量的

"数"的角度,培养了学生的数形结合的意识,有效提升了学生的核心直观素养。

(三)活动实际效果

本节课主要体现了信息技术与课堂学习活动的有效整合。通过几何画板创设情境,生成图像,揭示知识的本质特征,突出重点,化解了难点;师生互动提高了学习效率,激发了学生的学习兴趣。几何画板的使用使教学效果得到优化,顺利地达成教学目标。

从学生回答问题和孩子们的反应看,该堂课学习效果达到了预定目标。学生掌握问题很扎实,能利用数形结合思想解决问题,观察图像能力有了很大提高。大部分学生数学基础较好,有较强的实验探究能力。通过本节课的学习,学生获得了对一类具体函数的数形结合的探究经验。一次函数的表达式比正比例函数多了一个常数 b,所以函数图象的位置受到 k、b 两个常数的共同影响,但是函数的增减性仍然只受 k 的影响。在具体的学习过程中,学生经历作图、观察、概括的过程,能够把图像的特征通过坐标的意义转化为函数性质。

四、讨论与反思

学生是学习的主体,学生活动是新教材的一大特点。新教材在知识安排上,往往从实例引入,抽象出数学模型。通过学生的观察、分析、比较、归纳,探究知识的发生、发展、形成的过程,得出结论,并能运用解决实际问题。因此,教学过程中,如何安排学生的学习活动至关重要,本节课,笔者设计了三个活动。在学生活动中,为了调动学生的积极性、互动性,提高学生活动的实效性,笔者结合每个活动,借助几何画板都给学生明确的目的和要求,而且提供操作性很强的程序和题目。学生目标明确,操作性强,受到了较好的效果。

核心素养教学的探究之路还很长。如何实现课堂的灵动,让学生的思维活跃起来,真正提升学生的核心素养能力,这将会是笔者一直追求的教学质效信念。

在合作探究中发展学生的生物科学素养

——以生物八年级下册"生物进化的原因"为例

郭 琳

一、学科核心素养

为了落实立德树人的根本任务,培养全面发展的学生,教育工作者应该把如何发展学生的学科核心素养作为重点研究并实施的问题。从学科核心素养的角度来看,生物科学素养主要包含了理性思维和科学探究两大方面。生物学与学生的实际生活息息相关,尤其是 20 世纪中叶以来,生物科学取得了迅猛的发展,不仅在高新生物技术上取得了许多重大成就,而且更加关注人类自身的发展和环境资源问题,这些都为培养学生的生物科学素养提供了丰富的原材料。本课例充分挖掘相关的教学素材,旨在通过引导学生对自然现象进行分析推理,实施模拟探究,不仅要让学生形成科学的生物进化论观点,还要让学生进一步领悟科学家进行生物科学探究的思路和方法,感受合作探究的乐趣和成就感,从而发展和提高学生的生物科学素养。

二、教学内容分析

本课例是人教版《生物学》八年级下册第七单元第三章第三节,是"生命起源和生物进化"这一章的核心内容。学生在了解了有关生命的起源的不同学说以及生物进化的历程后,已经初步认识到可靠的科学推测需要严谨的逻辑、一定的证据和丰富的想象。这一节课需要探讨生物进化的原因,因此本节内容既是对前面所学知识的延伸和应用,也对整个单元知识起到了总结概括的作用。除此以外,本节还与七年级上册的"环境对生物的影响"以及"生物对环境的适应和影响"有着紧密的联系。

"生物进化的原因"这节课一方面要帮助学生通过观察图片、分析背景资料,模拟探究保护色形成的过程,进而分析出生物进化的原因;另一方面还要培养学生勇于探索、团结合作和实事求是的科学研究态度。在教学过程中,教师还可以通过环境的变化确实可以改变生物进化的方向的事实渗透环保教育。本节课的重点在于要让学生能够亲身体会环境的变化在保护色的选择和形成过程中所起的作用。但是要从具体事例的感性认知上升到生物进化的基础和动力的理论分析,对于八年级的学生来说还是有一定的难度。鉴于本节教材内容较多,笔者计划分两课时完成教学,本课例为第一课时。

三、教学活动设计

本节课采取小组合作探究式教学模式进行教学,重在培养学生的生物科学素养。

(一)活动内容与实施

1. 活动一:激趣导入,明确目标

笔者带领学生复习生物进化的历程的知识,指出像始祖鸟、恐龙等这样的生物已经在地球上消失了,但如今地球上的生物类群依然非常丰富,进而提出问题:"生物是如何进化的呢?"

笔者通过资料展示,1850年到1950年的一百年间,英国曼彻斯特森林中的桦尺蛾由浅色个体占多数变成了深色个体占多数,请学生推测这种变化的原因是什么。学生进行小组讨论交流,并对变化的原因做出推测,教师暂时不做评判,留下疑问,待学生探究后再进行解答。

2. 活动二:小组合作,模拟探究

笔者展示图片:冬季和夏季体色不同的雷鸟,以及不同环境中不同体色的蛙的图片,提出问题:"这些动物和所处的环境有什么关系?"学生自主分析保护色的概念和作用。

笔者继续展示一些保护色的实例,在学生惊叹于生物的保护色与环境如此一致的时候,自然而然地引出探究保护色是怎样形成的课题。

模拟探究:模拟保护色的形成过程。笔者结合课本的内容,学生分小组讨论,进行模拟探究的一般的步骤,从提出问题到做出假设,制定计划和实施计划,并做好记录。之后,根据本小组探究记录完成教材的讨论问题。

3. 活动三:小组汇报,总结归纳

每个合作探究小组派出代表,将本小组记录数据真实呈现在大屏幕上,全班交流问题答案,得出结论。对实验数据变化趋势不一致的小组,让他们分析原因。总结保护色的形成原因:如果动物体表的颜色与环境颜色相似,就能更好地生存下来,逐代积累下去,渐渐形成了与环境颜色一致的保护色。

4. 活动四:学以致用,拓展提高

笔者在模拟探究实验的基础上,进一步归纳生物进化的内因和外因,形成较为完善的知识体系。

再现桦尺蛾体色工业黑化的实例,查找自主探究时认知的不足,应用新知识进行完整地解释:具体地说是由于环境被污染,浅色型桦尺蛾更容易被鸟类捕食,而黑色型桦尺蛾由于具有保护色更容易存活下来。由于周围环境的改变,鸟对桦尺蛾起到了选择作用。

延伸思考:教师提问:"假如你生活在 1950 年的英国曼彻斯特地区,当你了解到不同体色的桦尺蛾的数量变化的原因后,你会做些什么呢?"

5. 活动五:反馈检测,查漏补缺

出示练习题进行巩固反馈。

(二)活动设计意图

1. 以生活实例为基础,激发学生科学探究的兴趣

兴趣是最好的老师,同时也是科学探究的源动力。本课例通过展示资料和学生熟悉的生活中的常见现象,激发学生学习的兴趣。学生比较熟悉始祖鸟、恐龙等动物为什么会灭绝,通过始祖鸟和恐龙提问,学生自然而然地会对分析生物进化原因产生兴趣。然后笔者利用教材中桦尺蛾工业黑化的事例以及丰富的图片、标本等让学生感受具有保护色的动物与环境的相适应作用,进一步提高学生的探究兴趣。

2.以模拟探究活动为依托,发展学生科学探究的能力

一般来说,动物保护色的形成是一个漫长的过程,在有限的课堂学习时间中,显然不合适采用一般的观察和实验法,因此要采用模拟保护色形成过程的模拟探究活动,让学生体会到科学探究首先要选择适当的研究方法。如何制定合理的探究计划,需要小组成员进行认真思考。学生可以参考教材内容学习讨论,然后分工合作,实施计划。最后小组成员还要根据统计的实验数据以及相应的讨论问题得出本组的探究结论,从而完成本小组的探究活动。通过活动,能够使学生进一步明确科学探究的一般步骤,同时培养学生团结合作、勇于探索的科学精神。

3.以分析推理为主线,培养学生科学的思维方法

如果说课例中的模拟探究活动是科学探究的外在形式,那么发展学生的科学思维则是科学探究的灵魂。对不同体色桦尺蛾数量变化的原因提出假设,然后通过模拟活动进行探究,利用真实的实验数据进行分析,首先从感性上认识保护色的形成原因,再回归经典实例,进而从理性上明确生物进化的过程和原因,得出生物进化的原因概括起来就是"适者生存"。学生在提出问题后通过逻辑推理和证据运用解决问题,能够发展科学思维,养成实事求是的科学态度。

(三)活动实际效果

"自然选择学说"对初二的学生来说比较抽象,本课例通过丰富的图片资料、事例分析、模拟实验等直观化处理,使学生易于接受和理解。另外笔者还利用拟态以及警戒色的图片引导学生认识生物适应环境的多种方式,不仅拓展了视野,也增加了学生的感性认识。

让学生对英国一百多年前桦尺蛾的体色进化进行小组讨论和推测,没有马上进行评价,而是由学生进一步学习后进行自我完善,这种方式既提高了学生的积极性,也发展了学生思维的层次性和逻辑性,而且还通过延伸思考活动对学生进行了潜移默化的环保教育。

本课例对教材模拟实验材料进行了一些改进,一是纸片颜色增加为五种;二是增设了一组背景颜色与纸片颜色都不相近的组别,从而增加了可操作性

和对比性。另外由于对实验结果的分析选择了实物投影仪,清晰地展现学生的实验记录,使学生的结论更加具有真实性和说服力。部分组别的学生还运用数学学科的知识将统计结果用折线图、柱形图等形式进行展示,让数据变化更加直观,得到了其他同学的认可和赞扬。

四、讨论与反思

本节课的难点在于如何让学生通过自己的探究活动心悦诚服地接受"适者生存"这一自然选择学说的核心观点,所以笔者在教学过程中努力引导学生以理性思维悟道理,以科学探究求真理,以团结合作明事理,在合作探究中发展学生的科学素养,较好地达成了教学目标。反思整个教学过程,笔者认为以下问题需要注意:

课例中的模拟探究活动尽管理论上不太复杂,但是实际操作中由于需要多次模拟捕食过程并计数,比较烦琐,也容易出错,学生不能急躁,要有足够的耐心,小组成员间要密切配合。可以提前安排学生进行预习并在课堂进行要点提示,使教学环节更紧凑些,给小组讨论交流和反馈环节提供更多的时间,以增加学生思考的深度。另外小组合作学习的过程中,教师还应关注所有学生的参与度,使每一个学生能积极参与到分析和讨论中。

生物学科核心素养中的理性思维之培养

——以青春期交往为例

李宝英

一、学科核心素养

生物学科核心素养包含四个方面：生命观念、理性思维、科学探究和社会责任。其中理性思维是指尊重事实和证据，崇尚严谨和务实的求知态度，运用科学的思维方法认识事物，解决实际问题的思维习惯和思维能力。对于初中的学生来说，他们的理性思维在逐步形成和提升的过程，所以要针对他们这个阶段的思维状态，利用课本上的知识，让学生们形成依据科学、理性地去思考生活中出现的一些身体上和心理上的现象，从而让他们理性地度过人生中最美好的年华——青春期。

二、教学内容分析

本节青春期是初一生物下册第一章的第三节内容，这节课的知识是在学习了男女生殖系统的基础上进一步学习的，它正好符合青少年的身体及心理发育状态，所以正确、科学地加以引导，培养他们的理性思维，能够为其一生的成长打下良好的基础，对他们来说至关重要。

进入初中的学生们，身体上和心理上都在逐渐发生变化，男同学身材魁梧，女同学体型也在逐渐丰满。面对悄然发生的变化，同学们心里充满了诧异、兴奋、惶惑和苦恼，稚嫩的脸庞上少了些天真的笑容，多了些理性的思考。中学时代是一个人一生中的黄金时代，也是对朋友的向往最为强烈、对友谊的憧憬最为多彩的时代。同学们在一个大集体中生活，同性、异性之间如何交往才能融洽相处？如何才能使自己更加健康快乐地度过这一美好时光？

三、教学活动设计

(一)活动内容与实施

1. 活动一：青春期的生理及心理变化

找五六位男女同学各自叙述自进入初中以来，特别是近段时间，自己在思想上、心理上、身体上等方面都有些什么样的变化，然后根据同学们的叙述，笔者运用视频和课件，加以总结：

（1）生理上的变化

①身体外形上的变化(身高、体重等)。

②内脏机能的日趋完善(神经系统、大脑、心肺功能等)。

③生殖器官的迅速发育，以及由此带来的身体上的一系列的第二特征的出现。笔者通过课本上的生殖器官发育曲线图，让他们理解这个阶段的生殖器官的发育速度，从而能够正确地理解自己，理性地去认识自己。

（2）心理上的变化

男女同学从现在开始，由两小无猜的童年期进入异性疏远期，后面会进入异性吸引期，愿意接近异性同学。

最后笔者进行总结："青春期是生殖器官的发育高峰时期，是一个人一生中智力发育的黄金时期，是一个人形成正确的人生观、世界观、价值观的重要时期。那么咱们应该怎样去度过如此重要的时期呢？"让同学们理性思考这个问题。

2. 活动二：各抒己见，相互塑像

男女同学各自阐述所希望的女同学、男同学所应该具备的形象，可以从交往、气质、风度等几个方面进行阐述。其中交往方面包括语言、行为、与同学们之间的交往，甚至在家里与兄弟姐妹之间的交往，等等。

笔者最后进行总结："作为当代的中学生，语言文明、行为举止得体大方、不卑不亢、优雅大气，才能得到老师、家长及同学们的认可。"

3. 活动三：应该怎么办？

笔者列举几个实例，请同学们讨论发言，最后确定如何处理这种事情。

【例1】某初一女生前几天收到初二一名男生的微信，约她傍晚放学后在操场的某个角落见面。这个女生收到信息后，心神不宁，不知如何答复这个男孩。假如是你收到类似的信息，应该如何处理？

各小组讨论，分女生和男生分别回答，如何处理这件事情。

【例2】男生A去邻班借书，正好借的是邻班的一个女生的。上课时，男生A打开后看到书里夹着张纸条，出于好奇他看了看，发现是这个女生描写的一个男同学的外貌以及他在操场上奔跑的身影，表达了对他的喜欢之情。男生A越看越觉得写的是他，下课后赶紧把书还给了该女生。后来在下课的时间，在午饭的间隙，在操场上，男生A特别关注该女生，他俩会不由自主地相视一笑。晚上回到家后，男生A非常苦恼，到底她喜欢的是不是自己呢？他既想问又怕问，担心女孩不是喜欢他，自己会很尴尬。作为这个男生，应该如何处理这件事情呢？

【例3】由于小于和小刘两个人都是班委，班里好多工作都一起完成，如画板报、上报学校的各种报表、完成各种班级统计工作……他俩经常一块去找班主任商量如何做，时间长了，同学们经常开他们俩的玩笑，说他们俩是"天生的一对，地设的一双"，同学们的玩笑让他们的心理都起了涟漪，假如你是他或她，该如何对待这件事呢？

各小组讨论，之后分别派各组代表回答如何处理这样的事情。

笔者点评："青春期的男女生会表现出对异性强烈的好奇心，总想知道异性同学在想什么，在做什么，希望引起异性的注意，取得异性的好感，愿意与异性接近，向往异性间的交往。有科学实验证明，异性在一起做某项工作的成功率比单独的同性别的在一起做的成功率高，因为他们的脑垂体分泌的促内分泌激素增多。从心理发展的客观规律和个体社会化过程的实际需要的角度看,异性交往和友谊对青少年个性的健康发展、满足正当需要也有着积极的作用。异性间的相互了解,以及在智力、个性等方面的互补都有助于青少年的成长。但是青少年时期,自控力较差,对青少年进行异性间交往的道德规范教育还是有必要的。那么这个时期的男女生该如何友好交往、融洽相处呢?"

4.活动四:男女生该如何交往?

各小组讨论选派代表发言。

笔者进行点拨、总结:"异性交往的规则除了要遵循人际交往的一般规则,以诚相待、平等尊重等之外,还应遵从以下一些特殊的规则:第一,自然大方。在异性交往过程中,表情动作、言谈举止都要力求真实、自然,不夸张、忸怩作态;也不羞怯、退缩。这是建立正常异性关系的重要前提。第二,往来适度。要注意把握好异性交往的频率和深度,选择适宜的交往方式。例如与某一异性交往不要过频,不要选择私密的场所,控制好相互了解的深度,双方保持一定的距离,等等。第三,广泛交往。在友谊意义上,异性交往的对象不宜专一,活动能多人参与的一定多人加入,尽量避免两个人单独相处,否则友谊容易'变质'。争取与多个异性同学发展友谊,这样也才能促进自身的全面发展。第四,独立平等。无论是男生还是女生,在人格上一定都要保持独立、平等,不要相互依赖,产生误会。"

笔者进行本课总结:"由于课堂时间所限,本节课就讨论到此。同学们心里肯定还有很多的困惑,课下咱们可以继续探讨,也可以与自己的父母、好朋友交流,不要让困惑干扰大家的身心成长。课下每个小组讨论以手抄报的形式,展示一下'男女同学该如何交往'。"

(二)活动设计意图

通过活动 A,让同学们首先从科学的角度理解一个人进入青春期时的生理变化及心理变化,用理性的思维来认知、思考;活动 B 介绍了进入青春期的男女生希望各自应该具有什么样的语言行为、气质风度;活动 C 让同学们从具体的事例中学会思考,理性判断如何处理在生活中遇到的一些问题与困惑;活动 D 通过前面的学习,引导学生思考青春期如何正确交往,从而培养正确的、理性的交往方式和思维习惯。

（三）活动实际效果

"青春期"这节课不太好讲，但又是非常重要的一节课，符合现在青少年的身体及心理发展的需要。面对这样的一节课，笔者从教案的构思、设计、形式、方法等方面下了一番功夫。本课的特点主要体现在以下几个方面：

1. 针对性强

处于青春期的少年，对自身的生理和心理变化往往会产生一些迷惑、好奇甚至是恐惧的情绪。他们实际上迫切需要弄明白自身这些变化的原因，希望有人给予他们科学性的指导，解开他们心中的迷惑。这节课可以说是孩子们心理的及时雨，滋润着他们健康茁壮地成长。

2. 特点把握准确

在这节课中，笔者准确把握了青少年的发育特点。青春期是从稚嫩的童年期往逐渐成熟的青年期的一个过渡时期，无论从生理上还是从心理上来说，都进入一个急速发育时期。也有人曾称这个时期为骤变期。这个时期有三个特点：独立性逐渐增强，仿效性强，处于半成熟、半幼稚的年龄段，分辨是非能力稍差，往往易冲动，理性思维处在一个逐步形成阶段。这节课对于培养学生的理性思维习惯和能力能起到非常重要的作用。

3. 形象直观

本节课在课堂上既有对知识的讲解，又有视频、图像、课件的形象展示，直观性强，同学们的获知效果会更好。同时本节课又有讨论、总结，能够让同学们更加从心理上认同知识，从思维上得到理性发展。

四、讨论与反思

这节课基本上是让学生们对自身的生理变化和心理变化有了认识之后，再进行的理性思考，引导他们正确处理和解决日常生活中出现的各种问题，解决心中的疑惑，有利于他们身心健康地成长。一节课的时间是有限的，所以本节课主要是起一个"引子"的作用，让孩子们在成长的过程中逐渐学会去理性地分析问题，解决问题，让自己能够在不断的进步中度过人生中最美好的年华。

　　现在的青少年无论是身体上还是心理上的变化发展得都比较快,我们的教育必须跟上发展的进程,给予孩子们正确的指导,培养其理性思维的习惯,对其终身发展起到应有的作用。

深化科学探究,渗透社会责任

——以"人类对细菌和真菌的利用"教学设计为例

王洪梅

一、学科核心素养

初中生物核心素养是学生通过初中生物学知识的学习,逐步养成个人发展和社会发展的必备品格和关键能力。初中生物核心素养包括以下四个方面:生命观念、理性思维、科学探究和社会责任。

本节课探究的主体是细菌和真菌的发酵过程,是微生物在生活过程中发生的物质转化,直观地展现了生命现象,强化了生命观念这一素养,生物学每节课都基于生命观念,此处不再赘述。

本节课探究酵母菌发酵过程的实验中,采用大量引导式问题,激发学生主动思考,旨在培养学生科学、理性的思维习惯。这些问题环环相扣,循序渐进地培养学生思维的科学性和逻辑性,培养了理性思维这一核心素养。

本节课中对酵母菌的发酵过程进行了深入、详细的探究,并且在教材基础上对探究活动进行了拓展,不仅探究酵母菌发酵现象的原料和产物,还增加了对发酵温度这一条件的探究,并且由学生亲自动手实验,利用发酵原理制作面包和酸奶,将科学探究的结果应用于生活,充分激发学生对科学探究的兴趣,强化了探究实验的方法,深入了对探究实验的认知,将科学探究这一核心素养进行了深化。

本节课让学生课前搜集细菌和真菌在疾病防治和环境保护这两方面的资料,能够使其充分了解到所学生物学知识与生产生活密切相关,鼓励学生大胆参与讨论个人与社会事物的关系,尝试用所学生物学知识解释生活现象,解决生活中的问题,激发学习生物学知识的动力,培养学生关心国家、社会发展,立志为国家和社会做贡献的责任感,培养学生热爱生物学,热爱生命,关注生物学领域科研新成果,以及在疾病防治和环境保护方面的社会责任意识。

二、教学内容分析

本节是初中生物人教版八年级上册第五章"细菌和真菌在生物圈中的作用"第五节,是在学生认识了细菌、真菌以及它们在自然界中的作用之后,引导学生了解人类对细菌和真菌的利用,包括食品制作、食品保存、疾病防治和环境保护等内容。笔者让学生参与探究实验活动并进行拓展,使学生认识到先进的生物技术在社会生产、生活和人类社会的进步发展中有很大的推动作用。这不仅将科学探究的核心素养进行了深化,还体现了细菌和真菌与人类生活的密切关系,突出"人与生物圈"和谐发展的重要性,渗透了生物学研究的社会责任,激发学生的学习热情和动力。

三、教学活动设计

(一)活动内容与实施

1. 活动一:请同学们品尝学生自制的酸奶和面包

课前:由两名学生自主制作酸奶,并将全部过程录制视频;一名学生在家长帮助下自制面包,拍照记录步骤。

课上播放自制酸奶和面包的视频和照片,学生同步介绍制作步骤。

引导学生观察面包松软多孔的特点,再进行品尝。

引导学生思考:面包为什么松软多孔?酸奶和面包的制作过程是如何利用细菌的?

2. 活动二:分组探究发酵现象及温度条件的影响

在教材中演示发酵实验的基础上,进行拓展。由学生分组实验,探究不同温度(冰水、温水、开水)的发酵现象。

三个小组分别实验并仔细观察,各小组派代表汇报实验现象。

教师连锁、渐进式启发提问:

(1)本实验探究的问题是什么?

(2)本实验中有机物的成分是什么? 瓶内氧气是否充足?

(3)本实验的变量是什么? 对照组和实验组分别是哪组?

(4)哪组的小气球成功地鼓起来了?

(5)哪组的气球没有鼓起来? 失败的原因可能是什么?

小组讨论后,分别由学生代表回答问题,归纳发酵与温度的关系。

3.活动三:引导启发学生验证小气球中的气体成分及瓶中其他产物。

教师提问:"鼓起的小气球中是什么气体? 怎样验证这一气体是二氧化碳?"引导学生回忆七年级学习过的知识——二氧化碳可以使澄清石灰水变浑浊。

教师摘掉小气球,让学生闻瓶中物质的气味,并提问:"有没有酒精的味道?"

教师引导学生总结发酵过程的原料和产物,归纳发酵过程的反应式。

4.活动四:课前学生搜集资料,课上分享,并讨论总结

首先,教师请学生发言,分享收集到的资料,介绍新型抗生素的研制和细菌净化石油泄露造成的土壤和水污染及细菌发电等生物前沿技术。然后引领学生进行归纳总结,得出细菌和真菌在疾病防治和环境保护方面的作用,并强调在社会发展中生物技术的先进性对社会发展的推动作用。

(二)活动设计意图

1.自主实验,激发兴趣

活动一制作酸奶和面包,在教材中都有提及,但并未要求学生必须尝试制作。笔者通过课前布置,发挥学生的主体作用,由动手能力强的学生自主尝试,应用发酵的原理制作食品,对探究实验的结果进行应用,不仅巩固了实验技能,还将科学探究素养带进了生活。

2.拓展探究,合作学习

活动二将教材中的发酵演示实验进行拓展,进一步探究三种不同温度对发酵作用的影响,拓宽科学探究的知识面,巩固了控制变量这一探究方法,也深化科学探究的过程和意义。分组实验后,设置分步骤、有层次的梯度问题

链,小组成员间讨论交流,利用合作学习模式尝试促进学生提高自主解决问题的能力,将科学探究的成果提炼升华。

3. 补充拓展,归纳总结

活动三对实验的产物分别进行验证,将探究实验进一步拓展,对科学探究素养的方法和认知进一步深化。通过验证产物归纳发酵过程反应式的严密逻辑,能培养学生科学严谨的理性思维这一核心素养,全面塑造学生的生物核心素养。

4. 自主学习,渗透责任

活动四由学生课前自主搜集资料,变被动接受的学习方式为主动汲取,既能培养学生收集资料获取有用信息的能力,又能在完成作业的同时,强化先进生物技术的作用和环保意识,让学生愿意学习生物学,为疾病防治贡献力量,视环境保护为己任,通过这两方面充分渗透社会责任这一核心素养。

(三)活动实际效果

活动一:生物学教学离不开实验,利用发酵自制面包,从生活中的生物技术入手,学生亲自实践,既发挥学生的主体作用,又由食物品尝带来感受上的冲击,激发学生对即将进行的发酵原理的探究实验产生好奇心,多元化地向学生提供知识信息,帮助学生理解生物技术在生活中的应用,充分体现了生物学知识源于生活、服务于生活的理念,将科学探究的知识充分应用于生活实际,使这一素养得以深化。让学生对生物学源于生活、服务于生活的理念理解得更深刻,促使学生产生更大的求知欲,更主动地积极学习生物学,为人类造福,渗透了社会责任这一核心素养。

活动二:科学探究素养包括三个要素:科学探究能力、对科学探究的认知和相关的情感意识。活动二在探究发酵原理的实验中,分组实验,充分锻炼了学生科学探究的能力。通过增加探究温度条件对发酵作用的影响这一环节,三个不同温度条件形成对照实验,拓展了学生对科学探究的认知,培养了学生乐于探究、善于合作、敢于质疑、勇于创新的情感意志品质。以事实为依据进行科学探究,引导学生主动探究,是让学生学会主动思考、设计实验,学会发现问题、分析问题,在课堂上讨论,在实践中创新,全方位立体地培养学生的科学探究素养。设置分步骤、有层次的梯度问题链,渐进式引导学生主动思考,引领思维纵向发展,使学生学会自主分析问题,提高了理性思维核心素养。

　　活动三:在活动二探究实验的基础上,补充探究发酵现象产物——二氧化碳。学生在实践中得到启发,产生好奇心,驱使其进一步的探索,产生源源不断的动力。补充探究是知识整合、思想梳理的过程,是知识内化再加工以后的一种输出。补充探究的实验使发酵现象的探究过程更完整,逻辑更严密,让科学探究素养更有深度。在此基础上,对发酵过程的反应式进行归纳总结,将连续三个探究实验(发酵现象、发酵条件、发酵产物)的结论联系起来,让知识形成体系,在深化科学探究素养的基础上还培养了科学的理性思维,使学生的生物核心素养得到全面发展。

　　活动四:通过资料搜集过程,发挥学生的主观能动性,学会自主分析问题、解决问题。细菌能够分解石油和细菌发电的例子,增强学生的环境保护意识,认同环境保护的重要性,还能使学生了解生物技术可以推动人类及社会发展,激发努力学习生物学、造福社会的热情,培养学生对社会的责任心和使命感,提升社会责任意识。

四、讨论与反思

　　基于新课改要求与核心素养理念,初中生物教学中要积极融入核心素养教育理念,关注对学生核心素养技能与品质的塑造。笔者结合每节课教材特点,以核心素养作为基本出发点,进行教学设计,打造高质量的生物课堂,发挥学生的主体作用,提升学生自身实践能力,激发学习生物学的热情,使其立志为社会进步发展做贡献,培养满足社会需要的全面人才。

信息技术环境下的初中化学实验创新
——以"金属与盐酸的反应"教学为例

柴本倩

一、学科核心素养

化学实验对于发展化学学科核心素养发挥着非常重要的作用,是学生获取化学知识,提高思维能力、创造能力的重要手段。在实验中学生体验科学探究,在活动中激发学生交流讨论的热情,启迪学生的思维,拓展学生的视野,提高学生的实践能力,培养学生的创新意识,引导学生初步认识化学与人类生活的关系,在面临和处理与化学有关社会问题的挑战时,能做出更理智、更科学的思考和判断,逐步树立科学发展观。信息技术环境为我们的实验创新提供了广阔的空间,将信息技术与教学进行有效融合,能够达到更好的教育教学效果。

二、教学内容分析

"金属与盐酸的反应"是人教版化学教材九年级下册第八单元课题二"金属的化学性质"中的重点,侧重于通过实验探究,学生自己得出结论(金属的活动性强弱不同),同时对活动性进行比较。课题二的学习建立在学生生活经验、已有知识技能和实验事实的基础上,概括得出结论,最终体现化学与生活的联系。

前面的学习,学生缺乏由一种物质到一类物质学习的体验,从金属的性质开始,教师需要引领学生理解好共性和个性的关系。学生对化学实验有浓厚的兴趣,但实验操作水平和能力还有待提高。学生更喜欢自主的实验探究,做学习的主人。

三、教学活动设计

(一) 活动内容与实施:探究金属与盐酸的反应

环节一:实验出真知,学生动手操作,完成对不同金属与盐酸反应的实验探究,按照课本中展现的实验,初步探究镁、锌、铁、铜的活动性强弱。

【教师过渡】金属在与酸反应时,金属是否表现出不同的活动性呢?

【学生分组】动手实验探究 Mg、Zn、Fe、Cu 与盐酸的反应并完成学案。

教师提示:首先,让学生了解完成实验探究的步骤即先提出问题,再猜想与假设,接着制订计划,进行实验,收集证据,解释与结论,自己以及小组成员间反思与评价,表达与交流。其次,告知实验中的注意事项。

【组间交流】利用可移动的实物投影,在大屏幕上展现学生的实验过程和学案中书写的内容,其中包含实验现象、实验结论、化学方程式等。同组补充,不同的组也可补充或提出问题与不足。学生探究几个化学方程式的共同点,共同学习置换反应的定义。

环节二:质疑启思,达成共识——控制相似的实验条件,是获得可靠结论的保证。

【教师提出问题】我们按照课本中的实验进行探究,看到了铁、铜、镁、锌和酸反应现象的不同,这样就能够比较得出铜不如铁、镁、锌活泼的结论了吗?大家对这个实验有不同的看法吗?

【学生讨论】学生热烈讨论,大胆质疑教材中实验的严谨性。如分别加入的金属是镁带、锌粒、粗铁丝、铜片,金属的形状、大小等不同;四支试管倒入的盐酸的量可能是不同的;金属与盐酸接触的面积可能不同;四支试管的反应不是同时进行的,无法科学地进行对比……

教师引导学生深入思考,改进实验方案。学生纷纷将自己设计的实验方案和大家分享,有表达声、质疑声,讨论现场异常热烈。

环节三:学生分组进行改进实验。

教师向各组发红包:"里面有我用心为大家准备的真金白银般的礼物。"

学生带着期待和惊喜打开红包,兴高采烈地将"真金白银"拿在手里,仔细观察,有的学生露出了得意的笑容。

【教师提问】大家拿到了什么? 请边说边展示。

【展示实物】学生展示用不同材质的金属丝折成该金属元素符号的金属样品,利用可移动实物投影呈现出来。

【分组实验】学生完成改进实验,将红包里的镁丝、锌丝、铁丝、铜丝同时平放在培养皿中,分别占据上下左右的方位,然后在培养皿的中间倒入大约5至10毫升盐酸(即四种金属丝都浸没在酸液里即可)。

【组间交流】利用可移动的实物投影,在大屏幕上展现学生的实验过程。学生描述实验现象,总结实验结论。

学生完成改进后的实验探究,教师用富有情趣的语言进行总结:"金属镁在大呼救命,铜丝在得意地笑,我们完成了金属与盐酸反应的实验探究。"最后通过严谨的科学实验,得出结论,即镁、锌、铁的金属活动性比铜强。

【视频实验】媒体展示人教数字教材中的实验视频。此实验视频对课本中的探究实验进行了一定的改进,注意了金属大小、形状的一致,但学生们一致认为仍有不足,我们设计的创新改进实验更科学、严谨。

(二)活动设计意图

认识常见金属与盐酸的置换反应,学生自己能够探究得出金属活动性顺序,知道镁、锌、铁的金属活动性比铜强。学生在科学探究中学习基本的实验技能,增进对科学探究的理解,发展科学探究的能力。通过动手实验、分组讨论等活动设计,大胆质疑,在解决问题的过程中培养学生的合作意识以及勤于思考、严谨求实、勇于创新和实践的科学精神,培养学生的辩证唯物主义观点,实践出真知,保持和增强学生对化学现象的好奇心和探究欲,激发其学习化学的兴趣。

(三)活动实际效果

教材探究金属与盐酸、稀硫酸反应的图片中,用的是镁带、锌粒、粗铁丝、铜片,然后分别向四支试管中加入相同质量分数的酸,这样的设计没有控制相似的实验条件,不足以说明金属活动性的强弱。教参中沿用了这样的实验视频。人教版数字教材实验视频中,注意了改进,但是四支试管里的酸不是同时加入,不便于比较金属与酸反应的剧烈程度,也没有控制加入酸溶液的质量问题。

因此笔者在本节课的实验教学中,将此实验加以改进,采用相同直径、长度的金属丝,将金属镁丝、铁丝、锌丝、铜丝分别折成该种金属元素符号的字形外观,同时放入表面皿的上下左右四个位置,在表面皿的中间倒入酸液,使四种金属丝同时遇到相同的盐酸,在镁、锌、铁、铜与盐酸反应的对比实验中,观察到镁剧烈反应,有大量气泡产生;锌反应较剧烈,有较多气泡产生;铁反应且有少量气泡产生;铜无变化。对比实验现象特别明显。这样控制了相同的实验条件,获得可靠的实验结论。从质疑讨论到实验探究,学生热情高涨,参与度高,形成了本节课的一个高潮。用事实说话,实践出真知,科学探究发展了学生化学学科的核心素养。

四、讨论与反思

探究金属与盐酸的反应是这一节课最大的亮点。学生对原有实验方案大胆质疑,各抒己见,展开热烈讨论,思维的碰撞推动课堂教学有效高效地进行。从思维的敏捷性、灵活性、深刻性、批判性和创造性上加强训练,提高学生的思维能力。教学过程中有意将实验探究的一般方法隐含在题目中,针对科学探究涉及的要素,特意加以引导,先提出问题,再进行猜想与假设,接着进行规定计划、预计效果,然后进行实验,验证设计方案的合理性。接下来创新实验的设计,使得实验现象对比明显,实验效果特别显著,学生实验兴趣高涨。因为控制了相同的实验条件,所以能得出科学可靠的实验结论。用等长等粗细的金属丝折成该金属的元素符号,使得金属从外观上便于区分,避免了铁、锌、镁同时放在一起,发生混淆的可能性,同时大大增加了神秘感和趣味性。

帮助学生初步建立科学的物质观,在发展学生科学探究能力的同时,更培养实事求是、探索求真的科学态度。

注重信息技术与化学课堂教学的有效整合。可移动的实物投影,将学生书写的实验报告通过大屏幕分享给全班同学。在可移动的实物投影下进行学生分组实验的展示,改变了以往演示实验时后面同学根本看不到的情形,增强了学生的自豪感和自信心,激发了学生学习的兴趣。

人教数字教材的使用,有利于提高教学效果。人教数字教材集文字、图片、视频、音频于一体,对于一些关键问题还配有动画等程序设计,可以自己操作体验,总之,人教数字教材就是一本动起来的教科书。

实验药品中,不同金属是块、是粉、是丝的选择,得益于互联网时代多样性购物的便捷,缩短了时空的距离。各种粗细的金属丝,可以依据需要进行加工,经过多次实验研究,最终采用直径 0.8 毫米的金属镁丝、锌丝、铁丝、铜丝,各截取 10 厘米长,再分别折成元素符号的样子,达到了最佳的实验效果。这在以前的教学中是无法实现的,设想的实验会因药品的短缺使创新实验停滞不前。现在材料丰富,获得方式方便,为自由创新提供了广阔的空间。

从生活世界走向化学世界，
培养学生的科学探究意识
——以"化学是一门以实验为基础的科学"为例

韩丽娟

一、学科核心素养

生活之中处处有化学，离开生活，化学将会失去它的生命力。作为化学教师，我们应该发挥导向作用，充分利用好生活中的素材，通过诸如燃烧、呼吸这样司空见惯的事例，逐渐培养学生运用化学的眼光，发现生活中的化学问题，并且从化学的角度去科学分析的能力。兴趣是最好的老师，有了兴趣，培养学生科学探究和创新意识自然会水到渠成的。

二、教学内容分析

实验对学习化学有着重要的意义，本课题通过"对蜡烛及其燃烧的探究""对人体吸入的空气和呼出的气体的探究"两个活动，加深学生对化学探究过程的认识和体验，引导学生在习以为常的生活现象中，归纳总结化学的学科特点，掌握科学探究的一般过程，初步培养学生的科学探究意识。通过教师的实验创新，抛砖引玉，激发学生的科学创新意识。

本课题分为两个课时，本文中笔者将针对这一课题中"对人体吸入的空气和呼出的气体的探究"这一部分进行详细讨论分析。

"对人体吸入的空气和呼出的气体的探究"是人教版初中化学九年级上册第一单元课题二中的一个主题。呼吸是我们每天生活离不开的，学生对此有着丰富的生活经验，在小学科学学科中也进行了学习。教材之所以把这个内容设置在初三化学开篇之后,主要是因为学生并未对其进行过系统的分析和观察,而我们则要引导学生学会运用科学的眼光,从化学的角度,利用科学的探究方法提出问题、分析问题,并验证猜想,逐渐建立系统的科学思维方式。

三、教学活动设计

(一)活动内容与实施

1.活动一:提出问题

教师引导学生思考人体吸入的空气和呼出的气体成分,关注人体吸入和呼出气体成分和含量的变化。

2.活动二:猜想假设之"我是小小设计家"

教师引导学生思考变化前后气体成分和含量的具体变化情况,提出吸入、呼出前后气体成分具体变化情况的猜想。

3.活动三:寻找证据之"亲自动手来实践"

(1)给予学生必要的资料和数据支持

二氧化碳能使澄清石灰水变成白色浑浊液,白色浑浊越多,说明气体中二氧化碳越多。

氧气可以使带有火星的木条复燃,木条燃烧越旺,说明氧气越充足。

二氧化碳可以使燃烧的木条熄灭。

空气主要是由氮气、氧气组成的,还含有二氧化碳、水蒸气,等等。

(2)设计并讨论证明变化前后气体成分、含量改变的具体实验方法,重点关注在实验设计中的变量控制:收集空气和呼出气体的集气瓶大小、所用到的澄清石灰水的量,同时,注意空气和呼出气体中氧气的含量问题,将带火星的木条改进为燃烧着的木条,在实验设计中注意引导,逐渐设计出严谨的实验方案。

4.活动四:得出结论

教师带领学生对实验现象和结果进行逐项对比和分析,得出合理的结论。

5.活动五:课后延伸

(1)开发家庭小实验

初中化学课本中对于二氧化碳和空气的含量进行了定性讨论和研究,但是更多的是课堂上老师的演示和讲解,笔者认为,如果勤于发现生活中的材料,将部分课本实验开发成可在家中实现再现的家庭小实验,必将激发学生的学习兴趣。

化学都是一门以实验为基础的学科,无论是课堂讲解还是学生的实践都离不开实验,如果我们能将教师在课堂上的教学延伸到课下,那将为学生化学的学习增加无限的动力,也将是我们提高教学效率的源泉。

参考了很多文献之后,笔者发现各种方案各有优缺点,基于此,笔者重组、挖掘、开发了生活中的饮料瓶和注射器,这样不仅使学生能够在家中独立完成实验再现,而且能够使实验结果的对比性更加直观,激发学生的学习兴趣。

①实验装置说明

将"茶 π"饮料瓶和普通吸管制成一个排水集气装置,将蜡烛绑在铁丝下端,以便顺利伸入到饮料瓶中。

②实验原理

通过澄清石灰水变浑浊的程度比较二氧化碳含量的多少,通过蜡烛燃烧时火焰的变化和燃烧时间的长短比较氧气含量的多少。

③实验操作

事先将饮料瓶中装满水,并且擦干外壁,对着瓶壁哈气,观察瓶壁哈气部分的变化情况。

将饮料瓶装满水,从短端呼气直至将瓶中水全部排出,收集到一瓶呼出气体。

取一支注射器抽取 8 毫升呼出气体和 2 毫升澄清石灰水,另取一支注射器抽取 8 毫升空气和 2 毫升澄清石灰水,分别振荡,观察现象。

将蜡烛点燃,观察其在空气中的燃烧现象,然后将燃着的蜡烛伸入收集到的呼出气体中,观察现象。

④实验现象及结论

哈气的部位相较其他部位明显出现水雾,说明呼出气体中水蒸气含量比空气中水蒸气含量高。

将呼出气体和澄清石灰水混合的注射器中,澄清石灰水变浑浊;将空气和澄清石灰水混合的注射器中,澄清石灰水无明显变化;这说明呼出气体中二氧化碳比空气中二氧化碳含量高。

空气中的蜡烛持续燃烧,伸入呼出气体中的蜡烛燃烧一段时间后熄灭,说明呼出气体中的氧气比空气中的氧气含量低。

(2)使用传感器验证实验结论

在传统实验的基础上,笔者除了开发家庭中可使用的生活用品之外,还使用了新技术——传感器来采集和比较"人体吸入和呼出气体"中的相关数据,通过动手实践,获得了数据,使结果更有说服力。从实践到理论,使学生对于呼吸这一普遍的现象有全方位的认识,对学习知识增加了理论指导。通过传感器的测试,数据显示与实验结论完全一致,学生对实验现象有了进一步的认识。

(3)利用多媒体制作动画视频,延伸学生课后学习

有了前面的实验探索过程,笔者又开发了"探秘呼吸之旅"的动画课程,将动漫设计、动感视频、教师指导集于一体,呈现了猜想和验证空气和人呼出气体中氧气和二氧化碳含量的科学历程,增强学生学习的趣味性,将学习延伸到课后。

(二)活动设计意图

1. 创新家庭实验,培养学生的实验创新意识

实验装置设计简单,操作方便,对于学生创新实验装置起到了抛砖引玉的作用,原来的实验,上课时老师必须拿很多玻璃仪器,易碎且危险。有了本改进装置后,再补充少量的仪器就可以完成三个实验,在减轻了老师的负担的同时,也简化了操作。多功能瓶的排水收集法是学生理解的难点,实际操作使其更加形象,减轻了学生的理解难度,充分让学生感受到创新后的优点,以此激发学生对实验的创新意识。

2. 创新实验装置,培养学生的科学探究意识

实验装置是利用我们生活中废弃的饮料瓶改装而成,在废物利用的同时,体现了本课题的初衷,即化学就在我们身边,以此向学生展现我们可以利用身边的物品来探究生活中的化学。这对刚接触化学的学生来说,无疑能够极大地提高他们对学习化学的兴趣和探究欲望,在学生心里埋下一颗探究的种子。

（三）活动实际效果

有了前面的实验探索过程,基于区级课程"化学魔盒"的开发,笔者又开发了"探秘呼吸之旅"的动画课程,将动漫设计、动感视频、教师指导集于一体呈现了猜想和验证空气和人呼出气体中氧气和二氧化碳含量的科学历程。在制作的过程中,我惊喜地收到了学生自己录制的在家中实践人体吸入和呼出气体中氧气含量的验证实验视频。学生在笔者制作的基础上,又进行了材料的改进,使用了质地比较软的冰露矿泉水瓶,将其捏瘪之后呼气,实现了真空收集法,同时,将蜡烛改为棉签绑在筷子上,同样实验了验证操作。看到这些,笔者倍感欣慰。在指导学生的过程中,学生还告诉笔者,"学习化学,使我快乐",听到这样的反馈,笔者认为自己的指导和思维引领帮助学生打开了学习化学的大门,在化学启蒙的道路上,这是对笔者设计初衷的最大肯定。

四、讨论与反思

本课题重在引导学生从化学的角度去感受生活、认识世界,用科学的方法去探索世界。《全日制义务教育化学课程标准》中提出,要激发学生学习化学的好奇心,引导学生认识物质世界的变化规律,形成化学的基本观念。

在化学教学的过程中,笔者深深地思考如何才能给予学生更多学习化学的动力,从外需转化为内需,从"要我学"变成"我要学",引领学生开启自己的化学学习之门。历经十多年的教学生涯探索,笔者感受到自己给予学生更多的不仅仅是知识,而是在新的核心价值观的引领下的化学学习方法,或者说是形成化学学习的观念。

笔者认为,化学更多地应该给予学生的应该是观念的引领,这将使学生终身受益的。劳厄认为,"教育所给予人们的,无非是当一切已经学过的东西都

忘记后所剩下来的东西",那么这个"剩下来的东西"是什么呢？笔者反思自己的学习生涯,认为这应是我们通过课程学习所形成的思想观念。所以笔者认为,初三化学给予学生更多的,应该是使学生通过初三化学课程的系统学习后,所形成的从化学的视角认识事物、提出问题,解决问题的思想、观念和方法,也就是终将影响学生思维的化学基本观念。作为教师,我们应该创设更多的角度,发挥化学的价值和功能,给学生以实验创新、家庭实验、趣味视频等立体思维展现的机会与空间。

化学的价值更多地在于其实用性和创造性。化学推动了社会文明和科技进步,在解决人类所面临的自然和社会问题中起到了至关重要的作用。倡导绿色化学,将是我们可持续发展的方向。正所谓"绿水青山就是金山银山",自然和社会的可持续发展,也终将是我们的价值追求。

创设探究情境,共生教学本真

——以"燃烧和灭火"为例

刘　绵

一、学科核心素养

　　科学探究是初中化学的重要学习内容和学习方式。《全日制义务教育化学课程标准》明确提出"科学探究是学生积极主动地获取化学知识、认识和解决化学问题的重要实践活动"。因此,教师在教学中要特别关注和培养学生探究能力,帮助学生形成基于学科活动类型的程序性经验,增强化学学科观念,提升学生的化学核心素养。

　　秉承"允公允能,日新月异"的南开精神及学校"以人为本,和谐发展,为学生主动发展奠基"的办学理念,笔者针对学生特点,创设探究情境,优化教学过程。开展探究活动的一个重要目的就是培养学生对化学问题的探究能力,当学生面临问题时能应用已有知识开展探究并解决问题。完成真实任务的探究学习能够让学生感受到知识在真实状态下是有用的,这可以很好地促进学生的学习热情,激发学生的求知欲,也可以促进学生将知识创新地应用于实践领域,培养学生科学核心素养,共生教学内容,探寻化学本真。

　　"燃烧条件的探究"是"燃烧和灭火"课题中一项重要的教学内容。学生在教师引导下,逐渐学会通过控制变量的思想来设计实验的基本思路,通过设计探究实验,分析事实,得出结论。同时学会关于燃烧条件的基础知识、建立探究反应规律的基本实验原型。学生更好地开展深层次思维,能够实现其对学习内容的深度理解,有利于形成化学核心观念。

二、教学内容分析

经过了前面的学习,学生已经掌握了不少化学知识,也有不少生活经验,并且具备了一定的设计方案、动手实践和逻辑思维的能力。这都能帮助学生了解到燃烧是有条件的。此外,在前几单元学习中,学生也多次感受到了实验探究,已具备从化学学科看物质世界的方法与视角。所以在探究"燃烧的条件"这样的新问题时,显然会利用所学过的化学知识进行猜想与假设。这种具有化学特质的方法和思路,也为接下来的探究活动及深度学习奠定了基础。

三、教学活动设计

(一)活动内容与实施

以"燃烧条件的探究"为例:

1. 活动一:创设问题情景,引出课题

教师为学生展示燃烧的图片和视频等,为学生提供思考的素材,认识燃烧的历史和火的重要性,体会到化学无处不在,同时引导学生进行有依据的猜想和有方向的学习。

【素材展示】教师为学生展示美丽的节日烟火、火箭升空时燃料燃烧的图片及钻木取火视频等,引出问题:"燃烧的共同现象是什么?"

【学生归纳】学生经过思考分析,知道燃烧现象的发生是可燃物与氧气发生了氧化反应,燃烧是发光、放热的化学反应。

【教师引导】教师继续追问:"所有的燃烧都一定需要氧气吗?"在学生讨论分析后,教师补充提供钠在氯气中燃烧的实验,使学生对燃烧的定义有更加深入的认识与理解。

2. 活动二:形成猜想假设,探究燃烧条件

"燃烧条件的探究"是本节课的重点。学生通过生动具体的事实和真实的实验,在不断查找资料、设计方案中遇到的困难,了解科学家在研究中的艰辛,体会到科学的重大发现还要有不畏困难及勇于实践的探索精神。

通常,学生能够理解变量控制的含义,但若用变量控制的思路来设计实验

方案,往往会有些困难。因此教学中通过分解任务、明确探究过程、落实探究方法,使学生能够在教师的引导下完成实验设计,明确通过变量控制思想来设计实验的基本思路,使学生思维得到发展和提升。

【教师提问】人类利用燃烧创造文明是人类能自由控制燃烧开始的。燃烧是怎样发生的?

【学生讨论】提出猜想,并说明依据。

依据一:生活经验与实验观察的结果。依据二:燃烧的条件、燃烧与氧气发生的反应、加热或者点燃为反应的条件。

【深入探究】加深学生对着火点的认识。

【教师提问】划着火柴、点燃蜡烛、聚焦日光引燃的共同特点是什么? 怎样划火柴更容易点着呢?

【猜想验证】教师首先展示教材中常见物质的着火点,说明每一种物质燃烧所需的最低温度不同,设计实验,对猜想进行初步验证。

【教师提问】怎样设计实验来验证燃烧的条件缺一不可?

任务一:设计实验来验证燃烧需要氧气,形成研究思路。

首先,分解任务,明确探究过程。学生分析得出完成这一任务需要找到可燃物、控制温度不变、改变氧气的条件并观察燃烧是否发生。

其次,问题引领,落实探究方法。教师带领学生选择合适的可燃物,控制温度不变,控制氧气的变化。

最后,初步评价,改善实验方案。教师带领学生明确实验的评价要求有哪些、哪个要求最重要。

任务二:设计实验,证明燃烧需要温度达到着火点。

学生分组设计实验,并积极讨论实验方案。

【合作交流】各小组展示实验目的、方案、现象、结论,组间评价。

【实验过程】借助所提供的药品与器材进行实验。

探究中需要的可燃物:灼烧棉花(滤纸、木条)和大理石,用玻璃棒分别蘸取酒精和水进行灼烧。

探究燃烧需要温度达到着火点:用火柴分别去引燃棉花、乒乓球碎片、滤纸或木条,再换成用酒精灯点燃木条。

探究燃烧需要与氧气接触:取三支燃着的蜡烛,一支放在烧杯里,一支用烧杯倒扣上,另一支放在盛有碳酸钠粉末(后加盐酸)的烧杯中,观察现象。

【分析总结】得出结论:可燃物、着火点和氧气三个条件对于燃烧来说缺一不可。

3. 活动三:分析燃烧条件,总结灭火原理

通过对灭火方法的总结,让学生认识到事物的两面性,进一步认识到燃烧条件和灭火方法的内在联系,并培养学生归纳和总结能力。

【知识应用】通过回顾在上述探究环节中使用的灭火方法,使学生能自主总结灭火原理。

【教师提问】以下灭火方法分别利用了哪些原理?

(1)酒精灯用灯帽盖灭。

(2)蜡烛被吹灭:盖上烧杯的蜡烛自己熄灭;产生的二氧化碳使蜡烛熄灭。

(3)燃烧的滤纸、木块、棉花等被吹灭或燃烧完后自己熄灭。

【知识竞猜】

"我是小小消防员":面对酒精灯中酒精着火、炒菜时油锅着火、纸箱着火等,我们应如何灭火呢?

"小小成语大道理":"釜底抽薪""杯水车薪""火上浇油"等蕴含着哪些化学原理?

(二)活动设计意图

学生从身边熟悉的现象入手,寻找新的视角和切入点,去感受身边的物质和变化,加深对知识在生活实际中应用的认识,进而从生活经验中归纳燃烧的条件,从教材和实验中寻找证据,探究反应规律,为后续探究活动进行铺垫。

通过探究过程中的组内和组间交流,培养学生乐于实践、善于合作的品质;通过展示小组实验方案、进行实验分析,提高学生分析能力和语言表达能力;通过相互评价实验方案,提升学生分析问题和评价问题的能力,同时在相互肯定和质疑的过程中加深对燃烧条件的认识。

(三)活动实际效果

本节课是演示和实验探究课,首先通过创设情境,激起学生学习兴趣和求知欲,带着思考导入新课。其次在演示实验和探究实验过程中,教师作为学生学习的引路者,充分发挥了学生的主体作用,使学生不仅能学会探究方法,体验探究乐趣,还能感受探究成功的喜悦。

此外,本节课的重点是帮助学生建立利用变量控制法设计实验的思路和方法。通过关注学生的已有知识,寻求发展空间,设定学生探究能力的发展点。关注学生探究能力的培养及化学学科思想的落实。明确了通过变量控制思想来设计实验的基本思想,同时也获得了关于燃烧条件的基础知识,建立了探究反应规律的基本实验原型。

四、讨论与反思

要让学生通过探究活动有所发展,教师一定要关注学生的已有认识,然后寻求其中的发展空间,设定探究能力的发展点,引导学生层层深入研究问题,并在解决问题的过程中获得成功的体验。

科学探究的过程也是发现和创造的过程。学生在开展化学探究活动时,需要具备一些学科核心思想、化学核心观念。这些思想方法是学生完成复杂探究任务所必备的能力构成要素。学生把握和领会了学科本质的思想方法,才能够深入理解化学知识,更好地通过基本实验原型将化学问题进行提炼,并通过实验探究来解决设计方案。进一步增强化学观念,提升学科核心素养,学生才能成为适应社会发展的新型人才。

巧设情境,让学生在问题引领中提升科学素养

——以"氢氧化钠变质问题的探究"教学为例

张 玲

一、学科核心素养

提升学生的科学素养就是学生能够以科学的思维方式理解事物并解决问题,提高实证意识;能够从多个角度辩证地分析问题,并具有问题意识;能有好奇心和坚持不懈的探索热情,敢于尝试。化学学科的核心素养包括五个方面,其中也强调了培养学生的科学探究能力和创新意识,培养学生的科学态度。教师要重视以"质量为本"的教学,提高学生的科学素养,就必须重视解决问题的能力。问题是推进学习的动力,在相互关联且深入的问题的驱动下,学习者将进入科学世界。通过创造情境,以问题为指导,开展各种针对化学实验的探究活动,促进学生学习方式的转变。在化学课上,巧妙的情境设置和以问题为导向的教学,不仅可以充分发挥学生的主体性,让学生在情境和问题的指导下自主学习和探索,提高探究能力,还可以培养学生的创新意识,从而促进科学素养的有效提高。同时,在不断探究的过程中还可以培养学生的问题意识,可以从多个角度对问题进行辩证分析,大胆尝试,设计新思路,发现新方法,培养学生对科学的热爱和发现真理的精神。

二、教学内容分析

本课的内容是对初中化学中的"酸,碱和盐"的专题复习。这个探究问题出现在"生活中的盐"的课外练习中,对氢氧化钠变质情况进行探究。多年来,在高中入学考试中,围绕氢氧化钠的变质出现过多次相关考题,例如变质

程度探究、杂质去除和纯度计算等。每次遇到此类考试问题时,学生都会感觉熟悉,但往往无法入门。常规教学方法,通常会让学生根据测试题的要求设计方案,然后由老师进行解释和评估。学生们一直保持听会的水平,很难深入思考,也很难将老师所讲的知识点内化为自己的知识体系。为了提高复习课的效率,笔者设计了"氢氧化钠变质问题的探究"这一专题复习课,设置一定的情境,以真实问题引领探究,激发了学生的好奇心,使学生在探究过程中不断发现和提出问题,并解决这些实际问题,从而达到课堂教学的目的。

三、教学活动设计

(一)活动内容与实施

1. 活动一:巧设情境,引入探究主题

【演示实验】向刚配制好的氢氧化钠溶液中滴加酚酞溶液,溶液变红,然后再滴加盐酸,请同学们观察实验现象。

【实验现象】溶液从红色逐渐变为无色,并且溶液中有气泡。

【问题一】该反应中为什么会产生气体?该气体是什么?

【学生讨论】通过回忆常见碱 NaOH 的性质,猜想可能是氢氧化钠变质了,气体是 CO_2。

【问题二】:氢氧化钠变质的原因是什么?

教师展示实验员配制溶液所用的变质的固体氢氧化钠,使学生对氢氧化钠到底会和空气中的什么成分反应进行思考,从而搞清氢氧化钠变质的原因,达到复习碱的化学性质。

【问题三】同学们可以使用哪些试剂和操作证明氢氧化钠变质呢?

【分组讨论】通过相互讨论,学生提出了多种可行的解决方案,主要包括三种试剂:氢氧化钙溶液、氯化钙溶液、稀盐酸,学生取样并滴加试剂,观察是否产生沉淀和气体。

【分组实验】根据同学们的方案进行实验验证。

【问题四】:在实验操作时,用稀盐酸进行验证同一份样品时发现,有的样品能产生气泡,有的不能产生气泡。

【学生讨论】通过实验对比发现,由于所滴加的盐酸的量不足而导致不能产生二氧化碳气体,因此在使用盐酸验证时需要注意加入足量的稀盐酸,如果最终能产生气体则能证明 NaOH 中存在 Na_2CO_3,发生了变质。

2. 活动二:情境引导,深入探究

【设置情境】将刚才同学们进行实验的视频照片和刚刚的变质的 NaOH 固体进行展示,经过刚才的实验已经证明氢氧化钠已经变质,引导学生针对这瓶变质的氢氧化钠进行思考,看看还能提出哪些值得探究的问题,引出下面要探究的问题。

【问题五】请大家对氢氧化钠的变质程度做出猜想与假设,并设计实验进行验证。

【猜想与假设】氢氧化钠部分变质,固体是 NaOH 和 Na_2CO_3 的混合物;全部变质,固体只有碳酸钠。

【学生设计实验】第一组:取样,滴加酚酞溶液,若酚酞从无色变成红色则部分变质,若没有变成红色则全变质。第二组:取样,滴加稀盐酸,如果一开始不产生气泡,过一会儿产生气泡则是部分变质,如果立刻产生气泡则全变质。第三组:取样,添加过量的 $Ca(OH)_2$ 溶液,直到没有沉淀出现为止,过滤,然后向滤液中添加无色酚酞溶液。如果溶液变红则为部分变质,如果颜色不变,则为完全变质。第四组:取样,加入过量的氯化钙溶液直至没有沉淀发生,过滤,然后在滤液中加入酚酞溶液。如果变成红色则为部分变质,如果不变色,则为完全变质。

【问题六】上述四个方案是不是都正确?

学生很快能解释小组一的设计方案有问题,因为 Na_2CO_3 的溶液也显碱性,如果样品中只有 Na_2CO_3,无色酚酞也能变红。

【教师演示】取 Na_2CO_3 溶液,并逐滴加入盐酸。起初没有气泡出现,但过一会儿会产生气泡。通过实验对比得出第二组的方案是错误的。

【教师演示】取 Na_2CO_3 溶液,添加 $Ca(OH)_2$ 溶液,直到没有沉淀产生,过滤,然后将无色酚酞溶液滴加到滤液中,该实验中溶液也变红。

由此实验引发对小组三实验方案的讨论,方案三向 Na_2CO_3 溶液中加入

Ca(OH)$_2$溶液,两者反应会生成 NaOH,无论原物质中是否有 NaOH,滴加酚酞溶液都会变红。从微观角度理解,加入 Ca(OH)$_2$ 溶液除 Na$_2$CO$_3$ 的同时引入了后面要检验的 OH$^-$。

【小结】检验氢氧化钠变质情况,从微观角度理解就是检验溶液中是否存在 CO$_3{}^{2-}$和 OH$^-$,先检验 CO$_3{}^{2-}$,同时不能引入 OH$^-$,然后除尽 CO$_3{}^{2-}$,再检验 OH$^-$是否存在。因此小组三的方案正确。

【学生实验】按小组三的方案完成探究,检验本组氢氧化钠的变质情况。

3. 活动三:情境回顾,完成探究

【设置情境】实验室老师要想用这瓶变质的氢氧化钠来配制氢氧化钠溶液,你能帮助实验员完成这项任务吗?

【复习旧知】通过复习配制溶液的方法及步骤,可知需要纯的固体 NaOH,因此需要除去 NaOH 中的 Na$_2$CO$_3$。

【问题七】如何除去氢氧化钠中的碳酸钠?

同学讨论,得出结论。将 Na$_2$CO$_3$ 转化成 NaOH,从微观角度理解就是将 CO$_3{}^{2-}$转化成沉淀后除掉,然后再进行过滤,同时不能引入 Na$^+$和 OH$^-$以外的离子。

【实验方案】取变质的 NaOH 加入适量的水溶解,加入适量的 Ca(OH)$_2$ 溶液,过滤,蒸发滤液,再用所得到的 NaOH 固体重新配制氢氧化钠溶液。

(二)活动设计意图

1. 巧设情境,解决问题,首尾呼应,迁移应用

在教学过程中,教师根据教学目的的需要和教学实际内容提出一些问题。在本课设置情境时,教师特别注意开始和结束的呼应,实现了知识的迁移和应用。在课堂的开始,笔者由实验员用变质的氢氧化钠配制的溶液做中和反应实验时,出现了"意外",引起学生的好奇心和兴趣,引入新课。接着通过一个个需要解决的问题为引导,展开整节课的探究之旅——"猜变质、验变质、除杂质",最后回到帮助实验员用变质的氢氧化钠配制真正的氢氧化钠溶液,创造了一个完整的教学过程,培养了学生运用科学知识解决实际问题的能力。

2.以问题为引导,使科学内容变抽象为具体,提高学生的探究兴趣

本节课内容难度比较大,知识具有抽象性,笔者以情境作为设计的媒介,为学生呈现直观生动的情境,让学生感受化学理论知识与实际应用之间的联系,同时引导学生以问题为基点,探究更多更新的问题,从而激活学生的思维,让学生的认知处于活跃的状态,从而能利用原有的认知结构去同化新知。

(三)活动实际效果

首先,笔者为这堂课做一个总体设计,很好地分析了学生的学业状况,并了解了他们的错误倾向和障碍。通过将一个个真实情境作为问题线索,引领和拆解问题。在层层深入的问题的追问的过程中,提高了学生的探究热情,激活了学生的思维。通过设计实验对比,化解学生学习的障碍点,同时有效地拓宽了学生的思路,培养了学生实证意识和对知识的严谨态度。在实验方案的不断完善过程中,学生综合运用知识的能力得到了很好的发展。

本节课设计了多组小组合作探究实验方案,教师引导学生在独立思考的基础上,在问题的导向中增加学生与情境、与教师的交流与互动,学生亲历科学探究的过程,在探究过程中能够大胆尝试,积极寻求有效的解决问题的方法,并运用科学的思维,多角度、辩证地分析问题,最终做出正确的选择,这培养了学生思维的缜密性和坚持探索的精神。

教学中,笔者从宏观物质角度分析了氢氧化钠变质程度的检验和除杂后,最终又用离子观点进行了进一步的剖析,使学生对氢氧化钠变质的微观实质有了初步的认识,逐渐学会从微观视角解释各种宏观的化学变化,培养了学生的化学核心素养。

四、讨论与反思

本节课教学难度比较大,涉及物质的性质、鉴别、检验和除杂,知识点多而难。笔者通过设置实验员错用变质的氢氧化钠配制溶液这一真实情境入手,通过一系列的问题将氢氧化钠的变质、检验、除杂等内容串联起来,形成一个完整的探究之旅,将零散的知识通过一个情境完整地呈现为一个知识链,学生在整个课堂的教学过程中,要通过不断调动我们已学的知识来解决问题,增强

知识的应用能力。最后本课以帮助实验员配制真正的氢氧化钠溶液结束探究,学生能够真正体会到探究的乐趣及成就感。

在探究氢氧化钠变质情况时,同学们设计出四种不同方案后,在让学生探究哪种方案是正确时,笔者并没有采用常规的理论分析,而是按着他们的实验方案分别进行对比实验,学生在实验对比中很自然地分析了每种方案的问题,并找到了正确的方案。笔者借助实验不仅培养了学生的问题意识,也让学生学会辩证地多角度地分析和看待问题,寻求最佳的解决方案。

但是,教学的最后只是设计了除杂及配制溶液的步骤,应该让学生按着正确方案进行实验操作,并用配制好的氢氧化钠溶液再做一次与盐酸的中和反应,这样就和我们开始设置的情境真正呼应了,体现了探究的完整性,或者也可以进行实验视频展示,这样学生的探究过程就更能突出化学知识的实际应用意义。

第三章
特色课程篇

核心素养下高中体育篮球模块教学实践

——以行进间单手低手投篮为例

冯玉萍

一、学科核心素养

2016 年 9 月,《中国学生发展核心素养》总体框架正式发布,进一步推动了学校课程改革的深化,更加明确了教育教学的实践目的。2017 年,《普通高中体育与健康课程标准》中明确指出,体育与健康学科核心素养主要包括运动能力、健康行为和体育品德。对于一线教师而言,如何让核心素养落实、落地、落细地进入体育教学实践活动,是我们必须不断思考并付诸实践的具体行动。

针对这一问题,笔者在开设高中篮球模块教学实践的过程中,针对教学对象为高一男生这一群体,就如何通过教学来培养学生的体育核心素养,进行了积极的探索。在教学内容安排上,笔者主要是通过教师的主导作用,从三个维度引导学生积极参与教学活动。第一个维度是运动能力,主要是突出篮球的基本功,通过体能储备、基本功培养、技术学练等环节,提高学生的神经反应能力和身体协调能力,促使学生的骨骼、四肢、肌肉得到良好发展,让学生身体得到全面的锻炼。第二个维度是健康行为,主要是通过教与学的互动,不断树立学生"健康第一"的行为意识,让他们认识到良好行为习惯的重要性,自觉养成杜绝不良行为、保持身心健康的习惯。第三个维度是体育品德,主要是通过体育精神的灌输,引导学生在掌握篮球技术和战术能力的同时,懂得竞争与合作,使学生养成自觉遵守规则、勇于进取、敢于拼搏的体育品德。

二、教学内容分析

行进间单手低手投篮是高中篮球模块教学的重点内容,技术学练有一定难度,但对于学生来说,熟练掌握此项技能,可以较快地参加比赛,对个人运动能力的养成有很好的帮助。

本课主要以篮球行进间单手低手投篮为例,整体单元教学预计 4～5 次课,在教学内容设计上,主要通过运用引导教学、技术学练、分组竞赛等多种形式,达到教学内容设计的三重目标。教师采取讲解示范,使学生了解动作要领,探索影响动作标准性、连贯性和投篮准确性的因素,达到第一重的认知目标;引导学生通过实践练习,基本掌握行进间单手低手投篮的技术动作,并能合理运用所学技能,提高个人身体协调性和四肢力量素质,达到第二重的技能目标;组织适度分组竞赛,激发学生的表现欲,让学生在竞争的环境中学会沟通观察、团结协作、勇敢顽强,并在规则限定的对抗中,学会尊重规则、尊重队友、尊重对手、尊重裁判,达到第三重的情感目标。教师要结合学生表现出来的不同能力,有针对性地采取相应的练习形式,使每个学生在原有基础上得到提高和发展。

三、教学活动设计

(一)活动内容与实施

本课活动内容主要分准备活动、技术学练和放松整理讲评三个阶段组织实施,整体时间 45 分钟,三个阶段的时间比例为 2:7:1。

1. 活动一:准备活动

(1)熟悉球性练习。教师讲解练习方法,学生集体跟随教师按照胸前拨球、侧拉球、头腰膝绕环、胯下"8"字绕环、提腿"8"字绕环、听信号抛接球的顺序进行练习。练习过程中,教师要明确练习要求,及时纠正和规范学生动作,适时反馈。

(2)课课练。结合课改新要求,组织学生练习篮球滑步、听信号跑、交叉步跑等,使学生在运动过程中做好体能储备。

（3）高抛接球运球接力。学生分为四组八队，采取快速运球、起跳抛球、跨步接球、相对运球的方式进行接力比赛，先完成的小组获胜。

2. 活动二：技术学练

技术学练主要是通过"友伴结组"等形式，采取分层递进的方式，充分调动学生学习的积极性、主动性，让学生逐步掌握技术动作。

（1）教师主导。教学过程中，教师要坚持目标递进原则，以小组学习为基础，将学习过程分成连续的"小步子"，每一步就是一个目标，指导学生完成练习，逐步掌握行进间单手低手投篮动作，改进技术上的不足。根据学习效果，安排技术动作掌握较好的学生进行示范，采取教师点评和学生互评的方法，对示范者的动作进行评价，提出改进意见，达到共同完成本课预定的教学目标。教学中教师通过巡视指导、学生反馈，检查学练结果，及时发现学生存在的问题并予以纠正，使学生在学习过程中，不断提高自身能力，体验成功的喜悦，从而培养学生积极进取、团结协作的优良品质。

（2）个体实践。注重发挥学生在教学环节中的主体地位，坚持教为辅、学为主、练为重。教师讲解动作要领、明确注意事项后，组织学生自主个人练习。学生要带着问题，依次完成以下动作练习：原地屈腕、食指和中指用力拨球动作，主要体会手腕、手指用力顺序；原地跳起做屈腕、食指和中指用力拨球动作，着重体会最后出手动作技术；上前一步跳起做屈腕、食指和中指用力拨球，提高控制球的能力；运1~2次球进行行进间单手低手投篮练习，体会出手动作。根据学生个人练习效果，组织学生两人一组进行行进间单手低手投篮练习，体会最后出手用手腕手指拨球的动作，然后进行双人互评，指出动作中存在的问题，分享学习心得体会，进一步熟悉动作要领。

（3）分组练习。在完成个人技术动作练习的基础上，教师指导学生分成四组在四个半场依次运球，进行行进间单手低手投篮练习。对于技术掌握较好的学生，可选择性地组织他们围绕接传球的行进间单手低手投篮、运球和半场三对三教学比赛等内容进行实战运用性练习。

3. 活动三：放松整理讲评

（1）学生分散在篮球场地上，在教师的带领下，做"快快结组"小游戏，使学生的身心充分得到放松,为下一节课的学习做好准备。

(2)教师总结本课的学习情况,强化技术要点,评价学生学习情况,布置课外作业,与学生一起清整场地、器材,完成教学任务。

(二)活动设计意图

1. 坚持目标导向

基于核心素养下的篮球教学,涵盖篮球技能、健康思想、文明行为等内容,是推进学生综合素质发展的重要辅助手段。在教学内容设计上,教师务必要坚持目标递进原则,针对不同类型的学生,设定合理的目标取值,分步分层实现教学目的。

2. 注重情感挖掘

基于核心素养下的篮球教学,在达成提高学生运动能力的基础上,还要注重学生积极进取、顽强拼搏、团结协作等良好品质。因此,在教学内容设计上,要注重学生对篮球情感和品格的挖掘,通过创新篮球游戏、有序开展分组竞赛,达到预期培养目的。

3. 完善评价体系

新时代体育教学,学生已逐渐成为教学主体,不再是传统的学生练、教师评。在教学过程中要重视对学生知识、技能和思想方面的综合考察,引导学生在教师点评的基础上,积极开展问答点评、双向互评,与教师讲评互为补充,更加体现评价的公平合理,从而适应学生核心素养的培养要求。

(三)活动实际效果

1. 教学效果体现

本课教学,练习密度预计在 35%~50%。通过教学,75%~85%以上的学生基本掌握行进间单手低手投篮最后出手用手腕手指拨球动作,基本上可以做到行进间单手低手投篮技术动作的熟练运用。

2. 学生练习反馈

通过学练,学生们不仅掌握了技术动作,更重要的是在练习和合作的过程中,身体整体机能有了一定程度的提升,在掌握动作的同时,对团结协作、互动分享有了更深层次的认知和理解,培养了积极进取、不畏困难的好品质。

四、讨论与反思

笔者通过本课研究，取得了一定成功经验，发现了过程中存在的一些问题，为后续教学实践如何更好地培养学生核心素养奠定了基础。

在教学内容设计和教学目标实现上，要向核心素养的培养倾斜，特别是要结合教情、学情以及学生的具体情况，有针对性地融入核心素养培养，在实践中将核心素养培养加以落地落实。

在教学组织方面，要突出学生的主体地位，教师精讲，学生多练。学生在练习的过程中，教师要多采用语言和肢体激励的方法，给予学生更多的表扬和尊重，使学生们更乐于参与其中，让他们感到累并快乐着。

在教学方法运用上，采用了分层递进的教学方法，重视学生的信息反馈，在练习中引导他们公平竞争，始终保持学生的运动兴趣，让所有学生在原有基础上都有所提高，使学生在知识和技能的获取中感受快乐。

在教学效果的实现上，教师要进一步厘清思想认识，充分认识到核心素养的培养要久久为功，要有"功成不必在我""功成一定有我"的思想境界，始终保持对教学、学生、事业的高度热忱，不断创新教学方法，追求卓越的教学效果，与学生一起砥砺前行。

艺术体操课堂教学中培养创新能力的实践探索
——以"自编成套(器械)动作"教学为例

李　莹

一、学科核心素养

在寓德于体、立德树人的背景下,学校教学中的体育教学,不仅是一门课程、一个学科,一方面,它履行着教会学生掌握体育项目的运动要点,引导学生在体育锻炼中提高体能素质,调节身心平衡,保持身心健康的教学义务;另一方面,它承担着培养学生能够在体育活动中运用结构化的知识来解决实际问题的责任。这是技能训练、思维训练、精神训练、身心陶冶等多方面的综合教学,即体育核心素养。

二、教学内容分析

艺术体操属于体操范畴,是一项极具观赏价值与竞技价值的体育运动。近些年,艺术体操在学校体育教学中得到了迅速的发展。艺术体操技术动作与音乐的完美结合,可以有效提高学生们的艺术修养和审美情趣,教学内容中的基本身体单动作(柔韧、平衡、转体、跳跃)组合,对于塑造学生的形体美、动作美、姿态美具有重要的作用。结合轻器械的自编成套动作,能够拓展学生的自主学习能力,丰富其思维创造力,不断地使其挖掘自身潜能。

三、教学活动设计

(一)活动内容与实施

在南开大学附属中学,艺术体操课程采用的是"模块式"教学法。根据活动内容,可分为基础体能模块和专业技术模块。基于不同模块的选择,教师会依据既定的教学目标进行课堂教学活动。虽然基础体能模块和专业技术模块各自独立,但是二者之间也具备一个递进的关系。

1. 基础体能模块

在艺术体操专项体能训练中,将类型全面的技术动作与专项耐力及有氧代谢为主供能能力的训练融为一体,能够使学生的综合素质、身体机能、技术高度协调地发展,进而提高整体的运动能力。我们要将单个技术或组合技术运用的熟练性与速度、爆发力及能量代谢系统中的 ATP-CP 系统、乳酸能系统供能能力融为一体,并使之共同提高;将组合技术的运用与力量耐力、速度耐力等以乳酸能系统为主的供能能力融为一体,使之共同协调、高度发展、巩固和提高。在课堂教学中,采用间歇训练法即三种类型(极强性、强化性和发展性)的负荷时间、供能形式、负荷特点来进行合理有效的设计与运用,真正提高艺术体操运动能力的科学性和实效性。如,力量、柔韧、平衡、协调、灵敏等要素相互依存。力量顾名思义,就是学生在完成动作时神经及肌肉系统的能力体现。在艺术体操动作练习中,我们所说的力量素质包括静力性力量、动力性力量和爆发性力量。主要表现为:下肢力量耐力练习(旋转、立踵、平衡支撑等);下肢爆发力练习(跨跳、鹿跳等)。柔韧是指能够使身体按照要求做出大幅度动作的能力。普遍学生们的柔韧性需要提高,这也有助于预防肌肉痉挛、损伤等情况的发生。平衡是指身体以躯干为轴的静态性肌肉控制。在学生的自编动作中使用率较高。协调和灵敏在艺术体操课程中也是比较重要的要素,它可以提升个人的运动系统,对其他体育活动也有促进作用。

2. 专业技术模块

艺术体操在竞技体育比赛中分为个人项目和集体项目,它的评分规则是规定比赛者要持器械来完成所有动作。因此,在课堂教学中我们会依据比赛要求向学生进行逐一器械使用练习的讲解和演练。绳、圈、球、棒、带这些器械不但要熟练使用,而且要力求变化丰富,在自编成套动作组合中需与自身的肢体动作协调一致。这是需要学生不断地挖掘自身的思维创造力的。自编成套(器械)动作是建立在器械基本属性上,通过单个基本器械动作和器械组合动作两个方面进行创编的。单个基本器械动作强调的是基本器械的灵活运用，高质量的重复练习。在课堂教学过程中，可将一些基本舞步结合所持器械的特点，编排小组合进行练习，练习动作之前学生要明确完成动作的标准及常见的技术错误，以避免重复错误，通过多组的重复练习达到完美完成动作。器械组合动作是在能够按标准完成单个基本器械动作时，通过加快音乐的节奏把它们串联起来，提高快速完成动作的能力；也可以在音乐节奏不变的情况下，编排一些较复杂的、结合器械熟练性的动作进行练习，以便提高学生运用器械熟练掌握技术的能力。就艺术体操的技术和学生实际情况而言，学生对于身体难度动作的完成程度参差不齐，因此，教师要时常提醒学生注意身体难度动作的连接要流畅，难度动作之间可以有一些小的连接动作，数量要少而精，组合中的难度动作可以是同类难度类型，也可以是不同类难度之间的组合，但必须要依据教学目标而定。

身体技术结合器械技术编排的组合动作，既可以选择低级别的身体难度结合器械的基本技术，亦可以选择低级别的身体难度结合最典型的器械技术，或选择高级别的身体难度结合最典型的器械技术。在课堂教学中，学生自主选择尝试创作编排动作，教师起引导启发辅助的作用。

(二)活动设计意图

"授人以鱼，不如授人以渔。"采用创造性思维教育，培养学生的能力，教学生选择动作和创编的方法，通过启发、引导学生进行成套动作组合创编，能达到学生"乐学、乐练"的目的，改善人际交往能力，提高意志力。艺术体操是一门既具有艺术性，同时也具有科学性的体育运动，艺术体操课程教学是一个将科学性和艺术性相结合的过程，在提高运动能力的同时，对于学生创编能力的培养也格外重视。这本身就是符合学科核心素养下要培养的综合型人才需要，作为教师，我们要因材施教，从实际出发，分层教学，增强学生的自信心，从而达到教学目的。在对学生进行的创编动作环节中，提要求、内容和形式，使学生围绕着规定来进行编排，不至于产生盲目性。学生要遵循由易到难、由简到繁的原理，在具备一定知识储藏量的基础上，筛选出符合个人独创或集体同创的带有鲜明主题的成套动作。此时，教师会根据学生的创作和编排及时给予肯定鼓励,提高学生学习的积极性,对出现编排问题的学生及时给以指导和纠正。教师要时刻提醒学生不可急于求成,避免产生高不可攀的畏难心理。

(三)活动实际效果

艺术体操的学习,既满足了学生瘦身塑形的目的,还可以提升学生内在与外在的气质。通过教学,学生不仅掌握了有关的基本技术、技能、理论知识,而且具有一定的创编能力,并能以成套动作的形式表演下来,既具有自我锻炼的能力,为终身体育锻炼打下良好的基础,还能丰富学生课余文化生活,增强体质、提高竞技能力、培养创新精神、实践能力和团队协作精神。活动实际效果主要有以下两点:

首先,参加艺术体操课程学习的学生身体素质和生理机能发生了变化,表现为肺活量增大、安静心律下降,由此对比可知学生的身体机能有所提高。

其次,学生上课前后,对艺术体操的兴趣大大增加,主观感受方面(气质修养、艺术修养、情绪状况、自信程度及意志品质)均有很大改善。

四、讨论与反思

在课堂教学实践过程中,笔者发现了存在的问题,如有些学生参与活动积极性不够,容易边缘化自己。笔者总结了以下几点应对措施:

首先,可以选取不同风格的音乐,通过对无形的教学环境进行开发,让学生充分体验空间维度的变化。

其次,可以创设不同的情境,使学生的情感有变化,比如以刚健有力的动作以及加快节奏使人们精神振奋,以角色演练的方式创设不同的情境以增强学生的主体意识,使学生在获得积极向上情感的同时促使学生个性化发展。

再次,师生之间的感情得到提升。教学中突出感情要素,并把情感要素贯穿艺术体操课程教学的整个过程。积极的情绪能够提高人体的运动能力。教师的精神修养直接影响着学生的情感。如果教师能够较好地保持自身的体形、潇洒的风度、充沛的精力和较高的激情,将会对学生的课堂教学活动起着强有力的感染作用,教师与学生之间产生和谐的共鸣,学生在轻松愉快的氛围中学习,如此肯定会事半功倍。

瑜伽课程中提升学生体育品德的实践研究
——以高中女生双人瑜伽下犬式课程为例

赵　爽

一、学科核心素养

瑜伽对学生的身体素质和身心健康发展有着重要的促进作用,在高中时期的体育课程中存在着学生自律性差、不良行为表现突出、品德思想意识不足、品德评价欠缺和人文主义思想植入不够等现象,本文通过瑜伽运动教学特点和对于提升高中生体育品德的作用进行了深入分析。

二、教学内容分析

高中生作为人生的重要阶段,这个阶段学生的体育学习情况直接影响着日后的学习习惯和道德修养,体育品德是学生在体育学习阶段的重要表现,也是学生经过一些具体的体育活动能够表现出的思想道德品质。学生树立正确的体育道德修养是学生成为社会有用人才的有利条件。在高中时期,有些高中生在体育课程进行过程中往往会出现没有集体责任感和荣誉感、行为不规范、品德意识薄弱等现象。学生树立正确的体育品德修养非常重要,这需要多方面运动结合的指导与促进。瑜伽运动是一项以生理、心理、精神和哲学多元化结合的养生体育运动项目,瑜伽通过呼吸系统的调节,能够有效地使学生达到放松、平衡心态的效果,这对学生的生理、心理等方面都能够起到积极作用。高中生面临高考,学习压力较大,容易出现焦虑和心情烦闷的状态,瑜伽运动能够进行合理地调节。本文通过瑜伽的学习对学生能够产生的具体正面作用进行探究,为瑜伽运动更好地促进高中生道德修养提供参考。

三、教学活动设计

(一)活动内容与实施

在高中阶段,学生由于面临高考,非常注重个人的文化课成绩,而对体育课程的学习往往不够重视,体育课堂和教师组织的体育活动中,学生没有积极地参与进来,在对体育课程专用的体育设施不能很好地维护。学生集体意识和集体荣誉感较弱,集体活动中,往往没有突出的表现和较好的成绩。还有一些学生在竞赛过程中,出现不规范的行为,这不但严重影响了学生的身体素质提高,也影响了体育课程的成绩。

在体育运动技能的学习上,教师大多运用传统式的教学方式,对学生进行系统式的教学,这使学生对体育学习不感兴趣,在训练过程中,容易产生逆反心理,从而更加逃避体育运动。在体育理论课堂上,教师对体育知识进行讲解的过程中,学生没有很好地理解体育精神。体育运动是课程的主体部分,学生在这一环节中,只注重自己的提升,这说明了加强学生的体育道德修养,增加教师和学生的互动很有必要。

在体育课程的期末考核中,教师多数时候会根据学生的日常表现情况或者以最终的考试成绩作为最后的期末体育成绩,而没有针对学生的品德等多方面进行评价,教师的评价存在片面性。关于在体育课程中的品德教育,教师多数时候会根据一些经典的名人事迹来展开讲解,传统的体育课程对于高中生来说,考核成绩的好坏对自身并没有太大的影响。学生在进行体育学习,仅仅是依靠教师的直接指导,很少能够进行自主学习,学生被动的学习方式,也给品德思想的促进带来了不小的挑战。

以人为本的教学原则是提高教学效率的重要原则,而传统式的教学是教师以自身为主导进行直接教学,对体育内容进行讲解以及动作演示,再通过指导学生练习的方式进行体育教学,并将学生出现的问题进行纠错。这种方式虽然能够系统提高体育课程教学效率,但是学生无法很好地发挥个人的潜能,也无法在体育学习中提高和教师的互动,学生和学生之间没有很好的合作意识,这就无法实现最终的教学目标。同时,教师与学生之间的互动性减少,也无法掌握学生对于体育学习的想法和体育技能掌握情况，不利于教学质量的提升。学生之间的协作交流是最能够体现学生良好道德品质以及互帮互助的方式，而学生之间缺少互动也会使课堂气氛沉闷。

（二）活动设计意图

女生双人瑜伽下犬式运动是瑜伽动作中比较突出的代表性动作，通过此动作能够很好地感觉大小腿部位得到舒展，让身体达到放松的状态。在做此动作的过程中需要双人一组，练习者四肢呈跪撑的状态，膝盖离开地面将臀部提升，将身体膝盖最大限度地撑起，腿部蹬直，一直保持此姿势，然后辅助同学把伸展带放在同学的下背部，带子再从练习者的大腿内侧穿出，注重力度，往后拉动伸展带，使练习者感受到手臂力与肩颈部舒缓的状态，腿筋也能够得到延展。在这种双人的练习下，学生身心得到了放松，缓解了学习压力，并且能够很好地学会合作运动的重要性。由于女生双人瑜伽下犬式运动必须通过两人的高度配合才能够完成，因此需要双方进行良好的沟通交流，这也促进了学生的人际交往，是培养学生合作精神以及增加互动感的有利条件。

瑜伽是一种新兴的现代化的体育运动，主要的作用在于塑身健体，使身心处于放松平静的状态。首先瑜伽教学具有现代化创新的特点，现代瑜伽教学和传统瑜伽教学有一定差别，但现代瑜伽教学中结合了传统瑜伽教学方法，为学生学习瑜伽提供了有利条件，教学方法中常常运用体位法、饮食法和道德修炼法等。其次在瑜伽教学中，在教学理念上融入了养生的生活理念，使练习者能够拥有比较健康的生活习惯，特别是一些自律性不强的练习者也能得到改善。瑜伽运动还拥有推动体育教育的特点，在瑜伽运动教学中我们运用了大量现代化教学理念，更加注重以人为主的教学原则，正确引导练习者，培养其积极的情绪，这也正是高中生这一群体所要改善和提升的内容，瑜伽教学对训练者的身体柔韧性进行了加强，从不同程度上激发了练习者的学习兴趣。

（三）活动实际效果

1.培养学生自律性

体育运动并不是多次反复练习就能够达到很好的练习效果，它需要学生掌握其中的运动规律，才能够更好地掌握体育技能以及动作要领。所以，体育学习中,学生需要通过练习,明白其中蕴含的体育精神,提高学习体育的意识。瑜伽运动遵循了体育练习规律,女生双人瑜伽下犬式练习方式使学生能够理解坚持体育锻炼给自身带来的改变,并且以更加健康的理念进行生活。在女生双人瑜伽下犬式练习中,教师往往会用自身的运动来带动学生学习,增进与学生语言和身体的交流。经过学习,学生能够充分感受到通过瑜伽学习给自身的身体素质带来的变化,并更加约束自己的行为,提高自信心,养成坚持体育锻炼的好习惯。

2. 塑造体形,提升自信心

一些学生不愿意参与体育运动的原因在于对自身的体形不够满意,没有自信心。由于每个学生都具有一定的差异性,而教师进行体育教学时只能进行系统性的教学,往往会忽视学生的不同。在瑜伽学习中,教师更关注学生掌握正确的瑜伽技能,并且以提高学生的身体柔韧性为主,女生双人瑜伽下犬式练习让学生的身体在经过一段时间的练习后,体形有了很好的改变,学生增强了个人的自信心,提高了学习的积极性。瑜伽运动也具备合理科学化的训练特点,循序渐进地对学生的肌肉、韧带等软组织进行很好的拉伸,能够避免身体损伤的发生。

3. 调节负面情绪,使学生思想积极向上

瑜伽教学与其他类型的体育教学具有较大的差异性,其没有对抗性以及速度力量的要求,瑜伽运动中女生双人瑜伽下犬式动作练习使学生能够在平稳的心态下进行运动,给身心调节带来了较好的作用效果。学生能够紧扣教师的指引,在运动中保持平稳的节奏。长期的训练,调节了学生的心理,并且使学生在各种不同的环境下都能够保持较好的心态,消除了学生因学习压力过大所带来的负面情绪,使思想更加积极向上,能够更好地进入学习状态。

4. 增强合作意识

在瑜伽课程中,教师通过语言和肢体的交流更好地展现了运动效果,也提高了师生之间的互动性,让学生对体育知识的掌握更加深入。教师在讲解动作要领时对小组进行指导,再通过小组向其他小组进行一系列的瑜伽动作指导,在这个过程中,学生提高了人际交往能力和合作意识,学生能够通过小组合作,互帮互助地完成学习目标,这样增强了学习效率,使学习内容掌握得更加扎实。

5.完善学生的体育文化素养,树立正确思想价值观

在瑜伽课程上,会有一些难度相对较高的动作练习,教师及时引导和鼓励学生坚持训练,能够培养学生的意志力和训练的信心。教师通过小组共同学习的方式来加强思想价值观的引导,根据一些具有中国体育精神的代表人物感染学生,全面激发学生对学习的兴趣,与此同时,提高其社会责任感。

四、讨论与反思

在传统的体育运动学习中,学生往往会存在一些不良的行为,在学习上没有积极性,对体育运动也不够重视,而通过瑜伽教学有培养学生自律性、促进思想品德教育等作用,这使得学生在日常生活中拥有正确的思想价值观,向综合性人才的方向发展。

提升运动能力,培养身心健康

——以"初中学生游泳运动能力训练"为例

万钰婷

一、学科核心素养

根据《中国学生发展核心素养》的要求,对于初中生的教育,不仅要注重文化类知识的学习,还要通过选择适合其特点的运动方式。体育运动是我们健康生活中必不可少的方式,我们需要依据每个人自身的特点和运动潜质,通过科学的方法和运动评估,选择适合自己的运动方式。对于大多数人而言,我们在运动的过程中所体现出来的体育意识、体育技能以及通过体育运动所掌握的体育知识、体育道德等都是体育素养的重要表现和组成部分。

在日常的学习过程中,学生会把更多的精力和注意力集中到文化课的学习中,由此产生视觉疲劳和身体疲劳,健康的体育运动和合理的运动量,既能够达到转换注意力、释放精神压力等效果,还能够保障身体健康。

二、教学内容分析

通过家长会和家长课堂,我们了解到学生和家长越来越关注体育课堂活动的教学过程,家长们对于学生的体育锻炼要求往往有两个层面:最低期望是学生不要太胖,能完成基本的跑、跳、投,身体素质不要太差;较高期望是体魄强健,跑、跳、投均能达到要求,身体素质强。这两种期望,其实都是对学生运动能力的一种要求。

运动能力到底包含哪些内容呢?

首先,第一次见到一个人,我们的直观印象是他的身体状态,这既包含他是偏瘦、匀称还是偏胖,也包括他的身高体重等基本数据。

其次,在准备活动过程中,我们可以了解到他的身体素质情况,既包括跑、跳、投等基础能力情况,也包括他的身体机能状态是精力充沛还是略显羸弱。

最后,通过系统的训练和培养,我们充分掌握他的身体技能和心理能力,这既包括运动的技巧和能力极限,也包括他的意志品质是否坚忍不拔,是否敢于面对困境和挑战。

换句话说,其实运动能力和我们常说的身体素质是一个意思,是指人在运动过程中所体现出来的各种基本能力:奔跑速度、运动耐力、反应能力、身体力量、身体柔性韧、呼吸调整、身体协调性、弹跳能力等。这些基本能力也正是我们初中游泳课着力培养的主要目标。

游泳不仅能够体现运动能力,同时还是一项生存技能。我们掌握游泳技能,不仅是为了在遇到危险时能够运用自己的能力去拯救落水的人,更是为了磨炼自己的意志品质。通过不断训练,学生能够克服自己内心的恐惧,提高自己面对未知挑战时的胆识,培养良好的意志品质。

三、教学活动设计

(一)活动内容与实施

初中学生游泳教学主要以蛙泳技术动作为主要教学内容。作为游泳初学者,首先要熟悉水性,调整自己对水上活动的适应性,这种适应性不仅是身体上的,同时也是心理上。我们要关注学生对水上学习的适应能力,循序渐进地进行教学。

在这个阶段,我们主要采用的是浅水教学法。通过对游泳动作的分解,学生首先在陆地上完成无水动作的训练,熟悉游泳动作,之后到浅水中学习水中坐下、水中站起、水中行走等过程。在这一过程中,学生由初期对水的恐惧,逐渐变成参与水中游戏,尝试在水中进行漂浮、水中行走、蹬水滑行等基本动作;教师循序渐进地增加难度,学会水中换气、抓边呼吸、蛙泳动作的基本水中动作,最后逐步达到蛙泳手腿结合、配合换气和憋气、完整掌握蛙泳动作,进行深水池遨游。

1. 课前准备

教师通过对学生基本情况的掌握,选出一名有游泳经验或是身体素质较好的同学担任队长。每节课前,队长提前组织好队伍,检查是否有缺勤同学,观察同学的身体状况和状态是否适合进行运动,将相应情况记录到记录册中并汇报给教师。

教师再次整队,观察学生精神面貌,进行师生问好,检查学生运动着装情况是否符合本次课程的要求。教师根据本节课教学内容制作简报,向学生讲述本节课的学习内容和要求,对于身体状态不适合运动的学生安排随堂听课,再次提示学生注意保持好课堂秩序,在课上要注意安全。

2. 介绍教学内容

准备活动:岸边慢跑,拉伸活动,徒手操,蛙泳腿模仿动作。

进阶活动:模拟水中呼吸,岸上进行一分钟吸气、憋气、吐气练习。

难度活动:水中呼吸练习,水中吸气、憋气、吐气。

熟悉水性。

(1)准备活动

①徒手操运动

学生按照"头部—颈部—肩部—扩胸—腹背—腰部—膝部—腿部"进行运动,把各关节和韧带活动开,教师带领学生一起练习。

②蛙泳腿模仿

教师说明蛙泳动作的基本要领,指导学生俯卧泳池边练习蛙泳腿的模仿动作,由收、翻、蹬夹、停四个分解动作练习,再过渡到边收边翻、蹬完夹紧两拍练习。

(2)水中呼吸方法

教师讲解示范水中呼吸的方法。掌握呼吸技巧是很重要的,为了避免在水中过于紧张,初学者可以在泳池边进行一定的呼吸练习,在掌握吸气呼气的基础上,再进行水中憋气、换气练习。

①岸上呼吸练习方法

首先练习张嘴深吸一口气,然后稍微憋气几秒,最后用口鼻匀速将气吐出。

②水中憋气吐气练习方法

首先在水面上深吸一口气后,闭紧口鼻,低头入水,在水中慢慢睁开眼睛,用嘴和鼻子一起呼气,保持慢慢的、匀速的呼气,同时把头抬起来离开水面,在嘴离开水面后,迅速换为吸气动作,继续重复以上动作。

(3)水中憋气练习

双手扶住岸边,深吸一口气,将头进入水中进行憋气。要求:整个头部完全浸在水中,全身放松,体会人在水中的漂浮感。

双人练习水中憋气,两人手拉手,同时进行水中憋气。要求:在水中必须保持平衡。

(4)熟悉水性

学生下水后扶着泳池的墙壁,慢慢步行前进,体会人体在不同水位的平衡;水中小跳,体会水对人体的浮力。

3. 结束部分

教师整队,对本节课进行分析及总结,布置课后练习。

(二)活动设计意图

初中生在入学前身体素质发展不均衡,很多学生没有系统的体育运动经历。通过在学校的体育教学和游泳课的训练和活动过程中学生能够学习到一定的体育知识,在老师指导的情况下,对所学知识、方法、技能进行积极的自我锻炼,有积极的体育锻炼意识,有一定程度的运动技能提升,是该节课的主要目标。

对于初学者而言,游泳这一体育项目区别于其他项目的地方就在于环境的特殊性,游泳池教学要求我们在教学过程中必须要把安全放在第一位。游泳初学者特点是身体不适应在水中活动,心理上对水存在恐惧。对于这些初学者的教学,不应以追求进度为主要目标,要使学生能够克服掉开始时的恐惧,愉快地加入游泳运动中来,不仅掌握游泳这门技能,更能使身心得到全面发展。

（三）活动实际效果

教师要重视形成性评价过程。教师要对学生的动作正确与否给予积极的评价,学生要对教师的评价给予及时反馈,通过这种不断反馈进行教学修正,以此不断强化学习和纠正学习,使教学系统成为一种自我修复的系统。在这过程中教师还要不断鼓励学生,有做得好的地方一定要提出表扬,给学生足够的信心。

通过游泳教学还能够有效提高学生的心肺功能水平,提升身体的柔韧性和适应性,加速机体的新陈代谢。教师要舒缓学生情绪,缓解其压力,使学生愉快地参加游泳锻炼,使学生身心得到全面的发展和提高。

四、讨论与反思

在进行游泳教学之前,教师要通过班主任充分了解学生的基础锻炼能力、基本身体情况(是否存在身体和心理缺陷)。游泳运动的特殊性要求教师在教学前要付出比其他学科老师更多的努力去备课,这既是对学生负责,也是对教育负责。通过对这些情况的了解,有助于我们制定相应的教学计划,针对每一位学生的身体和心理特点,制定适合每位学生的教学方法。对不同的学生采用不同强度的训练方式,不能一概而论,不强制要求学生完成练习任务,对于有恐惧心理的学生,我们一定要有耐心,多示范,手把手进行教学,并安排学习能力较强的学生和有恐惧心理的学生一起进行学习。

在游泳运动能力教学过程中,安全永远是第一位的。初中生天性好动,安全意识薄弱,作为体育教师,一定要树立安全第一、健康第一的意识,每节课都要再三强调安全,对学生要有恒心,约束学生的行为,培养学生在学习过程中通过自己的努力提高身体素质,让学生积极参与到以后的社会生活中,改变自己的人生,为社会和国家服务,体验健康人生。

"演绎"助力学生品格塑造

——以中国音乐剧《芳草心》的教学为例

吴 震

一、学科核心素养

高中音乐学科的核心素养包括审美感知、艺术表现和文化理解三方面。其中艺术表现是通过歌唱、演奏、综合艺术表演和音乐编创等活动,表达音乐艺术美感和情感内涵的实践能力。笔者以中国音乐剧《芳草心》唱段的鉴赏为基础,用亲切自然的声音表现主题音乐《小草》。在特定的艺术表现情境中,激发学生想象力,师生共同创作生活小品《小草》,发挥戏剧表演创造力,提升学生审美感知和文化理解能力,同时促进学生沟通与交流,强化社会责任感。这充分体现《普通高中音乐课程标准(2017 年版)》中"强调音乐实践,开发创造潜能"的理念。

二、教学内容分析

本课内容节选自 2019 年普通高中必修《音乐与戏剧》中的第四单元第十六节"中国音乐剧"。教材选用 20 世纪 80 年代改革开放后期的音乐剧《芳草心》作为教学重点,引导学生在演唱学习主题音乐《小草》的基础上,感受音乐剧综合性的艺术美感,实现戏剧艺术教学的审美价值;按照"作品赏析—模仿—编创表演"的顺序开展教学,提升学生的艺术表现力和创造能力;教师因势利导,在充分发挥音乐剧的故事性、表演性、综合性特征的同时,引导学生通过鉴赏和表演实践,领略戏剧艺术丰富的文化性,实现音乐学科核心素养目标。

三、教学活动设计

(一) 活动内容与实施

1. 活动一："导入"

(1) 教师带领学生鉴赏三段视频片段:《魔笛》《北风吹》《雷雨》,欣赏歌剧、舞剧、话剧片段,鉴别不同表演艺术的形式特征。

(2) 教师讲授音乐剧的概念:音乐剧是一种舞台艺术形式,结合歌唱、对白、表演、舞蹈,通过歌曲、台词、音乐、肢体动作等的紧密结合,把故事情节以及其中所蕴含的情感表现出来。

(3) 教师范唱《雪绒花》《猫》唱段。

2. 活动二："新知感受"

(1) 中国音乐剧的源头:教师带领学生浏览"诗乐舞合一"的华夏乐舞图片和音频,明确音乐剧的早期形态。

(2) 教师带领学生欣赏中国音乐剧的标志——黎锦晖儿童歌舞剧片段,突出现代歌舞演绎现代戏剧的中国音乐剧风格。

(3) 教师带领学生欣赏 20 世纪 80 年代改革开放以后三部中国音乐剧《未来组合》《刘三姐》《贵妇还乡》片段,分析其音乐风格。

3. 活动三："分析领会"

(1) 教师介绍《芳草心》剧情。

(2) 学生欣赏《芳草心》的主要唱段,通过对演员演唱及表演的观摩,分析每一段音乐所表达的情绪。重点欣赏《报上张个榜》《小山羊和老山羊的故事》《小草》,感受音乐所表达的人物性格特征。

(3) 学生学唱音乐剧《芳草心》中的《小草》唱段。

4. 活动四"练习巩固"——即兴编创、表演情景音乐剧

(1) 教师引导学生结合《小草》的主题音乐进行戏剧编创,主题为"新冠肺炎疫情中的居家生活"。

(2) 学生编写简单的脚本提纲,设计背景、划分角色、即兴排演。在教师的引导下,学生们创作表演自己的音乐剧。

(二)活动设计意图

本节课从对音乐剧作品的欣赏,到《小草》片段的学唱、表演音乐剧唱段、学生自主编创体验活动,课堂教学循序渐进,层层推进,学生在认知的基础上,通过鉴赏与演绎,理解和接受作品主题思想,形成对戏剧美感的体验。

1. 学习中国戏剧艺术的综合艺术特征,坚定文化自信

教学中教师首先通过三段视频的鉴赏归纳总结音乐剧特点,让学生初步感受音乐剧魅力的同时强化其表现要素,激发学生对音乐剧学习的兴趣,了解以中国历史与当代社会生活为背景,以音乐、舞蹈、戏剧表演为形式去刻画人物、抒发情感的中国音乐剧特点,突出对其沿革的认知,坚定文化自信。

2. 戏剧艺术的"故事性"特征增强戏剧教学的直观性

教学中结合剧情的文学脚本,提炼故事情节,以语言描述、图文结合、音画结合、讲演结合的方式,引起学生对戏剧冲突的相关人物和事件的了解,在增强剧情了解的基础上,激发学生学习和参与戏剧表演的兴趣。

3. 戏剧艺术的"表演性"特征丰富学生的戏剧体验

教学中教师引导学生逐步对《芳草心》剧中人物进行了解,便于形成对即兴表演的吸引力。学生对重点唱段《小草》的感受和体会,更加深对音乐剧中音乐的地位和作用的认知,并能够把学习的兴趣转化为编创的动力。教师引导学生观察生活,尝试从"新冠肺炎疫情中的居家生活"中提炼戏剧素材,进行编创,培养学生的表演和编创能力,增强学生们的合作意识,让更多的学生尝试自编、自导、自演的编创活动,积累戏剧表演的感性经验。

(三)活动实际效果

本节课选用中国音乐剧《芳草心》为教学内容,采用"作品赏析—模仿—编创表演"的教学模式有效开展教学,在教学程序上,遵循趣味化和渐进化的原则,从音乐剧的局部唱段入手进行学习,学生通过聆听、观看、学唱、表演、评价等方式,逐步丰富着自己的音乐剧经验;通过讨论、分析、角色扮演的方式,激发学习兴趣。

在本节课的教学实施中,教师从学生的实际出发,选择了高中生易于接受的方式和程度进行学习;选择学唱的主题音乐《小草》难度适宜,选择编创的

"新冠肺炎疫情中的居家生活"题材贴近生活实际,提高音乐剧鉴赏能力的作品通俗易懂,这些教学设计都是为了拓宽学生的艺术视野,让学生在音乐感受中体验戏剧,在戏剧表演中理解音乐,将"音乐与戏剧"模块教学的目标落到实处。

本节课充分利用戏剧艺术的故事性和表演性特征开展教学。教师结合了《芳草心》戏剧的文学脚本,提炼故事情节,以音画结合、讲演结合的方式进行教学。教师充当讲述者,借助多媒体技术讲述戏剧冲突的相关人物和事件,为学生分析人物性格特征,了解剧情发展做好铺垫。伴随学生对《芳草心》的了解不断深入,学生产生唱和演的欲望,此时的教师因势利导,教会学生模仿简单的表演,选择了接近学生真实生活的主题开展编创活动,鼓励并带领学生自编、自导、自演"新冠肺炎疫情中的居家生活"小戏剧。学生的表演自然、流畅、真实的情感投入,再次呈现居家学习生活的千姿百态,学生真实演绎符合人物性格和情景的戏剧故事,从中获得前所未有的成就感。

四、讨论与反思

本节课是将"音乐与戏剧"模块教学与选择性必修"戏剧表演"模块教学有机结合,关注激发学生的学习兴趣、学习方法的运用和学习能力的延伸。

(一)将音乐剧相关的文化和知识作为教学切入点

中国音乐剧历史悠久、形式多样、种类繁多,悠久的历史文化,以其突出的社会价值、丰富的文化内涵和综合性的表演形式,能够引起学生浓厚的兴趣和学习愿望,提升学生对戏剧学习的热爱,形成认知的出发点。

(二)通过观摩和鉴赏,加深理解并激发表演实践的欲望

教师在教学中有意安排优秀作品片段的观摩和鉴赏,通过讲练结合的方式,学生边看边学,通过模仿学习表演,全面了解音乐剧的表现特征,在领悟和借鉴的基础上激发表演欲。

(三)在实践中提高表现能力,积累戏剧表演的感性经验

"新冠肺炎疫情中的居家生活"情景音乐剧是《芳草心》学习的延伸和拓展。学生通过表演实践,不仅巩固了对音乐剧的热爱和学习兴趣,有效提高了

表演技能,提升了表演实践的水平,更好地获得音乐剧表演艺术理解与经验。

在编创教学环节中,教师首先鼓励全体学生参与表演,指导学生参与剧目排演时,关注表演技能的培养,比如模仿上网课、吃水果、接通电话、微信视频、打游戏等生活中的细节,为学生提供直观性的指导。学生在表演过程中要掌握结合人物、角色、情节和场景元素,将表演技能融合音乐剧的情节中。表演过程强调互动式的交流与合作,以小组合作的方式参与学习评价,形成综合性的戏剧表演教学效应。

(四)重视戏剧教学的编创活动,提升学生的创造意识和合作能力

编创活动过程是学生综合素质培养不可缺少的环节。本节课选择"新冠肺炎疫情中的居家学习生活"为主题开展编创活动,小型的片段编创与学生的能力相适应;以学生为主体,教师引导其完成编、导、排、演等环节,让学生在较为独立自主且富有创意的编创活动中,表达居家生活的感受和思想意识,感受戏剧编创的欢乐。

(五)重视戏剧表演实践活动,领略戏剧艺术丰富的文化性

本节课的编创活动以小组的形式进行表演实践,强调学生过程性参与的教育作用,同样体现出音乐与戏剧模块教学目标。"新冠肺炎疫情中的居家学习生活"情景音乐剧中描述的两位主人公都是疫情期间居家自我隔离的高三学生,由于特殊的独处环境,唤起学生自主进行学业规划。"没有花香,没有树高"的"小草"正是平凡伟大的百姓写照,医务工作者是"小草",居家隔离的人们同样是"小草"。"无名小草"们之所以伟大和坚强,是因为我们热爱祖国,我们遵守诚信和友善等基本的道德规范,因为这是个人行为层面对社会主义核心价值观基本理念的凝练。这就是中国音乐剧《芳草心》特殊的教育优势和重要的教育价值。

通过音乐课堂中的聆听与实践
培养学生的艺术素养
——以小型打击乐器的辅助作用为例

王　坦

一、学科核心素养

音乐教育在中华人民共和国成立之后得到了迅速的发展,其注重学生审美情趣的良好培养,发挥人文素养的作用。运用多种方式去感悟音乐、表现音乐和创造音乐,这些是人们具有的素质与能力。学生在音乐课堂中通过学习、聆听、感受一首首具有鲜明而深刻的人文性的音乐作品,体验着音乐美好的情怀和境界。小型打击乐器演奏是课堂乐器演奏教学中的一类,将它融入音乐课堂教学能够使学生通过运用不同的力度、速度来击打不同的小型乐器,感受音乐表达的不同情感。"表现"是音乐教学领域中一个非常重要的内容,它是学生音乐学习活动的形式之一。

二、教学内容分析

将小型打击乐器与音乐作品相结合共同实践,能够使学生体验、感受音乐作品的情感。在小型打击乐器演奏课中,常用的乐器有三角铁、手鼓、沙锤、铝板琴、碰钟、响板等,学生们对这些具有不同音色、轻巧便携的小型打击乐器是非常感兴趣的。教师在音乐教学中使学生对音乐速度变化、力度强弱进行感知时,加入打击乐器能够起到事半功倍的效果。

打击乐合奏《大海啊,故乡》是八年级上学期音乐课程中演奏单元中的一首作品,它与第一单元的《七子之歌》都表达了对祖国和故乡的思念、赞颂和热爱。

三、教学活动设计

(一)活动内容与实施

《大海啊,故乡》是 20 世纪 80 年代初反映海员生活的影片《大海在呼唤》的主题歌曲。作品为 3/4 拍,在第一单元歌曲演唱的学习中,学生已经能够完整并带有感情地演唱该作品,本文以学习演奏单元的打击乐合奏《大海啊,故乡》一课为例进行讲述。课程初始可由教师担任钢琴伴奏,学生单手划拍指挥,随琴演唱歌曲《大海啊,故乡》,复习回顾作品,为后续的打击乐演奏做铺垫。

本节课要运用到的小型打击乐器有:铝板琴、三角铁、沙锤、手鼓、碰铃。

1. 打击乐器合奏练习

由基本节奏热身练习、多条不同节奏击打练习、背奏击打节奏练习,采用层层递进、由浅入深的方式进行节奏训练,学生可利用身边的各种物品代替乐器进行击打节奏练习,这样的方式可增加节奏训练中的趣味性。在能够熟练掌握击打基本节奏之后,学生可以挑选自己喜欢的打击乐器进行练习和演奏。先是同种乐器、相同节奏的练习;再是同种乐器、不同节奏练习;最后是多声部合奏初试,由三角铁、沙锤、手鼓、碰铃击打指定的节奏,每种打击乐器间隔一小节逐一加入,进入的打击乐器节奏循环往复,直至最后一种打击乐器的加入并共同演奏至结束。

2.《大海啊,故乡》打击乐合奏初试

方式一:由铝板琴演奏主旋律,根据不同班级学生对乐器演奏的能力可以分层次练习,音乐基础薄弱的班级可以采用稳扎稳打的练习方式,由铝板琴奏出主旋律,分别与每一个打击乐器组配合演奏至熟练,再进行多种打击乐器的合奏练习。音乐演奏能力较强的班级可以是演奏主旋律的铝板琴与多种打击乐器合奏演奏,在全曲的合奏练习中找出易错小节,对易错小节或较难小节进行单独练习,再完整演奏音乐作品。

　　方式二:随歌曲《大海啊,故乡》原唱或伴奏加入打击乐器合奏,根据不同班级学生实际情况进行分层,采用不同方式进行训练,尝试演绎该作品。基础相对薄弱的班级可跟随歌曲原唱击打沙锤、三角铁、碰铃、手鼓等乐器进行合奏;有一定音乐基础的班级,可由学生跟随歌曲伴奏边演唱歌词边演奏自己手中所持的打击乐器,进行合奏练习。

　　(二)活动设计意图

　　"演唱""演奏"是音乐教学"表现"领域中包含的两个内容,课程开始阶段,学生随教师弹琴演唱歌曲《大海啊,故乡》可以对已学习的知识进行复习、巩固并为新课的开展铺垫基础。

　　本节课学生通过对小型打击乐器由浅入深、由独奏到合奏的练习中,实践着、体验着、感受着音乐的速度、力度的丰富变化,乐器演奏是学生音乐音响的呈现的实践。学生通过亲身参与打击乐合奏的练习和歌曲演唱等一系列音乐实践活动,在歌曲演唱、音乐技能练习的过程中获得对音乐的直接经验,领悟着音乐的内涵,进行丰富的情感体验,这为学生提高自身音乐素养打下良好的基础。

　　认识乐器,将多种打击乐器与歌曲进行演奏、演唱的结合训练,在音乐的实践中不仅丰富了学生们的音乐作品表现方式,而且增加了学生对音乐课堂、音乐作品的学习兴趣。

　　(三)活动实际效果

　　学生通过在音乐课堂中充满感情地演唱音乐作品,带有表现力地演奏乐器等活动的获得直接的美好的情感体验。不同的音乐作品能够展现不同时代的审美意识与经验,如《大海啊,故乡》反映的是 20 世纪 80 年代初的人们的情感和对祖国的热爱,教师通过分析歌曲旋律、调式、调性、力度、速度、节奏、节拍等音乐要素在音乐表现中的作用,展现时代,帮助学生感受歌曲中人物内心复杂又细致的情绪、情感,产生情绪反应与情感的体验。学生在歌曲的学唱中感受、揣摩作品,在歌曲的演唱中宣泄内心的情绪,在优美、动人、轻松、大气的音乐旋律中调节身心,愉悦心灵,在演唱的音乐实践活动中感受精神的力量,陶冶情操,提高审美情趣与能力。

表现音乐的手段之一是乐器演奏,从多年的教学实践来看,有相当多的学生是喜欢并愿意尝试器乐演奏的。笔者也观察到在器乐演奏的实践中,不论是同种乐器的齐奏还是多种乐器的合奏都是会以集体的方式呈现,这对培养学生的集体意识和团结协作的关系起到了潜移默化的影响。如本课例中使用到的三角铁、沙锤、碰铃、手鼓,教师在练习环节的设置中都是先由简单的齐奏到多声部的合奏,递进式由浅入深地进行练习。不论是简单或复杂的练习,都具有对学生的集体意识的培养。如简单的同种乐器组的齐奏练习,虽然是由单一乐器、较少人数的齐奏开始,但学生之间的相互协作、互相倾听与关注已融入有趣的乐器打击练习中。再到多声部、多种打击乐器的合奏练习环节,参与其中的每位学生都会通过这种形式的音乐实践活动,感受与全体同学间的整体的配合,自觉地维护起各声部间的均衡,充分感受到只有大家共同努力才能准确将音乐的旋律、情绪、情感表现出来,只有大家形成共同的情感和意识,才能将音乐作品更好地呈现出来。

四、讨论与反思

教学反思可以帮助教师提升音乐教学水平,每每回顾课程,自我剖析,都能从教学环节设置、知识点讲解、音乐作品的演唱和演奏、创编中发现学生们在音乐学习中的优势与不足,找到更有效的课堂教学方式和方法,一点一滴用心的积累经验,进而形成合适自己、适合学生的教学风格。

就本节器乐演奏课《大海啊,故乡》而言,笔者在课前学情分析中对学生现有音乐知识水平与演奏能力的预判是准确的。笔者将这首学生们已经能够完整并充满感情演唱的歌曲《大海啊,故乡》加入小型打击乐器的演奏,进行合奏练习与表演,是大多数学生非常感兴趣并愿意去尝试的。课堂中这些小巧、简单、易于演奏的小型打击乐器的加入使学生们眼前一亮,好奇心使他们一探究竟,为了能把乐器演奏准确,学生们积极、主动地跟随教师练习各种各样的节奏。节奏训练中的背奏打环节,增加了学生们的获胜欲,使学生们练习的兴趣大增。多种乐器、不同节奏产生的丰富的音效也使得学生们感受得到了音乐中器乐演奏的美妙。

　　总之,本节课帮助学生们通过多种打击乐器感受音乐,体会音乐世界的丰富多彩,对学生们爱上音乐课中器乐演奏起到了推动作用。

提升学生音乐表现，活化红色基因传承

——以管乐校本课程"我和我的祖国"为例

刘　维

一、学科核心素养

无论是歌曲还是器乐曲，一首好的作品都需要表演者对作品有一个深入细致的理解，并能够通过自己的二度创作将作品完整而有情感地展现给听众。《义务教育音乐课程标准(2017 年版)》中指出，音乐学科的"总目标"是"学习并掌握必要的音乐基础知识和基本技能，拓展文化视野，发展音乐听觉与欣赏能力、表现能力和创造能力，形成基本的音乐素养"。学校实施音乐教育的过程，是学生音乐素养形成的过程。在今天的中学校园里，如果能有效提升学生们(演唱或演奏时)的音乐表现能力，对于学生提升演唱(演奏)效果和与听众的共情能力是非常重要的。

南开大学附属中学管乐队队员主要来自七、八年级，他们除了是学生和乐团成员外，还是少先队员。《中共中央关于全面加强新时代少先队工作的意见》指出，在建党百年的历史节点，我们要聚焦培养共产主义接班人，聚焦传承红色基因，聚焦政治启蒙和价值观塑造。通过在音乐教学中潜移默化的引导，让广大队员们在学习管乐专业技能的基础上充分提升自己的认知水平，并时刻牢记自己肩负的全面建设社会主义国家、实现中华民族伟大复兴中国梦的历史责任。

二、教学内容分析

管乐校本课程是有近 20 年历史的传统课程，队员均来自七、八、九年级

(以七、八年级为主),其中 95%的队员是从来没有接触过管乐的零基础的学生。为方便教学,学校专门成立一个管乐班统一管理。七年级以基础乐理、视唱、基本功强化练习、小乐曲练习、基础合奏等学习为主;八年级在打牢基本功的同时,演奏曲目难度逐渐增加。《我和我的祖国》这首作品就是八年级队员们训练的曲目之一。

《我和我的祖国》是一首深受人们喜爱的经典之作,每年大型晚会都会有歌唱家演唱。这首作品将朴实的歌词与优美的旋律完美结合在一起,表达了中华儿女对祖国母亲的深深依恋。我们选用的是郑路编曲的管乐《我和我的祖国》乐谱,这首曲子的演奏技巧对八年级同学来说难易适中,除了保证每个声部节奏对位准确以外,还要提升对作品内涵的把握、表现和升华能力。

三、教学活动设计

(一)活动内容与实施

1. 活动一:分谱练习

(1)分声部练习

教师指导队员根据自己声部的乐谱,从识谱、读谱、唱谱、节奏等方面进行单独训练。队员们根据要求完成以上训练后再独自练习吹奏整首乐曲。

(2)整合检查

队员们经过一段时间的自主练习后,教师要检查练习效果。如:旋律吹奏的是否准确,不准确的话是因为指法不对,还是部分手指按键不实造成漏气,或是吹奏时气息过量或者不足等引起的。通过检查,教师根据不同队员的不同问题进行有针对性的指导。

2. 活动二:合奏

(1)校对音高

学校的管乐队是由木管乐器组(长笛、单簧管、萨克斯)、铜管乐器组(小号、圆号、中音号、长号、大号)和打击乐器组(大军鼓、小军鼓、大镲、交响乐大鼓、康佳鼓、邦戈鼓、非洲鼓、铝板琴、牛玲、音风铃、交响沙锤、交响木鱼、双排圈铃等)共同组成的。由于每一种乐器(木管和铜管)都是可拆装的,所以在组装乐器的过程中,笛头或号嘴的长短都会影响音高的准确性。为保证在合奏中大家吹奏的音准确、统一,在合奏之前必须用调音器校对音高,以使整个乐队音准统一。

教师拿调音器指导队员们(从长笛到大号)逐件乐器校对音高,学生则根据老师的指挥,吹奏不同的音。由于管乐器是固定音高乐器,所以每件乐器的调都不相同,教师为统一音高,在校音时会指导队员们吹奏不同的音。队员们跟随老师的调音器校对音高(校音时需要对笛头、号嘴和主调音管等进行微调,以保证音的准确性)。

(2)长音、吐音练习

长音和吐音练习是基本练习的一项重要内容。队员们在老师给出的速度下,按照音阶上行和下行的顺序进行练习。通过音阶练习来解决气、舌、唇、指的相互配合,为后面的合奏做充分的准备。

(3)校对细节

作者在创作时会根据作品的中心思想及表达的内容、结构、每一种乐器的音乐表现力等方面进行编配创作。所以每一件乐器都有自己独立的分谱,并且各不相同。老师要在合奏之前带领队员们根据哼唱总谱去将自己的分谱对位,标注下在哪些小节需要停顿,并提示他们记住这时演奏主旋律声部的音响、拍子等,以保证自己声部能够迅速进入,连贯演奏,更好地表现作品。

(4)开始合奏

全体队员根据老师所给的速度开始合奏。在合奏中,教师提醒队员们注意对齐节奏、声音的强弱对比、看指挥等以保证乐曲的完整度。如:教师要提醒学生注意乐曲的6/8拍,每一小节会出现两个强拍,在演奏时要注意尽量做到强弱对比更明显一些;同时,还要提示小军鼓和圆号声部注意在重音的后两拍进入,不要抢,也不要拖。

3.活动三:提升音乐表现

(1)分析作品

教师播放《我和我的祖国》歌曲,引导队员们分析创作背景。队员们通过认真聆听歌曲,感受音乐情绪,在老师的引导下对这部作品进行分析、加工,一起探讨运用哪些音乐要素能够更好地表现这首作品,并将这些作品标记于分谱上。

（2）情感升华

教师在合奏中,以穿插提问的形式让队员们了解《我和我的祖国》歌曲的内涵,并通过对作品的分析、拓展引申到队员成长和国家发展的层面上,最后升华为少先队员们要如何听党的话、跟党走,做新时代好少年。

（二）活动设计意图

1. 抓住音乐本体,避免"脱离音乐教音乐"

音乐本体即音乐自身。在训练的过程中,如果教师只一味地注重合奏,不重视前期基本功的辅助功能,就会局限于"走马观花"的浅层次。

合奏前的准备工作和基本功训练非常重要。由于一首乐曲是由十几种乐器共同协作完成的,所以每个声部必须能够准确、熟练地演奏分谱,以便在合奏中能分出精力来听指挥的要求。而在长音的练习中,长音要吹奏平稳,气息分配要均匀。没有长音和耐力基本功的练习,就很难保证力度和音准,更无法提升音乐的表现力。

2. 规范重点难点,提升音乐表现力

《义务教育音乐课程标准（2017 年版）》指出,乐器演奏是中小学音乐教学的基本内容之一。八年级的队员们虽然能够演奏乐曲《我和我的祖国》,但将两段歌词中"我"和"我的祖国"之间的关系真正把握住却不太容易。所以,教师要在这时通过引导队员们通过反复练习来掌握、解决演奏中的重点、难点,并与作者产生共情,以达到手、脑、心的和谐统一,有效提升队员们演奏时的音乐表现力。

3. 提升表现力、升华队员的思想认知

音乐是一种善于表现情感和激发情感的艺术。音乐长于传达情感,有强烈的感染力和表现力。它采取有组织的音响运动,通过巧妙的、层出不穷的、不断变化的结合,以高低、长短、强弱、跳跃、停顿、缓急等的变化,来表现、传递人类的各种细致、复杂的情感。队员们通过完整聆听《我和我的祖国》歌曲以及老师的讲解,去理解作曲家是如何运用音乐要素来表达情感和塑造音乐形象的。

队员们通过学习、演奏《我和我的祖国》,加深了对党和国家对当代少年儿童的希望的认知。青少年阶段是人生的"拔节孕穗期",围绕立德树人这个根本任务,教师应该精心引导和栽培中学生,通过对他们理想信念教育的加强,使其自觉把"爱国情、强国志、报国行"融入实现中华民族伟大复兴的奋斗之中。

(三)活动实际效果

经过基本技能的训练和对作品的分析、理解和把握,队员们能够完整、有感情地演奏《我和我的祖国》,同时,也更深刻地理解自己的时代使命。

四、讨论与反思

对于"00后"甚至是"10后"的队员们来说,像《我和我的祖国》《我的祖国》等歌曲,他们很少听过,因此,他们不一定能够真正理解、感悟其内涵,很可能会是活动开展得热热闹闹,最后只是"水过地皮湿",效果并不好。想要把《我和我的祖国》演奏好,必须得具备演奏技巧和音乐表现力。我们演奏一首曲子,不能够单单只是把音符演奏出来,更重要的是深挖作品内涵,通过手指和嘴巴把一首作品完整诠释出来。

八年级的队员们要感悟青年一代的责任与使命,要紧跟时代前进的步伐,从小树立为实现中华民族伟大复兴的中国梦而奋斗终生的崇高理想。合奏,既可以对队员们进行爱国主义教育,又能通过团结协作,有效地增强他们的集体凝聚力。

在今后的学习中,我们可以根据不同风格作品,结合相应的时间节点,将专业知识的学习与学生身心发展、生涯规划等有效结合起来,让队员们在无声的沁润中健康成长。

总之,在管乐合奏中,教师要做好引导工作,引导队员们在演奏中要勇于创新,小步迭代,试错快跑。使队员们在活动中真正学到知识,受到教育,提高能力,通过自己的学习和探索,努力成为传承红色基因、勇担重任的新时代建设者和接班人。

坚守中华文化立场，探究独特的形式美

——以"华夏意匠——中国传统建筑"一课为例

敬芙蓉

一、学科核心素养

通过本课程的学习，学生理解中国传统建筑的木结构以及其布局、外观与装饰色彩的特点；了解中国传统建筑是结构性、功能性、艺术性、社会性的高度统一，提升图像识读的能力。学生在学习的过程中逐渐形成从文化的角度观察和理解中国传统建筑艺术的习惯，了解建筑与文化的关系；认识中国传统建筑的文化内涵及独特艺术魅力，坚守中华文化立场，坚定文化自信。

二、教材内容分析

（一）定位

中国传统建筑具有明显的社会性和民族性，是我国传统艺术的重要组成部分。在其发展过程中，形成了独特的建筑语言和审美特征，理解这些语言和特征是鉴赏中国传统建筑的关键。

（二）分析

本课程从建筑结构、建筑群组合、建筑外形和装饰颜色四个方面介绍了中国传统建筑的主要特点。在"巧妙而科学的框架式木结构"一节中，硬山式木构架结构示意图清晰、完整，学生能够迅速领会"墙倒屋不塌"的原理；通过斗拱结构示意图，使学生理解中国传统建筑的重要构件——"斗拱"及其构成元素和发展过程。在"富于节奏感的建筑群组合"一节中，介绍了院落式布局的方式和特点；以北京故宫平面图、北京四合院平面图为例，分析建筑群沿中轴线布局的特点,领略建筑群组合的文化内涵和审美意蕴;在"简明而美观的单体建筑外形"一节中,着重培养学生欣赏中国传统建筑中的单体建筑外观的审美特征能力,结合屋顶、台基和屋身的等级和形制特点的分析,提高学生鉴赏单体建筑形制的能力;在"匠心独运的建筑装饰色彩"一节中,分析建筑装饰色彩运用的发展概况、色彩运用的等级制度和彩画的种类,并以天坛祈年殿为例,揭示色彩在天坛中的象征作用。

三、教学活动设计

(一)活动内容与实施

1. 巧妙而科学的框架式木结构

"墙倒屋不塌"是中国传统建筑的特点,这是由它独特的框架式木结构决定的。在这种木构架体系里,承重结构和围护结构是分开的,屋顶与房檐等上部荷载经过梁架传到立柱上,墙壁只分隔空间,不承担重量。斗拱这种构件在中国传统建筑上起着非常主要的作用,斗是垫木,拱是挑木,它们在立柱之外再承担力量,科学地运用力学,同时又增添了层次之美。

教师选用视频解读斗拱与木构框架结构的科学性原理,用斗拱建筑部件的教具模型,帮助学生直观理解中国传统框架式木结构和木构件。教师设计了两个精炼的问题:"世界上现存最古老、最高的木构建筑——山西应县佛宫寺释迦塔,为什么能屹立不倒?古代先人们受到自然界的什么启发,于是想到在房屋立柱上做'叉手',随着经验的积累,出现了斗拱?"驱动学生自主探究,运用联系、比较的学习方法,实现对中国传统建筑的图像识读和文化理解。

2. 富于节奏感的建筑群组合

中国传统建筑中的院落有着简明的布局:都是以"间"为单位,几间房屋并联成一座建筑,庭院由单座建筑沿四周围合而成,多个庭院就可以组合成错落有致的建筑群。中国传统建筑思想体现了"居中为尊",主要建筑起伏在中轴线上,其他建筑在轴线左右呈对称格局。院落的体量、形状皆不同,烘托出不同的环境氛围,制造出的空间犹如一首完整的乐曲,有前奏、高潮、尾声,有强大的艺术感染力。

教师选用经典的图片让学生感受中轴线上的建筑所具有的"王者之气"及主次建筑体现的节奏感。教师设计了三个精炼的问题:"中国传统建筑怎样定义一间房子? 故宫近万'间'房子如何布局? 中国传统的社会思想,如何在北京四合院建筑布局中体现?"通过任务驱动知识在问题情境中的运用,鼓励学生发表自己的观点,引导学生生成本课基本问题的结论,培养学生图像识读、审美判断和文化理解的能力。

3. 简明而美观的单体建筑外形

中国传统建筑外形上的特征非常明显,其外观都分为台基、屋身、屋顶三个部分,体现了建筑功能、结构、艺术的高度统一。屋顶是建筑外形中极其美观又重要的组成结构,最能说明中国建筑造型语言的,是飘卷翻翘的大屋顶,艺术形象既独特又有高度的识别性,还是建筑等级的象征。对比中西方古代单体建筑可知,西欧古代建筑为砖石结构,外观特点为梁柱粗壮,门窗狭小,墙壁厚实,装饰方法以砖石雕饰为主。中国古代建筑以木材为基本材料,用材的体量较细巧,加以中国建筑所特有的优美曲项,使建筑外观呈现了一种玲珑、纤巧的格调。

搜集中国传统建筑屋顶类型和西方古代典型的砖石单体建筑的图片,学生运用对比的学习方法能够直观理解,重檐庑殿顶、重檐歇山顶等级较高,单檐庑殿顶、单檐歇山顶其次,悬山顶、硬山顶再次。学生同时对比中西方古代建筑在外观上的区别。教师设计了两个精炼的问题:"中国传统建筑中的大挑檐有什么作用? 屋面的曲线除了营造良好的室内光照效果,还有什么作用?"驱动学生自主探究,运用观察、思考和讨论的学习方式,实现对中国传统单体建筑的图像识读、审美判断和文化理解。

4. 匠心独运的建筑装饰色彩

中国古代匠师在建筑装饰中善于运用色彩,这与中国传统建筑的木结构体系分不开。因为木料不能久放,在木材上涂上桐油和漆就能保护木材,还可以加固木构件的关节,用各式彩画作装饰,能够达成实用、坚固与美观相结合的目的。在封建社会里,等级制度森严,使用颜色有明确的规定。中国传统建筑使用的色彩具有典型的象征意义。

搜集中国古代宫殿、百官的宅邸和民居的图片,学生能够直观了解到,黄色是最尊贵的色彩,之后为赤、绿、青、黑、灰,等级依次降低。明清时期的彩画也根据等级用于不同的建筑中:和玺彩画等级最高,色彩华丽,图案以龙纹为主,用于庄严的宫殿;在藻头内绘制带卷涡纹的花瓣的是旋子彩画,用于次要宫殿或一般的民间建筑;苏式彩画的内容有博古器物、山水花鸟和人物历史,主要用于园林和四合院。教师设计了四个精炼问题:"在房屋的主体部分即阳光经常照射的部分通常使用什么颜色装饰?冷色调一般都绘制在房屋的哪个部位?为什么要这样运用冷暖颜色?北京天坛祈年殿是按照'敬天礼神'的思想设计的,蓝色琉璃瓦有什么象征意义?"学生通过观察、思考和讨论得出结论,实现对中国传统建筑色彩装饰的图像识读、审美判断和文化理解。

(二)活动设计意图

通过本节课的学习,使学生关注日常生活中的传统建筑,由一些精炼问题展开自主探究活动。学生凭借图像观察进行分析与判断,引发初步探究。

教师通过视频解读斗拱与木构框架结构的原理,用斗拱建筑部件的教具模型演示,辅助学生理解木构件与框架式木结构。

基于核心素养的综合探究:通过任务驱动知识在问题情境中的运用,鼓励学生发表自己的观点,引导学生生成本课基本问题的结论,培养学生图像识读、审美判断和文化理解的能力。

(三)活动实际效果

新课标指出,对美术学习的评价不仅要关注学生美术学习的水平,更要关注他们美术学习的过程,关注他们在美术活动中所表现出来的情感与态度,帮助他们认识自我,建立信心。

本课程恰当运用包括多媒体在内的多种方式清晰地呈现教学内容,创设情境、激发学生学习兴趣、鼓励学生独立思考,敢于质疑问难;激励学生主动参与教学过程,引导学生自主学习、探究学习、合作学习。教学反馈及时有效,教学目标总体上达标,大多数学生能够完成相应的学习任务。

四、讨论与反思

中国传统建筑印证了中华民族具有丰富的创造性。斗拱的发展由少到多,由粗糙到细致,由小到大,由简单到繁琐,花纹从无到有,挑数成倍增加,伸出的檐子由短变长,承重功能和装饰功能越来越完善,结构从最基础到极具民族特色,这些都经历了漫长的演变发展过程。今天,斗拱已经成为中国古建筑的象征之一,斗拱的形状象征了中华民族生生不息、不断进取的民族魂。中华民族具有立于世界民族之林的能力,能为全世界人类文明与发展做出贡献。

灿烂的建筑文明,厚实的建筑技术传统,我们将如何传承与发展?"拓展学习"将现代城市建设与传统建筑的保护联系在一起,让学生思考在当代社会如何面对社会高速发展与传统建筑文化保护和传承之间的关系。我国人口众多,资源紧张,我们应该认真地多思索一些像结构和形式之间的问题,结合中国的特色理性创意,我们的建筑更有生命力,在国际的舞台上才能走得更远。

传承文化积淀之美

——"天津砖雕文化与仿制砖雕制作"课例分析

王　娜

一、学科核心素养

美术学科核心素养主要包括美术表现、图像识读、审美判断、创意实践、文化理解等,美术学科核心素养是培养学生的正确审美观,提高学生感受美、欣赏美、创造美的能力。新的教学大纲中提出要"充分发挥美术教学陶冶情感的功能,努力培养学生健康的审美情趣,提高学生的审美能力"。本课例是学习和体验天津砖雕文化,加深学生对中国传统砖雕文化的理解,属于美术学科核心素养的"文化理解"的内容。

二、教学内容分析

本课为九年级下册第二单元"城乡美术文化考察"第二课时的内容,是对九年级上册第四单元"古城镇美术文化考察"内容的延续,属于综合探索领域。本课的教学内容以教材的内容为依托,结合课程资源的开发和利用,以天津的老城砖雕艺术为教学主线,让学生对天津的砖雕有所了解,并对民族文化资源与非物质文化遗产有保护传承的意识。

三、教学活动设计

(一)活动内容与实施

在上"天津砖雕文化与仿制砖雕制作"一课之前,笔者在资料、图片、材料上进行了充分的准备工作。

笔者把班里的学生分成了四个小组,第一组同学参观考察天津市南开区老城砖雕博物馆;第二、三组同学负责收集、整理有关砖雕的基本知识;第四组同学负责仿制青砖的试验和制作,为同学们在课上体验砖雕制作提供物质材料。

笔者带领第一小组学生利用午休时间参观了天津老城砖雕博物馆。通过讲解员的细致讲解,学生对形式多样、刻工精良的众多古代建筑砖雕作品产生了极大的兴趣,对天津砖雕文化的内容和历史有了直观的了解,收集了很多砖雕图片和视频资料。

第二、三小组的学生负责收集有关砖雕文化的基本资料。他们结合网络及专业书籍对砖雕文化进行了深入探究和学习,收集了有关砖雕的定义、发展、流派、寓意、天津砖雕的特点、雕刻技法等知识,学生们表现出自主学习、主动探究的积极态度和乐观向上的精神,保证了课程的顺利进行。

建筑上的砖雕是雕刻在青砖上的,是需要具有深厚雕刻技法的专业雕刻师傅才能完成。青砖对于学生来讲,质地坚硬、沉重,在课堂上制作,学生远远不能胜任。所以,要研发一种仿制的青砖,既具有青砖的颜色,质地又不太坚硬,易于学生雕刻。第四小组的学生,就负责青砖仿制品的试验与制作。这是极其重要的一个环节,关系到全班学生作品的优劣。

教师带领第四小组的同学首先准备好了材料:石膏粉、氧化铁、快粘粉、脸盆、水、花托等。经过反复试验,最后发现石膏粉、快粘粉、氧化铁粉按照3:1:1的比例混合均匀,与等比例的水调和倒入模具,风干后就制作出仿制青砖,颜色和质地都很好,适合学生雕刻。

"天津砖雕文化与仿制砖雕制作"整节课分为四个部分:

1. 讲授新课

学生是课堂活动的主体,第一小组的学生代表展示了参观天津老城博物馆的视频和图片,讲授了参观砖雕的经过、收获和感受。第二、三小组的学生代表以图文并茂的形式分别讲解他们收集的有关砖雕的基本知识,砖雕的定义、发展史、流派、艺术特色,以及天津砖雕的内容、艺术特点、雕刻技法、寓意等内容,引领同学们认识、了解和学习砖雕传统文化知识。第四小组的学生代表通过图片讲授了在老师的带领下如何历经挫折,重获成功的制作青砖仿制品的经历。

2. 教师示范

学生欣赏微课视频——教师雕刻"福寿双全"砖雕作品,学习在仿制砖雕上制作的步骤和运用的技法,制作材料有:仿制青砖、图案、复写纸、铅笔、刻刀。制作过程:

第一步:拓稿。将具有吉祥寓意的"福寿双全"传统纹样覆盖在仿制青砖上(中间是复写纸),用铅笔细心地描一遍,力道不要太大也不要太小。

第二步:刻稿。用锥形刻刀刻画纹样,要垂直用刀,用力均匀。刻制过程中要注意安全。

第三步:雕刻。用斜锋刻刀铲除主题纹样以外的部分。雕刻分为阳刻和阴刻:阳刻就是让纹样凸出来,而阴刻则是让纹样凹下去。这个作品是阳刻,剔除多余部分,让蝙蝠和寿桃凸显出来即可。

第四步:细致刻画。运用平头刻刀,继续深入、细致地刻画。使主体纹样更加突出。

最后教师展示制作好的加了中国结装饰的仿制砖雕作品。这样,古老的砖雕就焕发出新的活力,挂在家里就成为很漂亮的装饰品。

3. 学生制作

学生制作仿制砖雕作品,把自己喜欢的、具有吉祥寓意的图案印在仿制青砖上,根据本课所学砖雕技法知识,雕刻自己的砖雕作品。有的同学用线刻法,有的同学用浮雕法,有的用减地平雕法。这一刻,每个学生都仿佛成了艺术家,沉醉在创造美的世界里。

4. 作品展示

学生把作品挂在前面的展示板上,作品的图案多为具有古典吉祥寓意的图案,比如"福寿双全""福禄双全""花开富贵"等,形式多样、内容丰富。笔者运用学生自评、互评和教师总评的评价方法,对学生作品进行了有效评价。在这个过程中,学生丰富了知识,开阔了眼界,提高了对传统砖雕文化的理解。

（二）活动设计意图

《义务教育美术课程标准(2017年版)》中指出,初中义务教育阶段,美术课程的价值主要体现在几个方面,其中包括引导学生参与文化的传承和交流。因此,笔者主要让学生学习和体验传统砖雕文化的历史、流派、意义、寓意、技法等相关知识,然后在实践中进一步体会砖雕文化的艺术魅力。

在课前,笔者把学生分成四组,分别完成建筑砖雕的参观、资料收集、仿制砖雕试验制作。此环节意图在于:发挥学生学习的主观能动性,有目的、有步骤地去完成教师安排的任务,这可以培养学生的探索精神、合作精神,在发现、探索、实践中由浅入深地体会砖雕文化的历史、内容、寓意、技法等方面的知识。这样得来的知识更鲜活生动、有价值。

在课上,以学生为主体,教师起引领作用。首先,笔者分别让几个小组学生代表展示他们对砖雕的研究成果:收集的资料、图片、仿制砖雕制作等知识。此环节的意图在于:提高了课堂学习的效率,学生在很短的时间内了解到砖雕基本知识,包括历史、流派、意义、技法、天津砖雕特点等知识。以学生探索、总结的形式讲解能让学生更有成就感,激发他们对美术学科的兴趣。其次,笔者利用微课,示范在仿制青砖上用一定的技法雕刻作品,讲解砖雕纹样基本寓意。此环节的意图在于:让学生学会基本砖雕雕刻技法知识,加深对砖雕文化的理解。第三,学生实践:雕刻青砖仿制品。设计意图:提高学生的动手创造能力,深切体会古代砖雕建筑的艺术魅力,深刻理解天津砖雕文化与人民生活的密切联系,理解劳动人民的伟大智慧,从而在内心升腾起对祖国优秀文化的保护和传承的意识。最后,作品展示,学生自评、互评、教师总评。此环节设计意图:根据《义务教育美术课程标准(2017年版)》的要求,全方面评价学生作品。

（三）活动实际效果

在课前的图片、资料收集和材料准备阶段,各个小组学生都积极参与,协作分工完成了任务,在此期间对砖雕文化有了初步的了解和学习,保证了课程的顺利进行。

学生实践阶段,制作一件砖雕作品。在教师指导下,每个学生都用学习的砖雕技法认真雕刻,从作品上看,学生很好地掌握了本课所学内容,雕刻得很成功。

在评价阶段,从纹样内涵到技法运用,学生之间自评、互评,互相学习,既丰富了知识、开阔了眼界,又是对砖雕文化的再次学习。最后教师总评,更加深了学生对砖雕文化的深刻理解和对砖雕文化传承和保护的决心。

这是一节有收获的砖雕实践课,从准备到学习、雕刻,层层深入,使学生体验到了中国传统砖雕文化的艺术魅力。

四、讨论与反思

首先,课上以学生为主体,在这样的教学方式中,教师并不是直接将知识告诉学生,而是知识的转达者,是课堂的组织者、引导者、规范者,组织学生的学习活动,引导解决问题的方向、协调学生之间的关系。采用这样的方式,学生学习效率提高了,也更自信了。

其次,在仿制砖雕制作这一环节,笔者带领制作小组从材料的选择到配比,从颜色的深浅到软硬程度都进行了大量的试验,这一过程让学生充分体会到了百折不馁、持之以恒的信念,这是书本里学不到的。

再次,笔者能感受到学生通过本课学习,制作出心仪的砖雕作品,个人心里是欣喜自豪的。教材编写得很好,让美术教师充分利用本地资源、挖掘地方区域文化优势,让学生有机会了解学习家乡的传统文化和风土人情。除了天津砖雕,还有"风筝魏""泥人张"等,这些与美术有关的内容以后笔者要安排进课堂,让学生充分了解自己家乡的历史和传统文化。

总之,通过这节课,学生学习和体验了砖雕基本知识,增强了对家乡的热爱之情,树立了文化自信和民族自豪感,对非物质文化遗产有了传承和保护意识。

浅析高中信息技术教学中学生计算思维的培养
——以"编程调用平台中的智能工具"一课为例

孙丽萍

一、学科核心素养

　　计算思维是指个体运用计算机科学领域的思想方法,在形成问题解决方案的过程中产生的一系列思维活动。具备计算思维的学生,在信息活动中能够采用计算机可以处理的方式界定问题、抽象特征、建立结构模型、合理组织数据;通过判断、分析与综合各种信息资源,运用合理的算法形成解决问题的方案;总结利用计算机解决问题的过程与方法,并迁移到与之相关的其他问题解决中。

　　本节课学生通过学习编程调用平台中的智能工具实现智能对话与人脸识别,充分提升了学生逻辑能力与资源整合能力。学生用所学到的知识解决实际问题,掌握程序设计的基本过程,体会程序算法的高效。通过掌握编程调用平台中的智能工具的一般过程,提升学生用编程工具解决现实问题的能力。学生的解决问题能力、逻辑思维能力、问题分析能力得到了提升,从而达到培养学生计算思维的目的。学生能够将经过学习,将形成的思维方式适当迁移到生活与学习遇到的问题中去,这是培养学生计算思维的最终目的。

二、教学内容分析

　　"编程调用平台中的智能工具"一课是人教版信息技术教材必修一《数据与计算》第四章"走进智能时代"中的内容,人工智能作为当今非常热门的技术,应用非常广泛,学生们在日常生活中能够接触到不少人工智能的应用,比如刷脸支付、智能语音助手等。本节课的重点是利用一些人工智能平台中提供的智能工具解决问题。通过本节课,让学生了解智能平台中的智能应用,掌握通过调用智能平台中的智能工具解决问题的方法,进一步培养学生的计算思维。

三、教学活动设计

(一)活动内容与实施

1.活动一:教学导入(体验人工智能)

学生与人形智能机器人优友对话互动,展示优友智能对话、语音识别、人脸识别等相关功能。通过与智能机器人互动,学生了解到智能机器人优友是通过网络调用了平台中的相关功能实现了智能对话和人脸识别等功能,我们也可以编程调用平台中的智能工具来实现这些功能,从而引出课题。

2.活动二:万事俱备只欠东风(知识渗透)

学生已经具备了用 Python 编程的能力,教师引导学生在"图灵机器人平台"创建智能对话机器人,用流程图示例编程调用"图灵机器人平台"中对话机器人应用的过程,演示"智能对话机器人"源程序,重申编程调用平台中智能工具的具体实施过程。

3.活动三:小试牛刀(课堂任务一)

教师将预先编写好的"智能对话机器人"程序框架分发给学生,程序有关键的语句需要学生补充完整,其中包括关键的调用智能工具语句和本组智能机器人的 KEY 码,学生调试并运行程序,体验人机智能对话。

4.活动四:机器人大比拼

教师将课前准备好的,已经添加好特定语料的机器人程序打开,与学生刚刚编写完成的没有添加语料的机器进行大比拼,将老师的机器人命名为"机器人大聪",与学生的"机器人小白"比拼垃圾分类知识,由于学生的"机器人小白"没有垃圾分类的语料,所以学生的"机器人小白"是不会垃圾分类的。

5.活动五:"小白"大变身(课堂任务二)

学生观看微课,自主探究机器人获取语料的方式。教师将课前准备好的五类机器人语料(垃圾分类、天津万事通、校园导览、花语、哈迷)随机发放给每个组,让学生完成语料添加,并展示本组机器人添加语料后的本领。

6.活动六:知识提升(调用智能工具实现人脸识别)

人形机器人优友不仅会智能对话,还会人脸识别。人脸识别功能也可以通过调用平台中的智能工具来实现。通过过程化演示人脸识别程序,让学生掌握用 Python 编写程序调用百度 AI 平台中的人脸识别应用,实现识别照片中的人脸的方法。

7.活动七:进阶挑战(课堂任务三)

学生将人脸识别程序补充完整并调试运行,用电脑拍摄小组成员合照,对小组成员合照进行人脸识别。

8.活动八:总结提升

百度 AI 平台、讯飞 AI 平台、腾讯 AI 平台等人工智能平台还提供很多智能工具,如语音识别、文字识别、语音合成、物品识别等,我们掌握了编程调用平台中的智能工具的一般方法,就可以调用这些功能实现人工智能。

(二)活动设计意图

1.沉浸式体验,提升学生的问题分析能力

在课堂活动中,学生与智能机器人优友进行交互,了解当今我国智能机器人的发展现状,学习人形机器人的工作方式,从而激发学生对编程调用平台中的智能工具实现智能对话与人脸识别的兴趣,提升学生运用所学知识解决实际问题的能力。

教师通过带领学生回忆之前学习的内容(Python、图灵机器人平台),让学生了解到自己已经具备了编程调用智能工具的能力,从而对自己编写程序调用智能工具更加有信心。

学生通过将添加垃圾分类知识的机器人与没有添加知识的机器人进行对比,让学生发现他们的不同,激发学生探索未知的热情。

学生通过学习调用百度 AI 平台中的人脸识别工具,学生对编程调用智能工具的方法掌握的更透彻。提升学生问题探究能力。

2. 课堂任务贴近日常生活,提升学生的内驱力和问题解决能力

学生自主完成"智能对话机器人"程序并调试运行,体验完成人工智能程序的整个过程,让学生对编程调用平台中的智能工具有更深刻的理解。

学生通过给"机器人小白"在图灵平台添加一些专业的语料,让机器人可以回答我们指定的问题,从而明白:机器也是需要学习的,它的知识是我们传递给它们的。人工智能并不神秘,是我们可以触及的。

在完成课堂任务过程中,学生将所学知识运用到现实生活中,将拍摄的小组成员照片用自己编写的程序进行人脸识别,让学生对用 Python 编程调用智能工具实现人工智能更加有信心,充分提升学生的问题解决能力。

3. 知识总结与拓展,提升学生的问题迁移能力

在整个教学活动过程中,教师起到引导的作用,总结、梳理、展望,引发学生持续探索人工智能的动力。

(三)活动实际效果

学生自己动手从编写代码到程序调试,最后程序运行成功,实现了人机智能对话的人工智能程序,在任务完成的整个过程中,充分提升了学生的分析问题和解决问题的能力,让学生充分认识到人工智能并不是那么深奥,通过自己努力学习也是可以实现的。

学生们已经掌握编写程序调用智能平台中的智能工具实现了智能对话,本以为自己已经充分了掌握了这项技能,但在与老师的垃圾分类机器人相比中,发现自己缺少相关专业知识,这激发了学生通过微课学习如何添加语料的兴趣,提升了学生自主探究的能力。

学生通过验证任务成果,引发继续学习编程调用智能工具的浓烈兴趣。通过完成准备语料,后台添加语料,验证机器人问答成效的整个过程,让学生体会知识的系统性和逻辑性。

学生掌握了人脸识别程序开发方法之后,有了举一反三的想法,阅读平台中的开发文档,可以实现语音识别、文字识别等人工智能功能。这大大提升了学生问题迁移能力。

从调用一个平台中的工具引申到调用多个平台中的工具,开拓学生的视

野,学生解决问题的能力提升为解决一系列问题的能力。

四、讨论与反思

以与人形机器优友进行对话,引导优友说出本节课课题作为导入,激发了学生学习人工智能的兴趣,这部分内容看似深奥,但经过讲解,学生在理解上并不困难。从同学们分组完成任务的情况来看,绝大部分学生都能通过认真分析理解程序的基础上完成任务,这充分培养了学生的计算思维。纵观整个教学过程,本课存在以下一些优点与不足:

(一)本课的优点

1. 课程导入形式新颖

本节课以与人形智能机器人优友互动进行导入,学生在体验先进的人工智能机器人的同时,促使其产生对本节课学习的强烈动力。

2. 任务驱动、学生主体、教师引导

"小试牛刀""'小白'大变身""进阶挑战"三个由简到繁的任务贯穿整个教学过程,在教学过程中始终以学生为主体,教师为引导,无论在教学导入、知识讲授还是在师生互动环节,教师一直扮演着引领解惑的角色。这能够提升学生自主解决问题和独立思考的能力。

3. 任务设计合理

本节课一共设计三个任务,三个任务都是以人工智能为切入点,以学生为中心,从简单到复杂,让学生自己动手,实现以前感觉很高深的人工智能,其中一个任务是给机器人添加语料,让学生初步理解机器学习的概念。

(二)不足及改进措施

首先,每组共有成员三名、一台电脑、两部手机,在完成任务时出现分工不清、有的学生无事可做的情形,笔者在以后的课堂上要多强调分工,关注到每个学生。

其次,课堂有两个任务都是以程序填空的形式出现,学生完成比较快,如果在时间允许的情况下,可以尝试让学生自己编写程序。这样学生对本次课的内容掌握得就会更加透彻。

灵活运用材料分析,培养学生信息意识

——以"大数据及其应用"一课为例

王　赓

一、学科核心素养

新一轮高考改革后,高中信息技术的课程体系标准进行了一定的修改,重点强调了信息技术学科是一门基础课程,它具有时代特征,要紧跟时代发展的步伐。修改后,高中信息技术学科核心素养由信息意识、计算思维、数字化学习与创新、信息社会责任四个核心要素组成。这对我国高中信息技术课堂教学提出了新的挑战,也对实现我国建设科技强国战略目标提出了要求。

信息意识是四个核心素养的第一个,也是最为重要的一个,更是另外三个核心素养的基础。那么如何在有限的课堂时间内传授信息技术基础知识的同时更有效地培养学生的信息意识,是我们今后要不断探讨和学习的。本文论述了笔者通过对信息技术教材中大数据相关知识内容的教学进行的一些尝试和分析。

二、教学内容分析

本文涉及的课例为"大数据及其应用",此课内容在最新地图出版社的高中信息技术教材中位于第一个模块的第一个单元。这套高中信息技术教材的教学内容分为必修模块一"数据与计算"和必修模块二"信息系统与社会"。前者要求,通过此模块的学习,学生能够认识到数据在信息社会中的重要价值,并了解怎么合理处理和应用数据以解决生活和学习中的实际问题。后者要求通过学习,学生初步了解了人、信息技术、社会三者的关系,认识信息系统在社会上的作用,并怎么安全、合法地使用信息系统。具体到这一课中,教学大纲的要求是使学生能够理解大数据的概念和特征,并认识大数据对人们日常生活的影响。我们不难看出,其实这一课的教学要求和必修模块一的教学要求很接近。或者说,这一课的内容是整个教材教学内容中具有代表性的一课,是整个教材在教学要求上由浅入深、由概括到具体、由概念到应用的过渡课程。学生只有学好这一课,教师才能有效开展后面的教学。

三、教学活动设计

(一)活动内容与实施

课堂导入:"我们在现代生活中经常听到'大数据'这个词,但是谁能说清楚大数据的概念是什么、这个'大'字的含义到底是什么?"

教学过程:由大数据的特征入手,使学生逐步了解大数据技术及其应用。

1. 第一环节:大数据的特征是什么?

材料分析:生活中的大数据(视频资料)。

教师提问:"看完资料后,请大家来说一说大数据到底'大'在哪?另外,除了'大'以外,我们还能从视频中总结出哪些特征?"

学生总结了大数据的一些特征后,教师做指导性总结:

"大数据的'大'体现在两个方面,一是信息的巨量性,随着计算机计算能力的提高,我们能够处理更大的信息量。另一个方面是多样性,随着互联网的诞生,我们能够在一个事情上获得多种类型的数据文件,能够更全面地描述事物。另外,大数据还有迅变性,迅变性是指数据的产生是非常快的,是无时无刻不在变化中的,这就要求我们处理大数据的速度要非常快。最后大数据具有价值性,大数据会产生巨大的价值,但是我们要注意一点的是,大数据所创造的价值密度是非常低的,但是由于其庞大的信息量,所以能够创造很大的价值。"

2. 第二环节:大数据技术都有哪些?

材料分析:请同学认真阅读"大数据提升精准扶贫"文字材料(新闻报道)。

教师提问:"通过认真阅读这篇新闻报道,你能总结出大数据技术在整个扶贫工作中是怎么运作的吗? 大家可以试着用自己的语言描述一下,分小组讨论后,由小组代表回答。"

此时,学生能够根据自己对大数据的理解和想象,设想出大数据系统在扶贫工作的应用环境下,在各个环节的运行过程和所起到的作用。教师根据学生们的过程描述,分别总结出大数据相关技术的专业性名词:比如大数据采集技术、大数据预处理技术、大数据存储技术、分析与挖掘技术、可视化与应用技术。

3. 第三环节:大数据的应用设计

教师把同学分为几个小组,以小组为单位设计一个大数据应用系统,教师预先提供给学生一个成形的设计案例材料,让同学参照学习。另外,让同学们自己上网寻找所需要的资料。要求:学生能够说清这个系统适用于解决生活中什么实际问题,简单描述这个系统的运行过程和结果,能够说清这个系统都应用了大数据技术中的哪些具体的技术。完成后,由各小组的代表上台简要进行讲解,下课前把本小组的设计成果通过 PPT 的形式上传给教师。

教师点评:教师对每一个发言的小组作品做点评,对设计优秀的方案进行认可和表扬,并对稍不足之处提出修改意见,和同学们一起探讨。

(二)活动设计意图

1. 总结材料内容,训练信息意识敏感性

教师提出大数据的"大"到底是指什么的问题,然后教师给学生看了一个关于大数据的视频资料,视频中简单介绍了大数据的诞生和生活中的大数据都有哪些,其实视频资料中并没有直接描述出大数据的特征都有哪些,但是带着问题的同学会对相关方面的介绍更加留心,对这方面的信息也会更加敏感,通过他们大脑对资料内容的梳理总结,自然而然就提炼出大数据的相关特点。在这一过程中,同学们对信息的敏感和对信息价值的判断力得到了一定的训练。

2. 解构材料案例,提升信息意识中的分析能力

在这堂课的第二个教学环节中,教师先让同学们阅读大数据提升精准扶

贫的相关新闻报道。在报道中对大数据怎么进行扶贫工作进行了简单的描述,比如:地方干部怎么通过手机应用程序查看当地扶贫对象的实际情况,对扶贫对象的房产、收入、医疗、保险等情况一览无余,此外,通过大数据帮助农民掌握自然条件,能够帮助农业增收,还可以帮助农民寻找市场,把自己的农产品顺利卖个好价钱,等等。但是这些功能是怎么实现的并没有详细的描述,这需要对这个平台的功能做更深层次的思考才能说清楚。通过材料,学生们根据自己对信息技术和大数据的理解,逐步解构了这个平台的实现方法,需要考虑信息怎么采集、怎么处理、怎么存储、怎么分析、怎么呈现出来这些技术细节。在这个过程中,学生的信息意识和分析问题以及解决问题的能力得到了有效的训练和提升。

3.培养学生信息意识中的合作意识

有了前两个活动作为基础,第三个活动的目的是进一步提升学生通过合作解决实际问题的能力。学生可以用第二个活动和教师所给范例作为参考,扩大思维的广度,对自己在互联网上搜索的材料内容进行有效的甄别和判断,并通过合作实现信息共享。为了争取时间,各个小组内部也进行了有效的分工协作,在这个过程中,小组内每个人的特长也得到了一定的发挥,比如有的同学善于在网上查找有用的信息,有的同学善于描述大数据平台的功能细节和技术需求,有的同学 PPT 做得又快又好看。这样通过合作和共享,发挥了小组每个成员和他们掌握信息的最大价值。这种合作意识也是信息意识必不可少的部分,也需要通过课堂活动得到有效的培养。

(三)活动实际效果

三个教学环节的设计是为了让学生在掌握大数据的特征和相关技术的前提下,在信息意识方面得到全面的锻炼和提升。三个教学环节的设计不论在知识层面上还是在学科素养培养上都是循序渐进的。

第一个活动中,虽然学生不能用科学简练的语言完全描述出大数据的特点,但是经过教师的总结归纳,学生能够在大脑中形成对大数据的全部特征的印象。在此过程中,学生对视频材料中有价值的信息做出了自己的判断和提炼。

第二个活动中,学生主动地去寻求解决问题的途径和方法,在这个过程中他们要设计出有效的策略和做出自己合理的判断,这对信息意识的培养起到了非常有益的效果。最终的结果也非常值得称赞,很多同学的描述非常精彩,系统全面地展现了一个完善的扶贫大数据平台应该具有的各方面功能。

第三个活动是对第二个活动的难度提升,同时更考验团队合作意识。实际效果上,几个小组都拿出了自己的设计方案,有网络销售现相关的大数据平台,有全民健康方面的大数据平台,等等。

在这些活动中,学生们不但对信息技术学科应掌握的知识进行了有效的梳理,还在信息意识方面得到了有效的提升,同时第三个互动中,很多资料需要他们自己去网上寻找,所以也涉及训练了数字化学习与创新的核心素养。

四、讨论与反思

在这堂课中,有两个教学活动是让学生根据背景材料设计大数据平台系统,最终同学们的发言都很精彩。但是可以看出,由于高中阶段的学生还缺乏信息技术各方面的经验和知识,所以在方案设计的技术细节上更多是通过自己想象。但是从教师站在更专业的角度上去看,很多设计方案由于受编程和现有物联网技术等多种因素的限制,其实很难真正实现。这个时候,强调学生所设计的内容是不是具有科学性并不是很重要,大数据本就是信息技术里最前沿的课题,并且涉及知识范畴非常广泛,中学阶段并不会要求学生全面了解。教师在这个过程中不应该立刻指出学生这些知识短板造成的误差,而应该积极启发他们发挥想象力,在此框架下,引导他们在可接受知识范围内做出合理的判断,促进学生的信息意识提升。

数字化时代培养学生公能精神和
创新能力的研究
——以"学校校史与公能精神的数字化学习与创新"为例

魏长龙

一、学科核心素养

信息时代对于高中信息技术课的教学方法提出了更高的标准,在对新课改方案和新课程标准进行深入学习和研究后,根据国家最新发布的《中国学生发展核心素养》的要求,作为一名有着十五年教学经验的一线教师,需要思考的是如何在日常的教学过程中,既落实基础知识的讲授,又落实教育的根本任务——立德树人。作为南开大学附属中学,我们要通过教育,使学生在掌握必备的课程文化基础知识的同时,能够通过自我学习、自我探究,在学习和发展中达到实践创造新知;在学习和生活的过程中一步一步地形成不仅适应自己的个人发展特点,也适应当今世界发展方向,以及做社会需要的人所应具备的必备品格和关键能力。学生不仅要实现自我价值,也能够更好地落实责任担当。

我们通过对学生学情的了解和对基础知识的提炼,对学生进行知识的讲解;通过课上的教学设计,引导学生自己发现信息意识;通过对本门课程不同时期历史数据的梳理,形成计算思维;通过 3D 虚拟和 VR 模拟技术,寓教于乐地培养学生接受新生事物并进行数字化学习与创新的能力;通过学校发展史和历代校友的事迹,培养学生形成信息社会责任感。

信息技术是教育改革后,更好地推进素质教育发展的一种非常有效的手段。通过使用信息技术能够将课堂上单一的教与学模式从一维推进到二维或更高维度,通过和学科知识的深度融合,学生可以根据自己的学习情况和个人特点分析出自己的优势,让所有学生都能选择适合自己的方式,实施学科教学的精细化管理和个人素养的全面提升。

作为新时代的信息技术教育工作者,应重视和掌握信息技术,实现思维型课堂,开发教学资源。我们通过日常教学和对教材的研究,梳理出本学科核心素养对学生成长以及学生终身发展具有重要作用的知识范畴,在教学过程中在落实学科素养的基础上,致力于通过教师和学生的共同努力和协作,提升学生的核心素养,并以此为方向,通过信息技术学习培养学生形成合格中学生的必备品格,培养他们提炼和掌握关键能力,落实核心素养对当代学生的核心要求。

二、教学内容分析

南开大学附属中学在信息技术和数字化方面一直走在前列,学校自1946年建立至今,无数的教师、学生、校友、各界人士,为学校的发展默默奉献着。为了纪念这一路走来的点点滴滴,学校建设了校史馆,将学校的历史浓缩在200平方米之中,通过建校、发展、机遇、挑战、挫折、奋起、合校、新时代的叙事时间线,全景展现着一代代的附中人对学校的热爱。通过引导学生对学校历史的学习和深入了解,培养学生的公能精神。作为南开学子,要拥有正确的价值观和世界观,这对于学生丰富人文底蕴、树立南开情怀、坚守民族气节、落实责任担当有着重要意义。

三、教学活动设计

教学活动设计的具体内容,包括以下三个部分:

(一)活动内容与实施

引入:组织学生参观校史馆,实地了解学校的历史和发展过程,了解学校历任领导和教师代表在建设学校过程中的努力,坚定信心开创新的发展方向。

思考:学生以参观校史馆了解到的内容作为素材,梳理并提炼核心内容,制作数字校史。

讨论:以哪些内容为核心建立时间线,构建思维导图,能够展现出学校风貌和附中人的公能精神?

活动开始:教师下发素材包(内容为图片和视频,均为校史馆建设期间的各类照片和校友寄语、纪录片等),学生通过参观和思考、讨论等环节后,选择自己感触最深的部分,结合素材进行作品制作。在制作的过程中要首先构建思维导图,建立模型,再通过不同的时间线创造数字化的校史。

数字化创新:学生可使用 Photoshop、Xmind、MindMaster、Scratch 等软件对素材进行加工和再创作。

制作过程:制作的过程中,教师要进行引导,主要通过三个方面进行制作主题的选取:

首先,学校历史时间线。这是增强学生人文知识和基础知识的最佳方式,通过对学校历史的了解和复刻,使学生对该类知识触类旁通,提高文化基础知识。

其次,学校人物时间线。一代代的附中人,以不同的方式建设学校,有的以努力学习、有的以努力教学、有的以努力建设、还有的以自身能力回馈学校,通过对这些人物行为的分析,上升到价值观和人生观的培养,让学生共情,努力向这些人物学习,以实际行动落实责任担当。

再次,公能精神时间线。公能精神从最早提出发展到今日,经过了不断的考验和丰富,至今已形成一套完整的公能体系。通过对公能精神的时代发展进行梳理,促进学生在新时代发展实践创新,继续践行和发展公能精神。

(二)活动设计意图

通过参观校史馆,掌握基础内容,再通过个人思考,选择不同的切入点进行设计并制作出一副具有时间线特征的数字校史馆作品,这主要体现三个方面的设计思路:

1. 对计算思维的理解和建构

计算思维是信息技术新课标中新出现的内容,刚开始学习新课标的时候对这个概念不了解、不理解。对于计算思维这个概念,很多人不自觉地就想到了编程和算法,这让很多学生望而却步,不敢接触这么艰深晦涩的学习。

通过对新课标征求意见稿的学习,在教学中我们要潜移默化地引导学生经过一系列创造性的思维活动,解决实际问题的过程。设计这次活动的初衷,就是通过学习信息加工和创造为例,使用计算机和图文编辑软件,通过对图文混排、格式变化、排版美化的过程,完成一幅作品的过程中,我们的思路也是一种计算思维。

在这样一个过程中,我们在搜集素材时要思考什么样的素材适合我们的主题,在收集好素材后要思考怎样对这些素材进行整理,在整理好素材的顺序后我们要思考怎样对这些素材进行修改和加工,在加工和创作作品的时候要融入我们自己的思考,思考怎样让我们的作品更加美观,能够更准确地表达出我们想要通过作品传递出的信息,在这基础之上我们需要利用计算机和多种软件来实现我们对电子作品的制作和编辑,在这一过程中,我们的思维过程历经了"概括—建构—设计—实现—修改—再现"这样的思维过程,这就是计算思维。

2. 信息意识的培养

在平时的教研中,我们不断接触信息意识培养的问题。虽然新课标对其做出了解释,我们也一直在强调要加强对学生信息意识的培养,但在这方面存在着最大的问题是概念太抽象和符号化。如何让学生树立起面对未知问题时会自主探究、询问他人、查找资料,不断地去接近问题的真相和答案,是我们要解决的关键问题。

通过这堂课的设计,力争能够培养学生的信息意识,力争学生能够按照问题导向,选择合理的方式获取和加工信息;能够在学习和探究的过程中自我发觉信息的差异,自己判断信息的来源是否值得我们相信,信息中包含的内容是否能够准确地表达,对信息加工的过程是否达到最优解,所要实现的结果是否完整。在教师引导下,学生能够以探究式学习结合小组讨论的方式合作解决问题,逐渐能够接受与采纳,逐步到达分享和探讨,实现对信息价值的最大化利用。因为本课涉及的内容已经包含了很多学科的不同核心素养,对人物、历史、事件、文化、精神等素材进行多元整理,在信息技术的加持下,实现对核心素养的培养。

通过本节课的学习,学生在获得基础知识的基础上,能够自主学习,探索更多学科、更多门类的知识,培养自己适应信息社会与未来数字化世界的思维能力和创造能力。本节课的宗旨是通过使用教师在信息技术课上提供的各种素材、学法指导、课程实例等素材,通过信息加工和各种数字化软件制作完成一个独特的、全新的多媒体作品,学生不仅要掌握操作与技能,更要进行探索与创新。每位学生都能按照自己的思路制作成独一无二的作品,让学生能够自由地创作,培养学生数字化学习的能力。

(三)活动实际效果

通过本节课的活动,学生制作了丰富多样的作品,从不同的角度、不同的时间线、不同的创作软件和方式,完成了本节课的教学任务。既具有积极学习的态度,学习到了新的文化基础知识,又掌握理性判断和选择素材完成人物的能力、还收获了南开公能精神的继承和发扬。

四、讨论与反思

新时代下,按照中国学生发展核心素养的要求,教育教学工作一定要以立德树人为根本任务,作为教师,我们不应该只停留在书本上,而要对课本的知识点进行梳理,搞清楚这门学科对学生成长、成才和终身发展的重要作用。在教育教学中要基于核心素养,使学生通过学习实现自我价值。

在本节课的教学中,时间比较紧张,需要提前让学生掌握基本的操作能力和电脑的使用;对校史馆的参观需要提前安排好,尽量分小组进行,以免因为人多造成走马观花的结果;在对素材进行选取和加工的过程中,要加强引导,小组讨论要充分进行,集思广益更有助于技术的提高;对于综合素养的培养切忌急功近利,需要潜移默化地渗透到教学中。

在教学过程中,使用信息技术手段将知识点进行分解,逐步在教学设计中进行渗透,培养学生循序渐进的思维方式,激发学生的创造力,是我们这堂课所要完成的基本任务。在此基础上,我们要将南开精神作为思想引领,培养学生爱自己、爱家人、爱朋友、爱南开、爱天津、爱中国,为国家培养合格的建设者和接班人。

基于 STEM 跨学科融合课堂，
培养数字化学习与创新能力
——以"让机器人动起来"一课为例

王丽萍

一、学科核心素养

"让机器人动起来"这一课，基于 STEM 跨学科融合课堂开展项目式教学，从学生的生活出发，设计真实问题情境，激发学生的学习兴趣，引领学生深入理解学科核心概念，提升学生的数字化学习与创新能力。在本课中，学生通过将流程图转化为程序，提升数字化学习能力；通过下载程序，完成机器人运动，提升动手实践能力；通过调试程序、优化机器人小车结构，形成工程思维，提升技术应用能力、创新实践能力；通过根据实际情况调试程序，提升数字化学习能力。

二、教学内容分析

本节课为中国地图出版社《信息技术》七年级下册第五单元"开启机器人之旅"第四节"控制机器人动作"的第二课时"让机器人动起来"。

本单元的第一节学习了智能机器人的相关背景知识，第二节认识了控制机器人的软件平台，第三节练习搭建机器人小车，第四节第一课时学习了基本程序设计结构。本节课是第四节第二课时，需要为机器人小车编写具体的程序，并实现机器人的基本运动。下一节课第五节"教会机器人感知"将会学习使用传感器，让机器人实现与环境的交互。最后一节"赋予机器人智慧"需要让机器人小车完成一个复杂任务。可以看出，本节课是将软件编程与机器人实体架构相结合的关键一课,不但将前几节课内容综合融汇,而且为后几节课的深入拓展控制机器人的程序设计奠定基础。

三、教学活动设计

(一)活动内容与实施

本节课以"科技助力医疗抗'疫'"作为主题,全课内容围绕设计制作送药机器人展开。通过分析医疗机器人的功能,提升学生探究问题的信息意识。

课上先回顾上节课学习的三大程序设计结构,再通过将流程图翻译为程序设计语言的活动,学习如何进行具体的程序设计。课堂共设计三个任务,循序渐进,让学生在问题解决的过程中,浸润式体会流程图到程序语句的转化过程。

任务一为"前进",使用顺序结构,教师给出流程图和备选程序语句,学生只需要"一对一"翻译(一个流程图元素对应一条程序语句)即可将程序排序整理好,但需要注意两个马达均需要设置速度,并且方向相反。通过掌握顺序结构程序设计的具体方法,提升学生的计算思维能力。通过将流程图转化为程序,提升学生的数字化学习能力。

任务二为"反复起停",使用循环结构,教师给出流程图和一个有部分未完成的程序,学生需要通过"一对多"翻译(一个流程图元素可能需要对应多条程序语句)来将程序填空整理好。这里需要注意循环体中的"等待"语句需要两个。通过掌握循环结构程序设计的具体方法,提升学生的计算思维能力。通过将流程图转化为程序,提升学生的数字化学习能力。

任务三为"转弯",使用循环结构,教师给出流程图,由学生自主探索转化流程图,并完成程序设计。接下来,由学生分组实践下载程序并调试小车,此时不仅需要调整程序语句,可能还需要调整小车的物理结构。通过下载程序,完成机器人运动,提升学生的动手实践能力。通过优化机器人小车结构,形成工程思维,提升学生的技术应用能力、创新实践能力。通过根据实际情况调试程序,提升学生的数字化学习能力。

最后,师生共同回顾总结本节课的知识,教师请学生代表展示本组程序,演示本组小车的转弯动作,并简述调整的思路方法。本节课学生通过亲历设计制作机器人小车,用科技助力医疗抗疫的活动,增强信息社会责任感。教师布置课后作业为下节课传感器与判断结构的配合做铺垫。送药机器人需要在下节课添加判断语句后才能制作完成。课后作业引导学生乐学善学,提高信息意识。

(二)活动设计意图

教材中本节课的内容的主要关注点是流程图转化到程序语句。笔者通过设置一个 STEM 项目,将本课的内容扩充了起来。这个项目以"科技助力医疗抗'疫'"为主题,项目目标是设计制作一个送药机器人。这不仅赋予了课堂活动社会意义,也为程序设计增加了具体的工程目的和技术要求。在课堂三个任务的实施过程中,需要交织考虑科学、工程、技术、数学方面的需求。

任务一"前进",驱动四轮小车使用了两个马达,马达是对称安装的,这一物理结构就需要设计两条设置马达转速的语句,而且两个马达的转速方向是相反的。分析这一问题需要考虑工程上的结构要求,需要使用数学上的对称知识。

任务二"反复起停",软件平台并没有"起"和"停"的程序语句,起停实际上是通过设置马达转速实现的,等待语句只能实现维持转速的时长,所以设置"起"的转速后,需要等待一次,设置"停"的转速时,需要再等待一次,也就是说,循环体内需要有两个等待语句。分析这一问题,需要考虑工程需求的具体技术实现方法,需要数学的逻辑推理能力。

第三个任务"转弯",软件平台也没有"转弯"语句,转弯需要设置两个马达不同转速和不同方向。这里的解决方案其实不止一种,所以这一任务由学生自主探索去完成。不同的小车可能需要设置的转速不同,如果转弯效果不理想,可以调整程序中马达的转速,也可能需要调整小车的物理结构。这一任务充分体现了理想与现实的差距。看似完美的程序,在工程实际上,由于受到种种因素的影响,运行效果未必完美。转弯效果甚至与场地地面的摩擦系数有关。通过在实际项目中利用实体机器人小车设计程序,学生真实体会到科学技术需要为解决问题服务,并锻炼了动手实践能力。

本课力图使用 STEM 项目启迪学生的科学思维,养成学生乐于学习的态度,让学生在解决项目问题的过程中,提升自己的数字化学习与创新能力。

(三)活动实际效果

新冠肺炎疫情给我们的生活带来重大的变化,也对学生的生活产生很多影响。作为普通民众,学生也已经认识到应该理解政府的相关决策、贯彻政府的相关措施,积极贡献自己的力量。用自己的微薄力量助力科技抗"疫",能够在学生中迅速得到认同和响应。本课通过为科技助力医疗抗"疫"寻找解决方案,促使学生感受到责任上肩,培养学生的社会责任感,也使得学生在完成程序设计后,获得更大的成就感。

通过本课之前几课时的学习实践,学生已经对智能机器人小车有了一定了解,并搭建出本组的小车;了解了顺序、循环、判断,三大程序设计结构,但还未设计具体的程序。课前,学生已经对将程序设计与机器人小车结合起来充满期待。课上,学生积极参与活动,将程序下载到实体小车上并运行。在遇到困难挫折时,学生能通过小组讨论来寻找解决方法。在一个小组遇到瓶颈时,其他小组也会伸出援手,课堂上形成了很好的互帮互助气氛。最终各个小组均实现了让自己的机器人小车完成"前进"和"反复起停"的规定动作。每个小组探索设计的"转弯"程序均有所不同,这说明学生能够进行独立思考,具有数字化学习能力,同时也说明学生对本组机器人小车物理结构和运行状态十分了解,能根据实际需求对其进行调整,具备实践创新能力。

四、讨论与反思

本课任务三——调整小车结构时,需要保持小车的送药功能不变,这对小车的形态和架构会有一定的限制。此时需要兼顾到科学、工程和技术方面的要求。学生需要使用项目式思维,进行总体的考量和权衡。在这里由于时间原因没有做详细展开,很是遗憾。

教师可以指导学生设计项目研究手册,让学生记录下自己的研究笔记。其中可以包含实验记录表,将调试的具体数据记录下来,以便进行比较。在研究笔记中,首先标出项目需要满足的科学、工程和技术方面的要求;然后记录下解决问题过程中涉及的各学科知识,标出计算原理和过程;最后还可以记录下解决问题的思路和想法。这些过程性学习材料积累下来,就能为学生提升数字化学习和创新能力提供助力。

通常情况下,STEM 跨学科融合课堂涉及的学科都比较多,需要教师具备多学科的综合素养。只有这样才能帮助学生在真实情境中,在驱动性问题的引导下,融合多学科知识,进行深度学习和探究活动。由于笔者受本身学科知识的局限,在指导学生方面,存在一定难度,需要其他学科的背景支持。所以,如果能以团队的形式开展 STEM 跨学科融合教学,会收到更好的效果。

用项目学习,培养工程思维
——以围棋分拣机为例

王　萌

一、学科核心素养

《中国学生发展核心素养》的发布,提出通用技术学科的核心素养包括技术意识、工程思维、创新设计、图样表达和物化能力共五个方面。其中,工程思维是学科体系最重要的思维方法,也是贯穿项目工程的灵魂。工程思维是以系统分析和比较权衡为核心的一种筹划性思维,要求学生能够认识系统与工程的多样性和复杂性;能运用系统分析的方法,针对某一具体技术领域的问题进行要素分析、方案构思及比较权衡;领悟结构、流程、系统、控制基本思想和方法的实际运用,并能用其进行简单的决策分析和性能评估。

二、教学内容分析

围棋分拣机是学校面向高中开设的"3D 创意机器人"校本课的一个项目。历经一个学期,学生以小组为单位,运用乐高机器人和 3D 打印等技术,自主设计方案,反复迭代实践,最终完成能分拣围棋的机器人。

课程采用项目学习的理念。项目学习旨在以一个项目目标为导向,提倡学生经历完整的技术过程,获得技术素养的提升。合理的项目目标既是达成技术学习的指路灯塔,又是培养工程思维的导航系统。

三、教学活动设计

(一)活动内容与实施

1.阶段一:技术准备

在课程的初始阶段,教师带领学生认识乐高和3D打印。通过简单任务,引导学生习得一些基础知识,观察自己的兴趣点和技术优势,为小组合作找准自己的角色定位。

2.阶段二:方案准备

第一步:解构。教师简单讲解项目目标,引导学生对项目目标进行分解,对诸如"是什么""如何做""如何验证"等问题发散思考。之后绘制脑图,罗列出主任务和子任务,同时将机械结构的关键部件和它们之间的连接关系体现在脑图中。

第二步:重构。启发学生聚合思维,运用"5W1H"分析法(What、Why、Where、When、Who、How)思考各个部件的主从关系和机器运行中的逻辑顺序,将脑图中的各个元素进行组合,初步构思机器结构,并在纸上绘制设计草图,包括形状、大小、位置和装配关系。

第三步:优化。组织学生逐一介绍设计草图,引导学生思考该方案能否实现? 优缺点是什么? 改进方向在哪里? 之后,学生分析各个方案中的相同点和不同点,汇总近似方案,最终聚焦一个或两个方案。

3.阶段三:制作与调试

第一步:分组技术准备。小组成员依据角色定位,依据项目需要,学习相关技术。比如:1号结构工程师初步搭建机械结构;2号结构工程师测量尺寸,设计乐高积木无法实现的关键部件;程序工程师完成电机控制和颜色传感器的判断;项目总监协调组员进度,制定项目计划。

第二步:组合调试。小组成员将所有机械结构、电子元件和程序进行组装,通过协同合作,测试问题所在,分析潜在原因,改进设计方案,实施改进方案。操作内容依据小组的具体方案实施。例如:调整程序中电机和传感器的参数,使它们动作流畅;给传送装置安装围挡和阻尼结构,使棋子有序排列;利用乐高积木或 3D 打印制作漏斗,容纳围棋;利用手工工具微调漏斗尺寸,调试漏斗与分拣机的位置关系。调试过程中填写《项目日志》,记录实践过程及测试数据,通过不断地迭代优化,最终完成围棋分拣机。

4.阶段四:项目展示

通过师生问答的形式进行项目展示,并留存影像资料。展示包括:团队介绍、项目介绍、关键部件介绍、作品运行展示、亮点分析、改进方向和制作感受。

(二)活动设计意图

1.工程思维——真实的工程需求

围棋分拣机这个项目源自课上的学生讨论。2016 年 AlphaGo 超过人类职业围棋顶尖水平,引发世人争论。有些学生认为,既然无法以棋手身份超越AlphaGo,不如制作机器人来做些辅助工作。于是围棋分拣机这个项目出现了。"起于思,成于物,塑造现实,改变世界"正是一种典型的工程思维。

2.工程思维——"预见"结构

在没有现成案例的情况下,学生需要凭空构思,设计出完整的系统结构。这里运用了两种思维方法:解构和重构。解构可以理解为一种有目的、有条理的、有依据的破坏。解构的价值不是为破坏而破坏,而是为了升华认知而破坏。通过解构环节,学生对将要制作的机器进行要素分析,把一个较大的系统打散成一个个模块,由此明确工程的规模和复杂程度,构建完整的工程预期,同时也帮助小组明确任务分配,合理规划进度。重构是围绕目的的重建。重构不是简单地复原,而是更深刻地理解——对目标的理解和对重建对象的理解。通过重构环节,学生把被分解了的模块重新组合,以此初步领悟结构、流程、系统、控制基本思想和方法的实际运用,使设计方案从混沌走向清晰。解构与重构是两种方向的思维,两者结合使用,既可以使思考结构化,又可以跳出束缚,实现创新。

3.工程思维——统筹与权衡

一个工程问题通常会同时面对多种不确定的,甚至相互制约的约束条件。就本课案例而言,如果希望程序编写得简单,就需要增加电机的数量,导致机械结构复杂;如果希望零件数量少,结构的稳定性就会欠缺;如果同时希望程序简洁、结构巧妙,就需要更多的时间去设计和试错。这就好比修一座大桥,要考虑科学规律的约束、技术工具的约束、工程周期的约束和资金成本的约束。多种约束条件的排列组合,会产生多种多样的设计方案,这就造就了工程的系统性和复杂性。决策者需要评估各个备选方案,在可行性、合理性、限制与期望之间权衡比较,最终决策出投入产出比较高的方案。

4. 工程思维——迭代

工程的本质是实现,是将蓝图转化为实体的过程。除了前期要进行系统规划,还要有计划地实施规划。实施过程往往不是一蹴而就的,学生在实践过程中反复经历"制作—验证—调整"的闭环过程,这种过程被称为迭代。所谓迭代是重复反馈过程的活动,其目的通常是为了逼近所需目标或结果。每一次对过程的重复称为一次"迭代",而每一次迭代得到的结果会作为下一次迭代的初始值。这是工程实践中最耗时、最挑战意志的环节。如果一次测试不成功,就会基于本次结果调整方案,直至成功。而每当一个问题被成功解决,下一个问题又接踵而至。所以迭代的本质就是立足现状,图谋未来,不断弥合现实与理想的差距。

(三)活动实际效果

1. 显性成果

结合最初的设计方案,学生共分两组,完成了两部围棋分拣机,撰写了两套《工程日志》,录制了两段展示视频。

2. 隐形成果

在项目完成后的问卷调查中,学生表示不但学会必要的技术,能较好地履行自己在团队的角色,认真实施小组方案,而且很喜欢这个项目。

四、讨论与反思

(一)课程亮点

第一,传统的技术教学是基于学科体系,系统地讲学知识,讲练技能,知识与技能是最主要的学习目标。而工程项目是基于目标导向,识记、理解和应用只是基础目标,分析、评价、建构才是最高目标。本案例中为了实现项目目标,学生像工程师一样思考,依据项目的需要有针对性地学习,学习有关传感器、电机、机械、编程、三维设计等知识,在实践过程中自然而然地学会了知识与技能,而且初步理解了工程的概念,实现了从低阶思维到高阶思维的迈进。

第二,传统课堂中知识点被分解得非常小,学习周期较短,学生很少有机会进行工程体验。本项目周期较长,目标较复杂。学生对方案进行反复地设计、探究、验证和调试,切实理解了精益求精的工匠精神,培养了坚韧不拔的优秀品质。

第三,传统的技术教学都是分立学科的,这在一定程度限制了学生的思维。本项目立足于真实情景,解决方案具有开放性和多元性的特点,涉及的技术形式多种多样,有效促进了学生跨界应用的技术意识和整合应用的技术能力。

(二) 出现问题及其解决思路

1. 对项目总监要求过高

团队中总共设定了三种角色:结构工程师、程序工程师和项目总监。项目总监的职责包括:规划项目进度、组织协调组员和设计项目表格。这个角色的设定原本是为了最大限度地提升工程思维。但实际情况是,许多学生初次体验项目工程,技术能力和工程经验都不足。为了平衡项目难度和学生信心之间的矛盾,教师降低要求,由应用工程思维转变为理解工程思维。教师负责设计日志模板,学生负责填写日志内容。当然,今后随着项目实践的不断渗透,教师可灵活调整具体要求,使学生达到最佳的学习体验。

2. 小组配合有待提高

本项目的实施对象是校本课学生,来自不同班级,彼此并不熟悉,需要时间进行磨合。教师可以鼓励他们下学期继续选修本课程。一方面,继续优化作品,提升工程素养。另一方面,进一步打造团队,帮学生强化技术协作,为将来的职业发展积累经验。

基于学科核心素养的
"初中综合实践活动课程学习"案例研究
——以综合实践活动"人工智能助我垃圾分类"为例

冯　佳

一、学科核心素养

《中小学综合实践活动课程指导纲要》中说明了综合实践课程的总目标是学生能从个体生活、社会生活及与大自然的接触中获得丰富的实践经验,形成并逐步提升对自然、社会和自我之内的联系的整体认识,具有价值体认、责任担当、问题解决、创意物化等方面的意识和能力,并强调着力发展学生社会责任感、创新精神和实践能力的核心素养。这与中国学生核心素养中的人文底蕴、自主发展和社会参与三个方面内涵相契合。核心素养融入综合实践活动课程同时也是课程要素之间的协调的一个过程,在主题活动设计中的活动目标要能体现出核心素养的价值,例如"人工智能助我垃圾分类"的主题活动中,就秉承着"设计参与并亲历社会实践活动,获取直接经验,发展实践能力,增强社会责任感",在此过程中,让学生自主发现问题,解决问题。

二、教学内容分析

(一)活动背景

这次活动是以学校综合实践学科人工智能课程为依托,以机器人自定义语音定制为载体,让七年级学生在活动中通过发现问题、解决问题的方式,完成给机器人语音定制垃圾分类细目,然后通过问答的形式帮助人类精准投放垃圾的活动主题。

本节课思路灵感来自目前大热的两个话题——人工智能和垃圾分类。随着时代的发展、科技的进步,人工智能已经渗透在我们生活中的方方面面,极大地为我们的生活提供了便利。而目前人们面对垃圾分类的这个新难题,觉得太过"烧脑"和耗费精力,我们能否通过人工智能课程的学习,通过对机器人的"改造"来解决困扰大家的这个问题呢?

(二)主题分析

南开大学附属中学综合实践学科"人工智能助我垃圾分类"主题课程一共有六节课,本次机器人自定义语音定制是课程系列中的第五节。该系列课程与综合实践活动课程所强调的着力发展学生社会责任感、创新精神和实践能力的核心素养相统一。

第一课时的活动主题为"HI! 人工智能",活动内容为了解什么是人工智能以及机器的学习方式;第二课时的活动主题为"语音合成和语音识别实现原理",活动内容为明白语音识别与语音合成的区别,以及各自的实现原理;第三课时的活动主题为"垃圾分类社会实践调查",活动内容为通过采访和问卷两种形式对目前人们对于垃圾分类的认识进行调查,并且通过拍摄小视频的方式进行展示;第四课时的活动主题为"我是小小宣讲员",活动内容为上网搜集资料,以"为什么中国实施垃圾分类迫在眉睫"为主题制作 PPT;第五课时(本次)活动主题为"人工智能助我垃圾分类",活动内容为给机器人自定义语音定制垃圾分类细目,通过操作发现问题并解决问题;第六课时的活动主题为"语音定制成果展示汇报",活动内容为分小组展示制定语音成果,并总结汇报上节课操作过程中是如何发现问题,怎样优化解决问题,并提出自己的建议和看法。这一系列活动课程始终秉承着培养全面发展的人的核心理念。

(三)活动目标

1.价值体认

(1)让学生了解科技的进步,通过人工智能的学习认识自己,明白自己是可以为社会创造个人价值的。

(2)通过发现问题、解决问题的过程,让学生认识到垃圾分类应从自身做起,为美丽家园贡献自己的力量,培养社会责任意识。

2. 责任担当

培养学生动手实践的能力,通过观察身边人发现问题,增强服务意识和参与社会生活的意识。

3. 问题解决

(1)通过实践调研活动培养学生发现问题的能力。

(2)通过发现当下人工智能技术对人类生活提供便利的时代背景,培养学生提出问题、解决问题的能力。

(3)学生明白人工智能语音识别和语音合成的实现原理,掌握用语音定制给机器人编写声控对话的能力。同时,通过总结汇报在操作过程中遇到问题及原因,培养学生反思问题的能力。

4. 创意物化

通过对机器人的自定义语音定制操作,实现机器人可正确回答垃圾分类问题的过程,培养学生的逻辑思维能力以及探索精神。

(四)学情分析

笔者的教学对象是初中七年级的学生,他们在小学阶段学习过信息技术课,有一定的信息技术素养,但是仍然还停留在似懂非懂的阶段,对于人工智能更是如此,他们普遍听说过"人工智能"这个词,但是总觉得人工智能遥不可及。七年级学生同时具有较强的好奇心,愿意以好奇心去探求知识。因此,抓住这些特点,在人工智能的教学过程中,教师要积极培养和激发学生的学习兴趣,让学生保持住这种探索欲和求知欲,让课堂知识能够最大限度地吸收。

(五)活动重难点

活动重点:机器人语音定制自定义声控对话垃圾分类。

活动难点:机器人语音定制自定义声控对话过程中的发现的问题、原因及解决办法。

(六)教与学方式

1. 活动方法

任务驱动法。

2.学习方法

发现学习、合作探究。

(七)活动准备

人工智能教室、机器人、广播软件、多媒体课件。

三、教学活动设计

(一)活动内容与实施

1.活动一:"你好,很高兴认识你"——引出研究课题

教师活动:作为开场引导。

学生活动:机器人开场舞及问答展示;送出学生们自己设计制作的垃圾分类小卡片。

2.活动二:"我是小小调查员"——提出研究问题

教师活动:播放学生自己拍摄的街头调查视频。

设计活动:通过采访(主观)和问卷(客观)两种方式进行调研,了解目前垃圾分类的实施情况和遇到的问题。

学生活动:采访组和问卷组分别汇报阶段性调查的过程和结论。

得出结论——目前人们对垃圾分类的认识程度一般,实施情况较差。

3.活动三:"Robot,I teach you."——指导学生解决问题

教师活动:布置任务,通过编写语音识别技术程序,让机器人帮助人类精准投放垃圾。

在活动过程中,教师充当了一个参与者、促进者,引导小组完成活动,有意识地培养学生自主探究学习的能力,使学生真正成了课堂学习的主体,借助组内合作,学生的思维碰撞、取长补短得到充分发挥,进一步培养了他们的团队精神和集体荣誉感。

学生活动:

(1)四个组分别给自己的机器人自定义语音定制垃圾分类细目。

(2)操作完成后测试是否定制成功,小组内总结问题寻找原因进行汇报。

(3)探索机器人小智还能做什么。

4.活动四:教师引导学生归纳总结,梳理本节课的内容

教师活动:引导并总结。

学生活动:总结梳理本节课的内容。

5.活动五:"未来路上,人工智能和我们并肩前行"——课堂总结延伸

教师活动:播放一则关于人工智能的新闻视频。

学生活动:讨论通过垃圾分类给我们启示,是否可以抓住机遇,用我们的智慧之脑开发一些有利于解决当下问题的小发明小创造。

(二) 活动设计意图

学习兴趣是关键:充分展示机器人的功能,激发学生的学习兴趣。

有责任勇担当:通过社会实践活动的调查,展示目前垃圾分类遇到的问题,聚焦主题。培养学生发现问题的能力,增强参与社会生活的意识。

科学探索小达人:目前市场上各类智能产品已经走进了许多家庭,但是在垃圾的详细分类方面有一些空白,所以我们通过机器人自定义语音定制功能给机器人定制垃圾分类细目,通过问答的形式达到帮助人们精准投放垃圾的目的。通过活动让学生体验自定义语音定制的过程中有什么问题,发现机器人能够完成哪些内容,并究其原因,培养学生们的探究精神和创新精神。同时使学生明白机器人的聪明程度和人类的聪明程度是成正比的,只有聪明的人脑才能造就聪明的机器人,所以我们必须通过学习和积累让自己足够聪明,以此来"培养"出属于我们的高智商机器人。

学会学习好习惯:培养学生在学习过后对知识的归纳和梳理的能力,养成良好的学习习惯。

全面发展你最行:通过填补智能机器人的垃圾分类领域的空白,增强学生的信息敏锐度,加强版权意识,在发现机会的同时要懂得保护自己的产权。引导学生们不仅可以发现问题、解决问题,还要通过自我的智慧优化问题,从本质上改变问题。

(三)活动实际效果

按照综合实践活动课程的评价原则,注重学生参与原则,让学生们小组分

工合作,坚决做到人人有任务,人人有事做。关注学生过程体验原则:通过任务式的教学模式,让学生在动手操作的过程中循序渐进地体验到学习过程,将知识点渗透到实践体验的过程中。综合而全面原则:本课的内容涉及多门学科,充分体现了综合实践课程中的全科教育理念,让学生们综合全面地学习知识,打破学科和教室的壁垒。激励学生原则:在教学的过程中,对学生的鼓励和激励要贯穿课堂的始终,引导学生勇敢面对操作过程中的失误,不怕失败。综合实践是一门操作性、实践性很强的学科,要培养学生的创新能力,鼓励学生发扬创新精神。在学生的评价量规表中也体现了作品创新方面的评价,强化学生的创新意识。

四、讨论与反思

2017 年 9 月,教育部颁布了《中小学综合实践活动课程指导纲要》,将综合实践活动课程定为必修课程。这门跨学科实践性课程从学生的真实生活和发展需要出发,从生活情境中发现问题,再转化为活动主题,通过探究、服务、制作、体验等方式,培养学生综合素质。因为活动主题的设定都是时下最具代表性的问题,所以在活动实施过程中,学生的兴趣极其高涨,参与度也很高,活动效果较好。但这一门课在没有统一教材、没有专职教师和缺乏实施经验的情况下如何科学有序地开展,还需进一步研究探索。

浅析"活字印刷术"在课堂中的传承

——以"活字印刷""非遗"校本课程为例

徐 超

一、学科核心素养

习近平总书记曾指出："要系统梳理传统文化资源,让收藏在博物馆里的文物、陈列在广阔大地上的遗产、书写在古籍里的文字活起来。"笔者作为一名中学图书馆员,在图书馆资源的配置、传播过程中,让文字"活"起来,向师生讲述熠熠生辉的华夏文明史,并融入各学科核心素养的培育。活字印刷课程是笔者选择的切入点。

活字印刷术是中国古代四大发明之一,推动了世界文明的发展。但随着科学技术的进步,活字印刷术已经慢慢退出了历史舞台。将活字印刷术的知识与技艺送入课堂,即能唤醒青少年学生对中华文明的自信心,增强社会责任感、使命感,培育爱国情怀,又能促进青少年学生健康生活、实践创新,让传统文化薪火相传。

二、教学内容分析

学校将图书馆活字印刷课程纳入高中综合实践课程,每周一节、每节一个小时。活字印刷术是集知识、技艺、鉴赏为一体的非物质文化遗产,如何让学生在短时间内了解活字印刷的历史,进而动手实践再到创新发展,形成自己的成果作品,对授课老师是极大的挑战。

三、教学活动设计

(一)活字印刷课程活动环节

活字印刷课程包括三个大的活动环节:知识讲授、动手实践、总结提升。

1. 知识讲授

(1)甲骨、金石、竹简、木简知识简介

目前有文献可考、有实物为证,刻于龟甲和兽骨之上的甲骨文是中国最古老的文字,刻有甲骨文的龟甲、兽骨和刻有铭文的金属器物等是书籍的最初形态。书史专家钱存训认为,竹简、木牍已经具备了书籍的形制,是书籍的源头。

(2)雕版印刷知识

有史料可考的雕版印刷出现在隋唐时期,雕版印刷在唐代的书籍出版业被广泛应用。

(3)活字印刷知识

高中历史教科书中"中国古代的科学技术成就"中着重讲述了中国古代四大发明和科技思想,其中对印刷术的发展过程做了概述。近年来不断有韩国学者提出毕昇的胶泥活字"易碎""不牢固",且只停留在理论层面,未见实物印本。印刷术到底源于韩国还是中国? 有何实物、史料为证? 这一问题留作课下作业去完成,学生可以参考图书馆相关书籍、期刊以及中国知网。

2. 动手实践

(1)雕版印刷体验。

(2)活字印刷体验,教师提前将现成模板的文字打乱,课上让学生现场利用活字制版、印刷,在技艺体验过程中,教师讲授一些拓印技巧。

3. 总结提升

学生通过动手实践,总结出为什么活字印刷比雕版印刷更科学、更进步。

(二)活动设计意图

1. 加深人文底蕴

通过相关知识的讲授,学生了解博大精深的中华文化,加深人文积累。

2. 学会学习

通过动手实践,学生学到的不仅是古人的印刷技艺,更应该学到古人精益求精、锲而不舍的匠人精神,并且在现今的学习、生活中发扬这种精神。

3. 勇于探索、创新实践

毕昇具有创新精神,勇于探索实践,发明了活字印刷技术,这对中国乃至世界文明的发展进步具有划时代的意义。这种精神值得青少年学生学习,在平时的生活学习中注重创新精神的培养。

(三)活动实际效果

学生基本掌握雕版印刷和活字印刷的基本理论知识,这些知识在语文、历史、美术学科中都有所涉及,这节课程的开设不仅丰富了知识积累而且促进了语文、历史、美术学科相关素养的培养。

当一页页带着墨香的纸张印刷完成,里面的每一个文字都是学生自己亲手印刷的,每一个文字都融入了学生自己的聪明才智与辛勤劳动,学生对文字充满了感情,感情让文字鲜活,感情让学生有兴趣去深挖藏在文字背后的故事。

活动让学生学会层层递进、由浅入深的逻辑思考。由隋唐到北宋,由雕版到活字印刷术,几百年间,每一次小的变革都是在为质的飞跃做积累。从泥活字到木活字、铅活字,每一次材质的改变都是一次科技的进步。

四、讨论与反思

(一)综合实践课程不能流于形式

2017 年 9 月 25 日,教育部发布了《中小学综合实践课程指导纲要》,强调着力发展学生核心素养,特别是社会责任感、创新精神和实践能力,使学生具有价值体认、责任担当、问题解决、创意物化等方面的意识和能力。由于高考的影响,多数学生、家长认为所有的教学活动都应围绕着高考展开,诸如活字印刷这样属于高考范围之外的综合实践课程往往会被忽视甚至忽略。基于此,笔者在授课过程中非常注意与语文、历史这样的高考学科结合,同时注重传统文化知识的传授和学生动手能力的培养,潜移默化地影响学生。

（二）积极服务学校教科研，配合各学科教师提升学生学科素养

中学图书馆的读者就是本校师生，所以资源采购和阅读推广活动都要以师生的需求为出发点。立德树人、培育学生的学科核心素养是当前教学的主要目标，所以图书馆的读者服务工作也要以此为出发点。

（三）让更多的读者了解图书馆资源应如何使用

学校图书馆亟待配置与传统文化相关的资源，教师在授课过程中参考资料欠缺，学生在学习的过程中能借阅到的资料少。中国知网的学术资源丰富，是学生学习过程中很好的参考材料，但因为很多因素的限制，学生的知网使用率不高，所以图书馆还应加大宣传推广的力度，让更多的师生了解图书馆资源，并且适时举办培训课程，让更多的读者了解图书馆资源如何使用。

作为一名图书管理员，我们拥有丰富的文字、音频、视频资源，并且懂得如何使用这些资源。图书馆作为学生教师的学习中心、成长中心、交流中心，具有非常适宜的场地，图书馆员要充分利用自身的职业优势，让更多的学生了解传统技艺、传统文化，让如活字印刷术等这些在人类文明史中闪光的技艺在青少年学生中传承。

在生涯规划教育中渗透马克思主义哲学，培养科学的探索精神

——以"独特的我，不一样的方向标"一课为例

陈 燕

一、学科核心素养

高中阶段职业生涯规划教育是全面贯彻落实党的教育方针，促进学生全面发展必不可少的组成部分。职业生涯规划教育要针对现代经济社会的快速变化和个人发展需要，通过探究、体验等方式，培养学生的核心素养，为成为适应时代发展需要的合格职业者做储备。

培养学生发展核心素养需要与课堂相结合，与学科教学相结合。笔者在职业生涯规划教育中渗透马克思主义哲学，着力培养学生的科学精神。我们应该坚持马克思主义基本立场、观点和方法观察事物、分析问题、解决矛盾；解放思想、实事求是、与时俱进、求真务实，把握发展机遇，应对各种挑战；能够对个人成长、社会进步、国家发展和人类文明做出正确的价值判断和行为选择。培养科学精神，可以帮助学生辩证地了解社会需要、职业和专业；系统梳理个人兴趣爱好、性格特点、优势劣势；指引学生正确理清国家、社会与个人的关系，制定合乎个人实际情况的职业生涯规划，增强核心能力，为成为有效的职业者奠定良好的基础。

二、教学内容分析

本节课是学校高中基础课程部分生涯规划教育"高中生涯规划"中的内容，在学生初步认清个人特质的基础上，教师通过由外及内、由宏观到具体的

方式,进一步引导学生了解不同职业的特点以及职业对个人特质的要求,探索个人特质与职业的关联,引导学生综合认识和考虑规划适合自己的职业方向,增强职业选择能力。

三、教学活动设计

(一)活动内容与实施

1. 热身活动——快乐猜猜猜

(1)课前准备个人卡(周恩来、马克思、屠呦呦、邓小平、雷锋、杨利伟、姚明、同学名字),从性别、外貌、性格、兴趣等方面进行描述(不出现姓名)。

(2)大家随机抽取,根据卡片描述,猜出人物名字。

(3)猜中数量最多小组获得助力卡。分享快速猜出的技巧,活跃气氛。

2. 过度活动——职业特质各不同

(1)每组抽取讨论的职业类型。

(2)分组讨论此类职业需要具备的特质。

(3)小组代表发布讨论结果,全班分享,初步了解职业对特质的要求。

小组代表发布讨论结果:

①R 技术技能型:喜欢建筑、栽培、修理、手工。

职业示例:工程师、木匠、厨师、技师。

性格特点:保守、不讲究、谦逊的。踏实稳重、诚实可靠。

②C 企业运营(传统型):喜欢整理、数字、资讯、组织安排事物。

职业示例:会计、图书管理员、秘书、计算机操作员。

性格特点:有责任心、依赖性强、高效率、稳重踏实、细致、有耐心、有条理。

③I 科学研究型:喜欢观察分析、独立思考、追根究底、创造方法。

职业示例:精算师、医生、心理学家、考古学家。

性格特点:坚韧性强,喜欢研究。为人好奇,独立性强。

④A 艺术型:喜欢绘画、表演、音乐、写作、设计。

职业示例:演员、设计师、作家、音乐工作者、舞蹈工作者。

性格特点:有创造力,敏感,较冲动,不服从指挥。

⑤E 企业管理型:喜欢自主创业、竞争、领导团队。

职业示例:CEO、经理、政治家、律师、法官、记者、银行家。

性格特点:能言善辩、精力充沛、专断、开朗自信、好交际、机警、有支配欲望。

⑥S 社会服务型:喜欢与人合作、教导、帮助、照顾他人。

职业示例:警察、教师、护士、社会工作者。

性格特点:为人友好、热情、善解人意、乐于助人。

3. 主体活动——我的职业方向标

引导学生系统认识和综合考虑适合自身的职业方向,梳理自己喜欢的职业;通过设定的问题梳理和分析喜欢的职业中自己的特质更适合哪个,结合对喜欢职业的了解分析适合的原因。采用全班分享的方式探究个人特质与职业的关系,综合了解和考虑适宜本人特质的职业方向,并分析原因。认识到特质与职业的最佳匹配,有利于帮助个人扬长避短,成为合格的工作者。

活动过程:

(1)综合认识和思考适合本人的职业方向,梳理自己喜欢的职业。

(2)分析喜欢的职业中自己的特质更适合哪个,结合对喜欢职业的了解分析适合的原因。

(3)全班分享:自己喜欢的职业是什么;自己的特质更适合哪个职业;结合对喜欢职业的了解分析适合的原因。

4. 生涯省思——寻找适合自己的发展方法

师生互动,对学生未来发展和生涯规划给予提示建议,增强职业选择能力,寻找适合自己的发展方法。

5. 生涯探索——课后延伸

以学促行,引导学生思考除了考虑特质与职业的适配性,进行规划时还需考虑哪些方面的因素。

（二）活动设计意图

1. 以辩证的联系观使学生明确高中职业生涯规划教育的重要性，了解其与未来发展的关系

天津市已施行新高考改革，高中学生要面临选科选考的问题，这是学生进入高中后面对的第一个人生重大选择。唯物辩证法的联系观告诉我们，联系具有普遍性，我们要用联系的观点看问题。选科选考与高考志愿填报、未来从事职业是密切联系的。

高一学生在职业抉择过程中存在对自我了解不够全面、对将来要从事的职业不清楚、没有意识到职业规划的重要性、不知道如何进行规划等问题。面对新高考改革，针对选科提前的现实情况，我们要引导学生清晰地认识到自我、学科、专业、职业与社会之间的积极联系，在充分了解自己的兴趣、能力、性格、特长和社会需要的基础上，进行升学就业的选择和准备，培养担当意识和社会责任感，增强未来进入社会、适应国家和社会发展的能力。

2. 以世界物质性原理和矛盾分析法引导学生获得正确的自我认知

苏格拉底认为："认识自己是一切学问的来源。"马克思主义哲学的世界物质性原理要求一切从实际出发，实事求是。为了指导高中生客观地看待自己，初步进行包括兴趣爱好、性格气质、能力优势、价值观等人格特质的自我认知，在教学中我们可以利用专业的评估工具如霍兰德职业兴趣测验、SWOT 态势分析法等，帮助学生提高自我认知，将个人实际情况与职业进行匹配，明确自我职业生涯发展的方向，做出合理的职业方向选择。

矛盾分析法是指导人们正确认识事物的根本方法，它为高中生提供了观察事物、认识自己的科学方法，例如一分为二看问题、具体问题具体分析。职业生涯规划强调个体的独特性，引导高中生全面了解自身的人格特质，认识到自己的优势与劣势，既看到自己的内在需求又要看到社会发展的需要。这样有利于学生制定出符合自身实际的、合理可行的职业发展规划。

3. 引导学生树立正确的人生观和价值观，奉献社会，实现人生价值

高中阶段的职业生涯教育直接关系到学校为未来社会发展和国家建设培养什么样的职业者和建设者的关键问题。高中生作为国家富强、民族复兴的

接班人,必须坚持用马克思主义基本立场、观点和方法,观察事物分析问题,做出正确的判断和合理的选择。

在教学实践中,我们要引导学生明确和认同正确价值观和人生观的驱动作用,把握实现人生价值的途径。人的价值就在于创造价值,在于对社会的责任和贡献。价值观对人们认识和改造世界的活动有重要的导向作用,是人生的向导;要树立正确的价值观,做出正确的价值选择和价值判断,必须坚持真理,遵循社会发展规律,自觉站在最广大人民的立场上。初步形成正确的人生观、价值观,能够为职业生涯规划指明正确的方向。我们要有针对性地引导高中生认识到个人愿望与社会需要的关联,把个人与社会相统一,作对社会有用的人。

(三)活动实际效果

本节课在学生明晰个人特质的前提下,坚持以学生为中心,引导学生认清不同职业对特质有不同的要求,积极探索个人特质与不同职业的关联,在自我探索、合作探究、交流分享中综合认识和考虑规划适合自己的职业方向,整体上取得了良好的效果。

四、讨论与反思

(一)教师要在强化使命担当与提升素养中筑牢学生理想信念之基

生涯规划教育关系到每个学生未来的职业生涯走向,直接影响着学校教育为未来国家建设和社会发展培养什么样的建设者和接班人。教师必须在强化自身使命担当的前提下,不断学习提高自身素养,更好地落实立德树人根本任务,筑牢学生的理想信念之基,培养拥护中国共产党的领导和社会主义制度、能够承担国家富强、民族复兴任务的合格的职业者。

(二)在理论性与实践性相统一中提高学生学科核心素养

职业生涯规划教育离不开课堂教学主阵地,我们还要充分挖掘社会资源,引导学生走出教室,走向社会,走进各行各业,开展社会调查、义工劳动、职业体验等,将学校教育与社会资源相结合,设计和开展学科活动来循序渐进地深化职业生涯规划教育。我们要坚持以学生为主、为学生成长所用,在理论性与实践性相统一中提升学生学科核心素养。

奏响红旗颂歌,传承优秀文化

——以校本课"电钢琴"合奏教学为例

吴 震

一、学科核心素养

体现音乐学科核心素养的培养是高中音乐学科中选择性必修模块教学的首要目标。《普通高中音乐课程标准(2017年版)》在音乐学科核心素养的内容中,突出围绕音乐本体获得审美感知,强调音乐实践获得表现能力,关注文化理解获得认同与尊重,满足学生自主选择与多层次培养的课程理念。具有学生自主选学、灵活开课教学形式的校本课,成为开设"合奏"模块的载体,学生在实践过程中乐于参与,在享受乐趣的同时深化对音乐的理解,在不断提升音乐表现技能的同时增强艺术表达的自信,在合奏中展现协作能力,培育团队精神。

二、教学内容分析

本课内容节选自2019年花城出版社出版的普通高中必修模块《音乐鉴赏》中的第二单元第一节"新中国颂歌"的内容,选用20世纪60年代中国管弦乐作品《红旗颂》作为教学重点,引导学生围绕作品艺术的听觉特性、表现要素、艺术形式展开教学。在分析单主题贯穿发展的三部结构特点的基础上,以合奏的形式表达音乐主题情绪和情感,进一步掌握"体验、模仿、实践、合作、探究"等多种音乐学习方法,提高学生的艺术表现力和团队合作意识。教师选用灵活多样的合奏形式,把握艺术表现规律,激发学生丰富的内心情感、创造意识和潜能,引导学生感知作品的精神和文化内涵,促进音乐学科核心素养形成。

三、教学活动设计

(一)活动内容与实施

1.活动一:"导入"

(1)节奏练习(三连音、附点节奏、切分节奏、装饰音、颤音、滑音),稳定拍感练习、混合节拍练习。

(2)播放吕其明《红旗颂》片段。

学生学唱带歌词《红旗颂》音乐主题,明确合奏采用的乐器组合方式(混合乐队)及电钢琴合奏音色的分配。

2.活动二:"新知感受"

(1)《红旗颂》简介:创作背景、作品成就、曲作者、代表作品。

(2)《红旗颂》音乐分析:反复聆听呈示部第一主题;分别从"引子—呈示部—展开部—再现部—尾声"分段聆听主题音乐在不同段落中出现的次数和变化形式。

3.活动三:"分析领会"

(1)了解《义勇军进行曲》《春天的故事》《东方红》《国际歌》四首音调与乐曲主要音乐材料形成的关系,领会作品的创作风格。

(2)参照民族管弦乐队乐器的音区分组,规范合奏谱例各声部乐器的配置,以及对电钢琴音色对比的效果进行设计。

4.活动四:"练习巩固"

(1)采用民族乐器音色,分声部演奏主副旋律,在合奏中进行初步配合。

(2)体验和声声部与主副旋律节奏形成的疏密互补的关系。

(3)体验低音声部前短后长的节奏特点。

(4)民族打击乐合奏练习与各声部的配合。

(二)活动设计意图

本节课从作品简介到音乐风格分析,从乐段主题视奏到多声部混编合奏练习,课堂教学循序渐进,借助电钢琴的特定功能,提高学习效率,传承优秀文化。

1. 在合奏中结合器乐作品赏析准确表现作品内容

新课程标准中体现出音乐课程的综合性和实践性特点,强调学习内容之间的关联性。合奏实践能力的形成和提高离不开器乐作品赏析,赏析可以丰富学生审美经验,有助于学生在演奏实践中更准确地把握音乐作品的思想内涵。

2. 突破传统编制形式,立足学生实际需求

《红旗颂》属于管弦乐编制,管弦乐编制庞大复杂,乐器繁多,为了突出作品主题情感表达,需要在合奏练习中,根据学生演奏的实际水平,因人、因地制宜地编制演奏形式。根据作品表现的需要,可以融入民族乐器音色,突出中国元素。根据演奏者水平差异性,量身定制演奏的难易程度,满足不同学生的学习需求。在本节课中,让键盘演奏水平高一些的学生采用弦乐和扬琴音色,担任低音和节奏型伴奏,让键盘水平一般的学生采用古筝、二胡音色,分别担任副旋律与和声声部,再将装饰性旋律的演奏任务交给入门级演奏的学生。如此选曲和编配,能够突出学生主体参与意识。

3. 丰富乐队表现形式,创新教育教学手段

电钢琴是现代科技与艺术的完美结合,将电钢琴应用《红旗颂》的教学中,克服了传统音乐学习中的技术障碍,降低了演奏学习难度。电钢琴中丰富的音色通过键盘演奏即可呈现完美的音响,其特定的功能还可以丰富演奏效果,如和声音色的重叠、伴奏乐器的选择、实时录音的剪辑都可以培养学生的编排与创新能力。

4. 学习经典旋律,弘扬民族文化

通过引导学生学唱带歌词的《红旗颂》音乐主题,体会音乐对祖国的赞美之情。采用民族乐器编制合奏的同时,既了解了作曲家在继承和发扬中国音乐旋律风格特点的基础上创作的思维方式,又增强了学生对中华民族音乐的热爱,激发学生对探究民族文化内涵的热情。

(三)活动实际效果

本节课学生在鉴赏与合奏相结合的音乐实践活动中,体验音乐要素与音

乐表现情绪之间的关系,体会了音乐情感的表现层次。学生在享受合奏的同时,加强对民族音乐深入的了解。本节课合奏乐队的编制上采用混合乐队,突出民族乐器的音色特点,规范电钢琴不同音色演奏音区的技巧,提高学生对民族乐器的认知。在教学中,将民族乐器的高、中、低三种不同音区的乐器科学编配,增强了乐队音响的饱满性;合奏声部之间充分展现了乐器音响的色彩和个性,学生获得良好的合奏听觉审美体验;民族乐器组别编配平衡,遵循着均衡性原则;学生演奏出不同音区、不同技法、不同音色的民族音色,无论是旋律还是和声织体,都做到了丰满的音响效果,在音乐流动的变化中做到了平衡与协调的合奏训练,提高了学生演奏的控制能力和听辨能力。

四、讨论与反思

(一)注重学生合奏能力训练,提高演奏综合能力

学生合奏能力的培养涉及演奏技能与合奏能力两个方面。两者同步提高,才能实现完整表现音乐内容的教学效果,教师要充分重视其培养过程,学生才能从中获得音乐体验。

1. 注重识谱和视奏练习

加强乐谱识谱与视奏能力是合奏教学的基础能力。在本节课的教学中,首先鼓励学生唱谱,同时准确把握谱例中标注的速度与表情记号。

2. 注重节奏感训练

以固定节奏型为基础,按照乐句和乐段的变化进行节奏型编配练习,培养学生合奏的基本素养。在合奏中,训练学生掌握节奏与速度的关系,结合系统的训练方法,形成多层次的节奏感,应变复杂的乐曲节奏,获得演奏的基本能力。

3. 强化音准聆听

在合奏训练中,音准的培养与节奏同等重要,即是学生内心听觉在演奏中的反映,又是养成聆听其他声部音准能力最佳的学习要素。尤其在合奏教学中和声音响的环节,更需要明确自己演奏声部对整体和声音响的作用,因此教师就要增强学生建立听辨意识和能力,实现整体性的听觉能力。

4.培养综合乐感

对合奏作品中音量、速度、力度等音乐表现要素的呈现,需要对学生进行控制能力的培养。教师因地制宜地采取多样的排练方式,从快到慢、从强到弱,自然而流畅地演奏,按照谱例和指挥的要求进行规范练习,唤起学生对音响的内心感受,不可只顾自己声部进行技巧炫耀,不考虑整体效果,要在协调统一、反复强化中获得审美体验。

(二)灵活编配器乐合奏形式,激发学习兴趣

灵活组合和配置器乐合奏形式应了解作品和各种乐器的演奏方法、音色特点、音域、音区及表现能力。本节课中采用的是混合乐队形式,以民族乐器为主的乐队形式进行教学实践,学生学习电钢琴键盘演奏不同音色的技巧,感受丰富音色带来的情绪变化。本节课中,教师结合合奏谱例情感的要求,选择软性、硬性、特性及综合性乐器音色组合混合乐队。在作品配器中,软性音色里的二胡、琵琶、扬琴、古筝的综合运用,起到平衡音响、统一音色的效果。硬性音色里的三弦、高胡、竹笛作为主副旋律的加花,避免共同构成和声音色。教学中电钢琴自身的综合性音色特征弥补了不完整乐器组合音响。教师引导学生以小组的形式编配混合乐队,激发学生的学习兴趣,弘扬民族文化。

(三)遵循合奏艺术规律,突出学生音乐实践

教师以培养多数学生为原则,促进合作中的艺术表现和创造能力,增进学生人际交往和沟通交流能力的提高。合奏教学鼓励学生参与,不能因为学生演奏的差异性,让有愿望学习的学生失去参与合奏艺术的机会。在本节课的合奏谱例编配中,关注了学生不同演奏能力需求,强调合奏过程中学生之间的合作与交流。让学生在实践过程中相互聆听和配合,建立信任与理解,培养沟通与交流的意识与能力,为互相尊重与包容意识的形成奠定良好的基础。

(四)准确表现音乐要素,感知精神与文化内涵

通过对作品音乐要素的准确表现,获得对作品精神与文化内涵的理解是合奏教学的主要途径和基本任务。在教学中,选取记录中华民族艰苦卓绝奋斗经历的颂歌《红旗颂》为教学内容,合奏其中的经典段落,要尽可能准确地表现其中的音乐要素,注意情绪和风格的把握。学生在教师的引导下,表演中

努力调动内心情感的参与,想象五星红旗在祖国大地上高高飘扬的场景,合奏中的音乐记录这伟大的历史壮举,编配的民族乐队合奏形式,完成了对中国民族民间音乐热爱和理解能力的培养,逐步渗透着民族文化意识,增强民族文化自信,培养爱国主义情操。